Gabriele Lingelbach · Harriet Rudolph

Geschichte studieren

Gabriele Lingelbach
Harriet Rudolph

Geschichte studieren

Eine praxisorientierte
Einführung für Historiker
von der Immatrikulation
bis zum Berufseinstieg

VS VERLAG FÜR SOZIALWISSENSCHAFTEN

Bibliografische Information Der Deutschen Bibliothek
Die Deutsche Bibliothek verzeichnet diese Publikation in der Deutschen Nationalbibliografie;
detaillierte bibliografische Daten sind im Internet über <http://dnb.ddb.de> abrufbar.

1. Auflage November 2005

Alle Rechte vorbehalten
© VS Verlag für Sozialwissenschaften/GWV Fachverlage GmbH, Wiesbaden 2005

Lektorat: Frank Schindler / Michael Finkenzeller

Der VS Verlag für Sozialwissenschaften ist ein Unternehmen von Springer Science+Business Media.
www.vs-verlag.de

Umschlaggestaltung: KünkelLopka Medienentwicklung, Heidelberg
Druck und buchbinderische Verarbeitung: Krips bv, Meppel
Gedruckt auf säurefreiem und chlorfrei gebleichtem Papier
Printed in the Netherlands

ISBN 3-531-14557-6

Inhalt

Vorwort

Sie haben sich dazu entschlossen, Geschichte zu studieren? Eine gute Entscheidung, denn das Fach Geschichte ist hochinteressant, facettenreich und im späteren Berufsleben vielseitig einsetzbar ... und es kann sogar richtig Spaß machen! Unsere Einführung richtet sich an all jene, die Geschichte studieren wollen oder es bereits tun und ihre Zeit an der Universität sinnvoll und Erfolg versprechend gestalten wollen. Wir wollen Sie daher in diesem Buch mit der praktischen, ‚handwerklichen' Seite unseres Faches vertraut machen: Wie stellt man etwa Literatur zu einem bestimmten Thema zusammen? Wo findet man Informationen zu ausgewählten historischen Sachverhalten? Wie liest man Gewinn bringend geisteswissenschaftliche Texte? Welche Fertigkeiten benötigt man, um eine historische Quelle zu interpretieren und wie geht man dabei vor?

In dieses Buch sind viele Erfahrungen eingeflossen, die wir in eigenen Lehrveranstaltungen gesammelt haben. Wir danken ‚unseren' Studierenden daher sehr herzlich. Ebenso herzlicher Dank geht an unsere Kolleginnen und Kollegen, die Teile des Manuskriptes lasen und kommentierten: Olaf Blaschke, dessen Skript zur Hausarbeit in unsere Darstellung einfloss, Falk Bretschneider, Steffen Bründel, Clelia Caruso, Gabriele B. Clemens, Lukas Clemens, Jürgen Daiber, Norbert Franz, Andreas Gestrich, Jörn-Carsten Gottwald, Thomas Grotum, Detlev Humann, Anne Lipp, Immo Meenken, Alexander Pyrges, Lutz Raphael, Helga Schnabel-Schüle, Daniel Schönpflug und Oliver Simon. Natürlich sind wir für weitere Anregungen und Kritik dankbar: Wenn Sie Verbesserungsvorschläge machen wollen, sind wir unter lingel@uni-trier.de und rudolph@uni-trier.de zu erreichen.

1 Einleitung

Das Fach Geschichte kann mit den unterschiedlichsten Neigungen, Interessenlagen und Zielen studiert werden und spricht die vielfältigsten Fähigkeiten und Talente an. Aber was ist eigentlich ‚die Geschichte', die Sie studieren wollen? Da gehen die Meinungen zum Teil weit auseinander. Relativ einig sind sich Historiker über den **Untersuchungszeitraum**, den das Fach abdeckt: Der Gegenstandsbereich der Geschichte umfasst die Zeit von der griechisch-römischen Antike bis zur jüngsten Vergangenheit. Mit den Epochen davor beschäftigen sich andere Disziplinen wie etwa die Ur- und Frühgeschichte oder die Altertumswissenschaften. Über die jüngste Vergangenheit und die Gegenwart arbeiten Historiker parallel zu Politologen, Soziologen und anderen Sozialwissenschaftlern.

Doch jenseits dieser zeitlichen Abgrenzungen haben Historiker ihr Fach sehr unterschiedlich definiert, besonders in Hinblick auf die **Themen**, die erforscht werden sollen. Einige sahen in der Geschichte vor allem eine Abfolge von Ereignissen: von Kriegen und Schlachten, von politischen Entscheidungen, von ‚großen Taten großer Männer'. Für andere konstituieren Strukturen – wie etwa gesellschaftliche Schichten und Klassen oder soziale Ungleichheit – den Gegenstandsbereich des Faches. Wieder anderen geht es um ‚Lebenswelten', um die Mentalitäten und Verhaltensweisen breiter Bevölkerungsschichten. Debattiert wird nicht zuletzt darüber, inwieweit die nationale Perspektive der Geschichtswissenschaft überholt sei und ob man sich stattdessen stärker mit lokalen, regionalen oder mit internationalen Entwicklungen beschäftigen sollte.

Es gibt nicht nur sehr verschiedene Antworten darauf, welche Themen untersuchenswert seien, vielmehr existieren auch über das ‚Wie' der Untersuchung und der **Darstellung** weit auseinander driftende Auffassungen: Geht es eher darum zu beschreiben, was in der Vergangenheit passiert ist? Sollen Historiker das Vergangene ‚rekonstruieren' oder gar ‚wieder beleben'? Oder soll die Vergangenheit erklärt werden? Liegt die Aufgabe vor allem in der Analyse warum, aufgrund welcher Ursachen etwas geschah?

Ebenso wenig Konsens herrscht darüber, welche **Funktionen** die Geschichtswissenschaft erfüllen soll. Einige Historiker sagen, es gehe um die kontemplative Versenkung in die Vergangenheit, andere wollen ‚Geschichten' über die Geschichte erzählen und ihr Publikum damit auch unterhalten. Wieder andere wollen aus der Betrachtung des historischen Geschehens Handlungsanleitungen

für die Lösung gegenwärtiger Probleme ableiten. Manche sehen die Funktion der
Geschichtswissenschaft darin, die eigene Zeit kritisch zu hinterfragen und Alternativen zur gegenwärtigen gesellschaftlichen Situation aufzuzeigen. Darüber
hinaus meinen einige Historiker, die Erforschung der Vergangenheit diene dazu,
lokale, regionale oder nationale Identität zu stiften.

Die Auseinandersetzungen zwischen den Vertretern der verschiedenen Ansätze oder Strömungen innerhalb der Geschichtswissenschaft werden manchmal
mit großer Verve ausgetragen, was Studierende mitunter irritiert. Die Ursache für
die Heftigkeit so mancher Diskussion liegt darin, dass es bei der Interpretation
von Geschichte um **Weltdeutungen** geht, um Werte und Überzeugungen, die die
Vorliebe für bestimmte historische Themenbereiche und Ansätze bestimmen.
Die fachinternen Debatten haben keinen eindeutigen ‚Sieger' hervorgebracht. Sie
verdeutlichen vor allem, dass es den einen, verbindlichen Wissenskanon innerhalb unserer Disziplin nicht gibt und nicht geben kann. Vielmehr treten Historiker mit jeweils sehr unterschiedlichen Fragen an die historischen Quellen heran
und definieren sehr verschiedene Phänomene als relevant und untersuchenswert.
Aber genau das macht das Studium der Geschichte so attraktiv: Sie haben sich
für ein Fach entschieden, an das die Öffentlichkeit noch Fragen stellt, das trotz
aller Spezialisierung von großer gesellschaftlicher Relevanz ist.

Wir vertreten zwar zu diesen Fragen eigene Überzeugungen, aber in dieser
Einführung soll es nicht darum gehen, Ihnen unsere Ansichten zu vermitteln.
Vielmehr wollen wir Ihnen vor allem das methodische ‚Handwerkszeug' vorstellen, das es Ihnen ermöglicht, sich in diese Themen und Diskussionen einzuarbeiten und eigene Standpunkte zu entwickeln.

Beide Autorinnen sind auf den Zeitabschnitt der Neueren und Neuesten Geschichte spezialisiert und haben daher weniger Einsicht in die speziellen Studienbedingungen und -ansprüche in den Lehrveranstaltungen zur alten oder mit-
telalterlichen Geschichte. Aber der Großteil der hier gegebenen Informationen
gilt ohnehin für alle drei Fachteile.

Noch eine letzte Bemerkung: Aus Gründen der Lesbarkeit haben wir auf
das so genannte Binnen-I verzichtet – wenn wir von Dozenten, Autoren oder
Arbeitgebern sprechen, sind selbstverständlich die Dozentinnen, Autorinnen und
Arbeitgeberinnen ebenso gemeint.

2 Vor Beginn des Studiums

Haben Sie sich zu einem Studium der Geschichtswissenschaft im Haupt- oder Nebenfach entschlossen, stehen viele weitere Entscheidungen an: Nicht nur geht es um die Wahl einer Universität, an der Sie sich einschreiben (immatrikulieren) wollen, vielmehr können Sie nun auch bestimmen, welches Fach oder welche Fächer Sie zusätzlich studieren wollen. Und dies in welchem Studiengang: im neueren Bachelor- / Master-Studiengang oder mit den traditionellen Studienzielen Magister oder Staatsexamen für das Lehramt an Schulen? Und wie können Sie Ihr Studium finanzieren? Im folgenden Abschnitt finden Sie einige Hinweise, die Ihnen die Beantwortung dieser Fragen erleichtern sollen.

2.1 Studienortwahl

Wer sich für das Studium der Geschichtswissenschaft entscheidet, hat die Wahl zwischen mehr als sechzig deutschen Universitäten, die sich hinsichtlich Größe, Zahl und Ausstattung der Lehrstühle, wählbaren Fächerkombinationen, Studien- und Prüfungsanforderungen, aber auch möglichen Studienabschlüssen oder Austauschprogrammen voneinander unterscheiden. In Bezug auf die universitäre Infrastruktur wie Bibliotheken oder Rechenzentren gibt es ebenfalls große Unterschiede. Deshalb ist es sinnvoll, einige Vorüberlegungen anzustellen, bevor Sie sich für einen Studienort entscheiden.

Gängige **Fächerkombinationen** wie Geschichte / Deutsch, Geschichte / Englisch, Geschichte / Kunstgeschichte können an den meisten Universitäten studiert werden (→ Fächerwahl). Streben Sie aber zum Beispiel eine Kombination mit Medienwissenschaften oder Linguistischer Datenverarbeitung an, so gibt es nur wenige Universitäten, die beide Fächer anbieten. Bei einigen Fächern wie Medienwissenschaften, Politikwissenschaften oder Kunstgeschichte existieren außerdem oft Zulassungsbeschränkungen, die mit dem **Numerus Clausus** (NC) einen bestimmten Notendurchschnitt im Abiturzeugnis oder einen bestandenen Auswahltest voraussetzen. Bei einigen wenigen Universitäten ist dies auch in Geschichte der Fall. Allerdings gibt es mitunter die Möglichkeit, einen NC durch einen Quereinstieg zu umgehen, wenn Sie ein oder zwei mit einer bestimmten Mindestnote bewertete Scheine für ein Studienfach vorlegen können.

Fragenkatalog Studienort

- Welche Fächerkombination (Haupt- und Nebenfächer) interessiert mich?
  An welchen Universitäten kann ich diese studieren?
  Gibt es Zulassungsbeschränkungen?
- Welchen Studienabschluss strebe ich an?
  Welche Abschlüsse und Zusatzqualifikationen bieten die Universitäten an?
- Welche Inhalte interessieren mich besonders am Fach Geschichte?
  Welche Universitäten verfügen über Professuren mit entsprechenden inhaltlichen Schwerpunkten?
- Ziehe ich eher ein kleines Fach mit überschaubarem Lehrpersonal und niedrigen Studierendenzahlen vor oder komme ich auch an einer Massenuniversität mit hohen Studentenzahlen zurecht?
- Welche Reputation besitzen bestimmte Universitäten oder Fächer deutschlandweit oder vielleicht auch international?
  Wie wichtig ist diese für meinen vorgestellten Berufsweg?
- Über welche finanziellen Mittel werde ich während des Studiums verfügen?
  Welches Lebenshaltungskostenniveau meines Studienortes kann ich mir leisten?
- Welche Austausch- und Kooperationsprogramme gibt es mit anderen deutschen und ausländischen Universitäten?
- Was sind die Gründe für meine derzeitige Studienortpräferenz?
  Welche Relevanz besitzen diese für die Wahl des Studienortes?

Die **Studienabschlüsse** werden im Zuge der Hochschulreform zurzeit grundlegend reformiert (→ Wahl des Studienabschlusses). Manche Universitäten sind mit der Einführung der Bachelor- und Masterabschlüsse relativ weit vorangeschritten, andere bieten noch die Wahl zwischen neuen und alten Studiengängen. Die Lehrerausbildung wird auf Landesebene zunehmend auf bestimmte Universitäten konzentriert. Informieren Sie sich deshalb rechtzeitig über Abschlüsse, Prüfungsordnungen, Austauschprogramme sowie das Lehrprogramm der von Ihnen in die engere Wahl gezogenen Universitäten. Dazu bietet sich eine Recherche im Internet (http://www.hochschulkompass.hrk.de) an. Das Fach Geschichte ist zudem inzwischen an allen Hochschulen mit einer eigenen Homepage vertreten, wenngleich deren Informationsgehalt und Nutzerfreundlichkeit sehr unterschiedlich sind. Es gibt außerdem eine Vielzahl fachübergreifender Studienabschlüsse (→ Wahl des Studienabschlusses) oder Aufbaustudiengänge, über die Sie sich informieren können. So bieten etwa die Universitäten Bochum,

Chemnitz, Köln, Siegen und Trier ein „Europa-Zertifikat" oder einen Studiengang „European Studies" an.
In der Regel verfügt das Fach Geschichte an jeder Universität über eine **Grundausstattung** an Professuren mit einem Lehr- und Forschungsprogramm, das nach historischen Epochen aufgeteilt ist. So gibt es mindestens je einen Lehrstuhl für Alte Geschichte, Mittelalterliche Geschichte, Geschichte der Frühen Neuzeit und Neuere / Neueste Geschichte. Letztere wird meist durch zwei Professuren vertreten, eine für das 19. Jahrhundert und eine für die Neueste Geschichte bzw. Zeitgeschichte. Die Existenz von Professuren, die über eine solche Grundausstattung hinausgehen, ist stark von der finanziellen Situation und der Größe der Hochschulen abhängig. Ihre thematische Ausrichtung spiegelt aktuelle inhaltliche und methodische Forschungstrends wider. So wurde zum Beispiel in der Ausbauphase der Universitäten in den 1970er Jahren eine Reihe von Professuren für Sozialgeschichte eingerichtet. Auf diese Weise konnte sich dieser damals neue Forschungsansatz institutionell etablieren. Auch der Zusammenbruch des Ostblocks und die deutsche Wiedervereinigung hinterließen ihre Spuren in der Fachlandschaft. Dies zeigen nicht nur die neu eingerichteten Lehrstühle mit einem regionalen Schwerpunkt auf Mittel- und Osteuropa, sondern auch die gute Ausstattung mit Professuren bei kleineren Universitäten in den neuen Bundesländern.

Im Anhang finden Sie eine tabellarische Übersicht, die wichtige spezialisierte Professuren des Faches Geschichte an deutschen Universitäten aufführt, welche über die übliche Grundausstattung hinausgehen. Aktuell werden allerdings historische Lehrstühle und das Lehrpersonal in einem Ausmaß abgebaut, das in der bundesdeutschen Universitätsgeschichte einzigartig ist. Für Sie bedeutet das: Prüfen Sie vor der Wahl Ihres Studienortes, wenn Sie sich für eine seltene Spezialisierung im Fach Geschichte interessieren, ob diese an der betreffenden Universität für Studienanfänger tatsächlich noch angeboten wird oder nicht vielleicht gerade ausläuft. Historisch ausgerichtete Professuren können aber auch bei anderen Fächern angesiedelt sein, wie etwa die Rechtsgeschichte im Fach Jura, die Wirtschaftsgeschichte bei den Wirtschaftswissenschaften oder die Kulturgeschichte bei den Kulturwissenschaften. Sprachwissenschaften wie Amerikanistik, Romanistik oder Lateinamerikanistik können ebenfalls über historisch ausgerichtete Professuren verfügen.

Forschungsschwerpunkte und Aktivitäten des Faches an einer bestimmten Universität zeigen sich auch in Form von Sonderforschungsbereichen – größeren, zumeist fachübergreifend ausgerichteten Forschungsprojekten, die von der Deutschen Forschungsgemeinschaft (DFG) über einen längeren Zeitraum gefördert werden – oder Graduiertenkollegs (→ Graduiertenkolleg). Standorte und Themen dieser Forschungsprojekte sind über die Homepage der DFG abrufbar (http//:www.dfg.de). Sie beschäftigen eine Vielzahl von Wissenschaftlern, die sich häufig auch in der Lehre engagieren. Aus diesem Grund sollten Sie auch auf benachbarte oder dem Fach angegliederte Forschungsinstitutionen achten. So gibt es etwa in Göttingen ein Max-Planck-Institut für Geschichte, in Berlin ein Wissenschaftszentrum für Sozialforschung, in Mainz ein Institut für Europäische Geschichte oder in Stuttgart ein Institut für die Geschichte der Medizin.

Die **Studienbedingungen** vor Ort können Sie ebenfalls in Ihre Entscheidung einfließen lassen, bevor Sie sich bewerben oder immatrikulieren. Bedenken Sie, dass größere Fächer bzw. Universitäten mit einer Vielzahl von Professuren in der Regel über ein vielfältigeres Lehrangebot, mehr Optionen für eine Spezialisierung und oft auch über eine höhere Reputation verfügen. Gleichzeitig weisen sie zumeist sehr hohe Studierendenzahlen und dementsprechend überfüllte Lehrveranstaltungen und Sprechstunden auf. Wenn Sie auf eine gute Betreuungsleistung Wert legen, dann empfiehlt sich eher eine kleinere Universität – gerade zu Beginn des Studiums ist die Betreuung außerhalb der Lehrveranstaltungen wichtig. Informieren Sie sich möglichst auch über die Arbeitsbedingungen vor Ort wie die Bibliotheks- und EDV-Ausstattung oder die Öffnungszeiten der zentralen Universitätseinrichtungen, die Sie über das Internet abrufen können.

Einen ersten Eindruck über das Studium der Geschichte an unterschiedlichen Universitäten bieten **Universitäts-Rankings**, die in Zeitschriften sowie im Internet veröffentlicht werden (http://www.che.de). Sie geben einerseits die subjektive Einschätzung von Studierenden und Professoren wieder, vergleichen andererseits aber auch objektive Kriterien wie Studiendauer, Forschungsleistung und Ausstattung. Im Urteil der Studierenden schneiden zumeist kleinere Universitäten wie Konstanz, Trier oder Bamberg besser ab, während von Seiten der Professoren oder aus internationaler Perspektive größere Universitäten wie Bielefeld, München oder Tübingen in der Regel besser bewertet werden. Wie problematisch diese Rankings im Einzelnen auch sein mögen – als ein Mittel zur Orientierung unter mehreren sind sie durchaus sinnvoll.

Fragt man Studierende nach den Gründen für die Wahl ihres Studienortes, so werden oft die Nähe zum Elternhaus, die Attraktivität des Standortes und dieselbe Wahl durch Freunde genannt. Gründe dieser Art sind zwar nachvollziehbar, sollten aber nicht allein Ausschlag gebend sein. Bevor Sie sich für einen Studienort entscheiden, sollten Sie deshalb genau überlegen, welche Erwartungen, Wünsche und Studienzielvorstellungen Sie haben.

2.2 Wahl des Studienabschlusses

Zu Beginn des Studiums stehen Sie zunächst vor der Entscheidung, ob Sie sich in einem der älteren Magister- oder Lehramtsstudiengänge einschreiben wollen oder ob Sie den Weg über den kürzlich eingeführten Bachelor (B.A.) und gegebenenfalls den sich anschließenden Master (M.A.) gehen. Dies impliziert, dass Sie auch eine Wahl bezüglich der Hochschule treffen, da an vielen Universitäten entweder nur die älteren Ausbildungsgänge oder nur der neuere angeboten werden.

Zurzeit wird das deutsche Universitätssystem fundamental umgebaut: Ausgelöst durch den **Bologna-Prozess**, der seit einigen Jahren eine Angleichung der universitären Ausbildung auf europäischer Ebene anstrebt, sind die deutschen Hochschulen dabei, ihre Studiengänge völlig umzustrukturieren und inhaltlich neu auszurichten. Unter anderem wird ein **Leistungs- oder Kreditpunktesystem** eingeführt. Darin wird der Umfang der Studienleistungen nicht mehr wie zuvor über die Zahl der belegten Semesterwochenstunden, sondern über den festgeschriebenen Arbeitsaufwand pro Lehrveranstaltung bewertet. Dies soll zu einer Vergleichbarkeit der Studienleistung auf europäischer Ebene führen: Das **European Credit Transfer System** (ECTS) legt fest, wie viele solcher Kreditpunkte für jede Lehrveranstaltung vergeben werden können und ermöglicht so den Wechsel von einem nationalen Hochschulsystem zu einem anderen, da die im Heimatland absolvierten Lehrveranstaltungen nun im Ausland anerkannt werden.

Des Weiteren ändern sich die Prüfungsverfahren: Bisher gab es nur am Ende der Studienabschnitte Prüfungen (Zwischenprüfung, Magisterprüfung bzw. Staatsexamen). In den neuen Studiengängen gibt es nun zusätzlich **studienbegleitende Prüfungen**, deren Noten in die Endnote des Studiums einfließen.

Umgesetzt werden diese Reformen durch die Einführung der Bachelor (B.A.)- und Master (M.A.)-Studiengänge, die die beiden früheren Studiengänge Magister und Lehramt mit Staatsexamen ablösen oder ergänzen sollen. Momentan ist bezüglich der Studienreform noch vieles unklar. So ist noch nicht entschieden, ob der B.A./M.A.-Studiengang von einigen Universitäten parallel zu den herkömmlichen Magister- und Lehramtsstudiengängen angeboten werden wird oder ob letztere gänzlich abgeschafft werden. Es gibt eine Absichtserklärung von Seiten des Bundesministeriums für Bildung und Forschung, die Studienstrukturen in Deutschland bis 2010 vollständig auf B.A./M.A.-Studiengänge umzustellen. Ob und wenn wie die Bundesländer diesen Prozess mitmachen, ist noch nicht entschieden. Doch schon jetzt können Sie an einigen Universitäten wie etwa in Bochum Geschichte nur noch auf B.A./M.A. studieren. Nicht wenige Universitäten zögern diese Neuerung allerdings heraus und haben bislang noch keine Studien- und Prüfungsordnungen für B.A./M.A.-Studiengänge für Historiker aufgestellt.

Studienverlauf und Anzahl der Semester in den verschiedenen Studiengängen

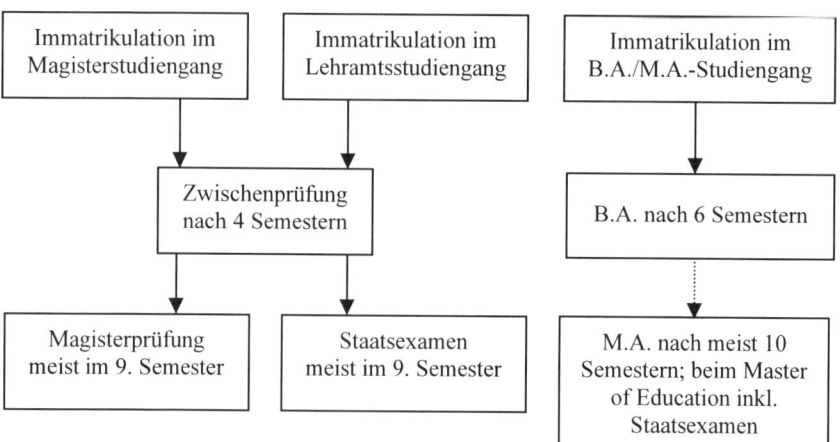

Was die Folgen der Reform für das Fach Geschichte sein werden, lässt sich noch nicht genau absehen. Einiges spricht dafür, dass es zu einer verstärkten Praxisorientierung kommen wird, so dass zum Beispiel im Rahmen der Lehrerausbildung die pädagogischen Unterrichtseinheiten durch die Einführung des Master of Education stärker in den Vordergrund, die geschichtswissenschaftliche Fachausbildung dagegen etwas mehr in den Hintergrund tritt. Das Studium wird zudem stärker verschult und straffer organisiert sein, das heißt die Studierenden haben weniger Freiheit bei der Wahl ihrer Lehrveranstaltungen. Zumindest für den B.A.-Studiengang werden die Fächer ihr Angebot an Überblicksveranstaltungen auf Kosten spezialisierter Seminare und Übungen ausbauen.

Bei der Entscheidung zwischen den Alternativen können Sie abwägen: Wollen Sie sich nicht auf einen Studiengang einlassen, dessen Zukunft noch im Unklaren liegt, sind Sie zudem jemand, der die studentische Lernfreiheit ausprobieren möchte und von sich selber weiß, dass er mit der größeren Freiheit und geringeren Anleitung umgehen kann, sollten Sie sich vielleicht für einen der beiden älteren Studiengänge entscheiden, so lange dies noch möglich ist.

Ziehen Sie ein stärker vorstrukturiertes Studium vor oder haben Sie ein konkretes Berufsziel, das eine relativ praxisorientierte universitäre Ausbildung voraussetzt, liegt eine Entscheidung für den B.A./M.A.-Studiengang nahe. Da die B.A./M.A.-Studienabschlüsse international bekannter sind als der Magister oder das Lehramt mit Staatsexamen, böte sich diese Wahl zudem für jene an, die sich auf dem internationalen Arbeitsmarkt freier bewegen möchten.

Entscheiden Sie sich für einen der beiden älteren Studiengänge, müssen Sie zwischen dem Studium ‚auf **Magister**' und jenem ‚auf **Lehramt**' wählen. Streben Sie also den auf keinen spezifischen Beruf vorbereitenden Magisterabschluss an oder wollen Sie sich über ein Staatsexamen für das Lehramt in Schulen qualifizieren? Beim Lehramtsstudium haben Sie zudem bei der Immatrikulation (Einschreibung) zu entscheiden, auf welchen Schultyp Sie sich vorbereiten wollen, etwa auf die Lehre an einem Gymnasium oder an einer Realschule. Sowohl im Magister- als auch im Lehramtsstudium sollte man in der Regel nach vier Semestern die Zwischenprüfung ablegen, während des neunten Semesters die Magisterprüfung bzw. das Staatsexamen, die das Studium abschließen (beim Lehramt an Haupt- und Realschulen kann die Regelstudienzeit kürzer sein). Das Staatsexamen ist eine staatliche Prüfung und wird nach staatlichen Vorgaben gestaltet und ausgewertet, die Magisterprüfung liegt dagegen in der Verantwortung Ihrer Universität.

Zwar hat das Studium auf Staatsexamen mehr obligatorische Studienbestandteile, weil die erziehungswissenschaftlichen Lehrveranstaltungen besucht werden müssen, zudem sind die Prüfungen am Ende des Studiums zahlreicher und dauern länger. Dafür hat das Staatsexamen bei einigen Arbeitgebern wie etwa staatlichen Museen, Bibliotheken oder Archiven einen besseren Ruf als der Magister, ist bei ihnen in einigen Bundesländern sogar Voraussetzung.

Der Magisterstudiengang bietet dagegen wesentlich mehr Möglichkeiten zur Fächerkombination als das Studium auf Lehramt, bei dem man auf den Kanon der Schulfächer verwiesen ist (→ Fächerwahl). Der Magisterstudiengang konzentriert sich deutlicher auf die Fachausbildung und bietet die Möglichkeit, sich vor allem im Hauptstudium stärker zu spezialisieren. Beachten Sie, dass auch längere Zeit nach Studienbeginn der Wechsel vom Lehramt- zum Magisterstudiengang meist relativ einfach bewerkstelligt werden kann, dass er in umgekehrter Richtung aber schwieriger ist.

Schreiben Sie sich in einen der neu eingeführten **B.A./M.A.-Studiengänge** ein, studieren Sie in der Regel zunächst sechs Semester und schließen diesen ersten so genannten grundständigen Studiengang mit dem Bachelor of Arts (auch Bakkalaureus) ab. Der Bachelor ist – anders als die Zwischenprüfung im Magister- und Lehramtsstudiengang – formal ein berufsqualifizierender Abschluss, das heißt Sie können Ihr Studium mit ihm beenden und in den Arbeitsmarkt eintreten. Allerdings ist zurzeit nur schwer abschätzbar, inwieweit er tatsächlich von den Arbeitgebern als ausreichende Qualifikation für einen Beruf anerkannt wird.

An den B.A. kann ein zweijähriges weiterführendes Studium angeschlossen werden, das mit dem M.A. beendet wird (→ Masterabschluss). Der Master ist

analog zum Magister oder Staatsexamen unter anderem die Voraussetzung für
Tätigkeiten im höheren Staatsdienst. Zudem ist er die Bedingung für eine wissenschaftliche Karriere. Wollen Sie den Lehrerberuf ergreifen, müssen Sie normalerweise an den Bachelor einen Master of Education anhängen, dessen Abschluss als Erstes Staatsexamen anerkannt wird und somit Voraussetzung für den
Lehrerberuf ist, wenn man sich für den neueren Studiengang entschieden hat.

2.3 Fächerwahl

Geschichte kann man in der Regel im grundständigen Studium nicht ausschließlich studieren. Vielmehr können Sie ein oder zwei Fächer hinzu wählen. Zwei
allerdings nur, wenn Sie auf Magister studieren: Viele Universitäten überlassen
es den Studierenden im Magisterstudiengang, ein Studium mit zwei Hauptfä-
chern oder mit einem Haupt- und zwei Nebenfächern aufzunehmen. Das Magisterstudium mit nur zwei Fächern ist konzentrierter, Sie können sich wirklich
intensiv mit beiden Fächern beschäftigen und müssen sich nicht mit mehreren
unterschiedlichen ‚Fachkulturen' auseinander setzen. Bei drei Fächern geraten
Sie in Gefahr, die beiden Nebenfächer nur oberflächlich zu studieren. Auf der
anderen Seite erhalten Sie aber eine breitere Ausbildung und sind daher möglicherweise für mehr Karrierewege qualifiziert als mit nur zwei Fächern. Zugleich
erhalten Sie Einblick in die verschiedenen Arten und Weisen, Wissenschaft zu
betreiben, erweitern Ihren Horizont und sind vermutlich außerdem in der Lage,
Ihr Hauptfach interdisziplinärer anzugehen.

Die meisten Studiengänge sehen aber ein Studium von **zwei Fächern** vor.
Bedenken Sie bei der Fächerwahl, dass Sie nur im ersten Fach am Ende Ihres
Studiums die umfangreichere wissenschaftliche Abschlussarbeit schreiben. Au-
ßerdem bezieht sich die Berufsqualifikation zunächst vor allem auf Ihr erstes
Fach.

Welche Disziplin Sie zusätzlich zur Geschichtswissenschaft wählen, können
Sie von verschiedenen Faktoren abhängig machen.

Entscheidungsgrundlagen für die Fächerwahl

- eigene Interessenlagen
- späterer Berufswunsch
- Fächerangebot der gewählten Hochschule
- Studienordnungen der gewählten Fächer
- bei NC-Fächern Abiturnote

Vor allen Dingen ist es wichtig, sich in Fächer einzuschreiben, für die Sie sich wirklich interessieren. Fällt es Ihnen schwer, den Politikteil der Zeitung aus der Hand zu legen, bevor Sie nicht auch noch die letzte Meldung gelesen haben? Können Sie ganze Abende damit zubringen, über das politische Tagesgeschehen zu diskutieren? Dann liegt das Nebenfach Politologie nahe. Oder lieben Sie französische Romane, französisches Savoir-vivre und verbringen Sie jede Ferien in der Provence? Warum dann nicht neben Geschichte Romanistik studieren? Nur Fächer, deren Themen Sie wirklich faszinieren, werden Sie auch gerne und engagiert studieren.

Mit der Frage nach den Interessenlagen ist jene nach dem Berufswunsch eng verbunden (→ Arbeitsmarkt für Historiker). Wollen Sie später **Geschichtslehrer** werden (→ Schuldienst), müssen Sie – egal ob Sie im B.A./M.A.- oder im Lehramtsstudiengang eingeschrieben sind – Fächer wählen, die an den Schulen unterrichtet werden, was dementsprechend Ihre Wahlmöglichkeiten einschränkt. Haben Sie den Bachelor-Abschluss gemacht, müssen Sie die gewählten Fächer beibehalten, wenn Sie das Master of Education-Studium anhängen. Bei der Wahl des zweiten Faches neben Geschichte sollten Sie die Situation an den Schulen in Ihre Überlegungen einbeziehen: Informieren Sie sich zuerst bei Ihrer Zentralen Studienberatung und bei der Beratung Ihres Hauptfaches (→ Zentrale Studienberatung, Fachstudienberatung) über die Bedarfslage an den Schulen und ziehen Sie eher ein zweites Studienfach in Erwägung, für das die Schulen zum Zeitpunkt Ihres Examens wahrscheinlich Lehrer suchen werden. Sicherlich gibt es viele Unwägbarkeiten: Niemand kann exakt vorhersagen, wie sich die Nachfrage nach Lehrern eines bestimmten Faches in den kommenden vier bis fünf Jahren nach Ihrem Studienantritt wohl entwickeln wird – eine Tendenz lässt sich dennoch oft feststellen.

Möchten Sie später nicht Geschichtslehrer werden oder von den Karrierevorteilen eines Staatsexamens profitieren, sind Sie in der Fächerwahl wesentlich freier. Allerdings können Sie Ihre Disziplinen nicht beliebig zusammenstellen: Meist schreibt die **Studienordnung** (→ Studienordnung) des von Ihnen gewählten Hauptfaches vor, in welche Fächer Sie sich zusätzlich immatrikulieren können und ob Sie für diese eine bestimmte Abiturnote erreicht haben müssen. In der Zentralen Studienberatung Ihrer Universität erfahren Sie, welche Fächer Sie im Rahmen des B.A.- oder des Magisterstudienganges mit Geschichte kombinieren können. Hier sollten neben Ihren Neigungen und Interessenlagen karrierestrategische Überlegungen ebenfalls eine Rolle spielen. Wollen Sie beispielsweise später im touristischen Bereich tätig werden, lohnt sich die Kombination von Geschichtswissenschaft mit Geographie oder Kunstgeschichte. Streben Sie eine Stelle als Journalistin an, könnten Sie sich für Medienwissenschaften als zweites Fach entscheiden. Planen Sie dagegen, sich als Historikerin nach dem Studium

selbstständig zu machen, so könnte Betriebswirtschaftslehre als Zweitfach eine Option sein.
Der Magisterstudiengang bietet viele Möglichkeiten, sich in **spezialisierte-re Studiengänge** einzuschreiben. Welche Hochschule welche Fächer im Magisterstudium anbietet, erfahren Sie über die Webpage der Hochschulrektorenkonferenz (http://www.hochschulkompass.hrk.de/). Beispielsweise können Sie sich an vielen Universitäten auf einen bestimmten Zeitraum konzentrieren, indem Sie sich in Alte oder in Neuere und Neueste Geschichte einschreiben. Auch räumliche Spezialisierungen sind möglich, etwa in osteuropäischer Geschichte. Zudem können Sie vielerorts Subdisziplinen (→ Teilfächer) als Nebenfächer wählen wie an der TU Dresden, wo Sie sich in Technikgeschichte im Nebenfach immatrikulieren können. Die Wahl solch spezialisierter Fächer ist besonders sinnvoll, wenn Ihnen schon ein konkreter Berufswunsch vorschwebt. Ein klares Berufsziel sollten Sie ebenfalls bereits definiert haben, wenn Sie sich schon im B.A.-Studiengang spezialisieren. So können Sie sich etwa an der Universität Stuttgart für einen B.A. für Geschichte der Naturwissenschaft und Technik immatrikulieren.

2.4 Finanzierung

Das nötige Geld für das Studium zusammen zu bekommen, ist für viele Studierende ein großes Problem. Grundsätzlich lassen sich vier Finanzierungsquellen voneinander unterscheiden:

Finanzierungsquellen für das Studium

▪ Familie	▪ BAföG
▪ Erwerbstätigkeit	▪ Stipendium

Zu Beginn des 21. Jahrhunderts wurden fast 90% der Studierenden in Deutschland teilweise oder vollständig von ihren **Eltern** unterstützt. In regelmäßigen Abständen wird ein Richtwert ermittelt, wie hoch der Betrag sein sollte, den Eltern ihrer Tochter oder ihrem Sohn monatlich zur Finanzierung des Studiums geben sollten. Im Jahr 2003 lag dieser Richtwert bei 600 €. Die Eltern haben aber einen Eigenbedarfsanteil von 1.000 €, diesen Teil ihres Nettoeinkommens brauchen sie für das Studium ihrer Kinder nicht anzutasten. Wenn Ihre Eltern nur einen Teil Ihres Unterhaltes übernehmen können, kann das BAföG-Amt (→ BAföG) einen Betrag zum von den Eltern zu leistenden Unterhalt hinzuzahlen. Um dessen Höhe zu ermitteln, können Sie einen BAföG-Antrag stellen, das Amt errechnet dann die von Ihren Eltern zu zahlende Summe.

Unterhaltsberechtigt sind alle Studierenden gegenüber ihren Eltern oder ihren Ehepartnern, wenn sie eine Erstausbildung durchlaufen. Schwierig wird es für jene, die nach dem Abitur zunächst eine Lehre oder ein anderes Studium absolviert haben: Wenn das neue Studium nicht in engem Zusammenhang mit dieser ersten Ausbildungsphase steht – beispielsweise weil Sie zuerst eine Lehre als Tischlerin gemacht haben und nun Geschichte studieren wollen – besteht kein Anspruch mehr auf Unterhalt gegenüber Eltern oder Ehepartnern.

Gut zwei Drittel aller Studierenden arbeiten, um ihr Studium (teilweise) zu finanzieren. Generell gilt, dass Sie die **Erwerbstätigkeit** neben dem Studium auf das allermöglichste Minimum beschränken sollten, denn je mehr Wochenstunden Sie ,nebenher' arbeiten, desto länger brauchen Sie wahrscheinlich auch für das Studium. Einige Studierende scheitern sogar, weil sie nicht mehr genügend Zeit und Kraft finden, sich auf das Studium zu konzentrieren. Es ist daher ratsam, erst alle anderen Finanzierungs- und alle Einsparungsmöglichkeiten zu überprüfen, bevor Sie einen Job annehmen. Oder konzentrieren Sie Ihre Erwerbstätigkeit auf die vorlesungsfreie Zeit.

Sind Sie aber gezwungen, nebenbei zu arbeiten, wählen Sie nach Möglichkeit eine Nebentätigkeit, die zu Ihren Berufsplänen passt: Wollen Sie später einmal im Museum arbeiten, dann wäre die Arbeit als Hilfskraft im Städtischen Museum passender als zu kellnern. Es gibt Tätigkeiten, die Ihr Studium sinnvoll begleiten oder ergänzen. Beispielsweise bietet die Universität Studierenden Verdienstmöglichkeiten, von denen sie nicht nur finanziell, sondern auch inhaltlich profitieren: So stellen viele Dozenten studentische Hilfskräfte (so genannte Hiwis) ein, die für die wissenschaftlichen ,Alltagsgeschäfte' (Bibliographieren, Literaturbeschaffung, Kopieren) genauso zuständig sein können wie für kleinere Recherche- und Forschungsarbeiten. In universitätseigenen Einrichtungen wie der Bibliothek oder dem Rechenzentrum werden ebenfalls Jobs für Studierende angeboten, die nicht nur attraktiv sind, weil Sie dort gegebenenfalls erste Berufserfahrungen sammeln können, sondern auch, weil sie nur geringe Reibungsverluste mit sich bringen: Sie müssen wahrscheinlich keinen langen Weg zu Ihrem Arbeitsplatz zurücklegen und können Pausen zwischen Ihren Arbeitsstunden nutzen, indem Sie Ihre Lehrveranstaltungen vorbereiten.

Bevor Sie sich einen Job besorgen, sollten Sie sich über die geltenden Regeln zur Sozialversicherung und Besteuerung Ihrer Arbeit informieren. Normalerweise sind Studierende von der gesetzlichen Renten-, Arbeitslosen-, Pflege- und Krankenversicherung ausgenommen. Wer aber im Jahresdurchschnitt mehr als 20 Stunden die Woche arbeitet, verliert diese Befreiung von der Versicherungspflicht. Achten Sie des Weiteren auf die geltenden Regeln zur ,Geringfügigen Beschäftigung' – im Jahr 2003 galt man als geringfügig beschäftigt, wenn die durchschnittliche Summe der Löhne inklusive Weihnachts- und Urlaubsgeld

400 € monatlich nicht überstieg. Unterhalb dieser Grenze sind Studierende steuer- und sozialversicherungsfrei und können sich weiterhin über die gesetzliche Krankenversicherung der Eltern mitversichern lassen. Außerdem verlieren die Eltern ihren Kindergeldanspruch nicht. Beziehen Sie BAföG, sollten Sie darauf achten, dass der vom BAföG-Amt erlaubte Freibetrag für Nebenverdienste (zumindest im Jahr 2004) noch etwas niedriger liegt als die Obergrenze für geringfügige Beschäftigungsverhältnisse.

Im Jahr 2003 bekam nur etwa ein Viertel aller Studierenden durch das Bundesausbildungsförderungsgesetz geregelte staatliche Förderung, das **BAföG**, sei es als Teil- oder als Vollförderung. Die Voraussetzungen für den Erhalt werden eng gesetzt: So müssen Sie unter anderem bestimmte Bedingungen bezüglich Ihrer nationalen Zugehörigkeit, Ihres Alters und Ihrer Studieneignung erfüllen. Erkundigen Sie sich in Zweifelsfällen beim BAföG-Amt. Vor allem die Einkommensverhältnisse der Ihnen gegenüber Unterhaltspflichtigen sind entscheidend dafür, ob Sie Anspruch auf BAföG haben oder nicht. Prinzipiell gilt, dass Anrecht auf die Ausbildungsförderung nur jene haben, denen die für ihren Lebensunterhalt und ihre Ausbildung erforderlichen Mittel nicht auf anderem Wege zur Verfügung stehen. Dies bedeutet, dass zunächst die Unterhaltspflichtigen herangezogen werden und erst, wenn diese Ihr Studium nicht oder nur teilweise finanzieren können, gibt es die Möglichkeit, auf BAföG zurückzugreifen. Beim elternabhängigen BAföG werden Ihr Vermögen und Ihr Einkommen, das Ihres Ehepartners und das Einkommen Ihrer Eltern angerechnet, je nachdem erhalten Sie kein BAföG, einen geringen Betrag oder den Höchstsatz. Für die Höhe des Förderungssatzes ist zudem Ihr ‚Bedarf' ausschlaggebend, der sich zum Beispiel erhöht, wenn Sie nicht mehr bei Ihren Eltern wohnen. 2003 lag der Förderungshöchstsatz bei 585 € im Monat, über den aktuellen Satz können Sie sich unter http://www.bafoeg.bmbf.de informieren.

Um BAföG zu beantragen, wenden Sie sich am besten noch vor Beginn Ihres Studiums an das BAföG-Amt Ihrer Universität und besorgen sich die Antragsformulare. Beachten Sie, dass das BAföG immer nur für zwölf Monate bewilligt wird und Sie den Folgeantrag mindestens zwei Monate vor dem Ablauf des Förderungszeitraumes stellen müssen, damit Sie Ihr BAföG ohne Unterbrechung gezahlt bekommen. Berücksichtigen Sie zudem, dass Sie möglicherweise beim Wechsel Ihres Studienganges Ihren Anspruch auf BAföG verlieren. Klären Sie einen solchen Wechsel daher unbedingt vorher mit Ihrem BAföG-Amt ab. Der Bezug dieser staatlichen Förderung verpflichtet Sie zu einem stringenten Studium – das BAföG-Amt überprüft Ihre Studienleistungen und streicht die Zahlungen, wenn Sie Ihr Studium ‚verbummeln', das heißt nicht rechtzeitig die Zwischenprüfung ablegen oder nicht die geforderte Anzahl absolvierter ‚Scheine' / Leistungsnachweise vorweisen können. Welche diese sind, sagt Ihnen das für Ihr Fach zuständige Prüfungsamt. Schluss mit dieser Förderung ist nach der Regelstudienzeit, die von Ihrem Fach festgelegt wird (→ Studienordnung).

Ein letzter Wermutstropfen ist zum BAföG zu erwähnen: Es wird nur zu 50% als Zuschuss gewährt – die zweite Hälfte ist lediglich ein Darlehen und muss nach dem Studium zurückgezahlt werden. In der Regel wird man Sie fünf Jahre nach dem Ende Ihrer Förderung auffordern, diesen Anteil in monatlichen Raten ‚abzustottern'; allerdings nur, wenn es Ihre Einkommensverhältnisse zulassen (was 2003 bedeutete: Falls Sie mehr als 960 € monatlich verdienen). Sie können diese Schuldenlast aber durch gute Studienleistungen verringern: Gehören Sie zu den besten 30% Ihres Prüfungssemesters, gibt es einen Teilerlass des Darlehens. Haben Sie besonders schnell studiert, kann das Ihre Darlehensschuld ebenfalls reduzieren.

Es gibt Stiftungen, die Sie während Ihres Studiums finanziell fördern können, indem sie Ihnen ein **Stipendium** gewähren. Allerdings schaffen es nur wenige Studierende, in den Kreis der Stipendiaten aufgenommen zu werden, denn normalerweise sind die Anforderungen sehr hoch. Bei den Stiftungen gibt es unter anderem parteinahe Institutionen: die sozialdemokratische Friedrich-Ebert-Stiftung, die christdemokratische Konrad-Adenauer-Stiftung, die den Grünen nahe stehende Böll-Stiftung, die liberale Friedrich-Naumann-Stiftung, die der PDS nahe stehende Rosa-Luxemburg-Stiftung sowie CSU-nah die Hanns-Seidel-Stiftung. Außerdem existieren konfessionsgebundene, gewerkschafts- oder wirtschaftsnahe und übergreifende Stiftungen.

Im Folgenden sind die wichtigsten Stiftungen aufgeführt, die Stipendien für Studierende vergeben.

Auswahlkriterien und Bewerbungsverfahren für Stipendien (Auswahl)

Studienstiftung des deutschen Volkes http://www.studienstiftung.de	• Leistung, Initiative, Verantwortung und Engagement auch jenseits des Studiums • Auswahl erfolgt ohne Rücksicht auf sozialen Hintergrund, politische Überzeugungen, Konfession • keine Selbstbewerbung, sondern Vorschlag vor allem durch Schulleiter und Hochschullehrer

Stiftung der Deutschen Wirtschaft http://www.sdw.org	• überdurchschnittliche Fachleistungen sowie gesellschaftliches Engagement • Begabtenförderung mit dem Ziel, so genanntes Führungspersonal in Wirtschaft und Gesellschaft zu fördern • keine Selbstbewerbung, sondern Vorschlag durch Vertrauensdozenten der jeweiligen Hochschulregion
Friedrich-Ebert-Stiftung http://www.fes.de	• überdurchschnittliche wissenschaft-liche Begabung sowie staatsbürger-liches Verantwortungsbewusstsein • Selbstbewerbung oder Vorschlag durch Hochschullehrer
Konrad-Adenauer-Stiftung e.V. http://www.kas.de	• zukünftige Leistungseliten und Führungs-kräfte, die sozial oder politisch engagiert sind und sich am christlich-demokratischen Menschenbild orientieren • Selbstbewerbung • zusätzlich Förderprogramm für Studieren-de, die eine journalistische Karriere an-streben
Heinrich-Böll-Stiftung-Studienwerk http://www.boell.de/	• überdurchschnittliche Leistungen • für Studierende, die verantwortungs-volle Positionen anstreben und sich mit den Zie-len der Stiftung (zum Beispiel Ökologie, Solidarität) auseinander setzen • Selbstbewerbung • Frauen werden besonders gefördert
Friedrich-Naumann-Stiftung http://www.fnst.de	• liberaler akademischer Nachwuchs • hohe wissenschaftliche Begabung, politi-sches und gesellschaftliches Engagement aus liberaler Grundhaltung • Selbstbewerbung
Hanns-Seidel-Stiftung e.V. http://www.hss.de/	• hochqualifizierter Akademiker-nachwuchs • wissenschaftliche Begabung, staatsbürger-liches Verantwortungsbewusstsein und so-ziales, kirchliches oder politisches Enga-gement aus einer christlich-sozialen Grundhaltung • Selbstbewerbung

Rosa-Luxemburg-Stiftung http://www.rosalux.de	▪ hohe fachliche Leistungen ▪ politisches und gesellschaftliches Engagement für soziale Gerechtigkeit, Demokratie ▪ besonders gefördert werden Frauen und Personen, die finanziell sehr bedürftig sind ▪ Selbstbewerbung
Hans-Böckler-Stiftung http://www.boeckler.de/	▪ Leistung, gesellschaftspolitisches Engagement, soziale Verantwortung der Bewerber ▪ besonders gefördert werden Arbeitnehmerkinder und Absolventen des zweiten Bildungsweges ▪ keine Selbstbewerbung, sondern Bewerbung über die Vertrauens-dozenten der Stiftung oder über die örtliche Gliederung einer Gewerkschaft
Evangelisches Studienwerk e.V. Villigst http://www.evstudienwerk.de/	▪ begabte und im kirchlichen, sozialen oder politischen Bereich engagierte evangelische Studierende ▪ Selbstbewerbung
Cusanuswerk http://www.cusanuswerk.de	▪ besonders begabte und engagierte katholische Studierende ▪ vorschlagsberechtigt sind Schulleiter, Hochschullehrer, Studentenpfarrer, ehemalige Stipendiaten; Selbstbewerbung möglich

Bei einigen Stiftungen müssen Sie sich an die betreffende Vertrauensdozentin wenden, die Ihre Bewerbung an die Stiftung weiterleitet. Wer an Ihrer Universität Vertrauensdozentin für welche Stiftung ist, können Sie meist über die Universitäts-Webpage oder das Vorlesungsverzeichnis erfahren. Viele Stiftungen nehmen neue Stipendiaten nur auf, wenn diese ihren ersten Studienabschnitt noch nicht beendet haben. Sie sollten sich also möglichst früh um Kontakt zu einem

Dozenten bemühen, der Ihre Bewerbung evtl. mit einem Gutachten / Empfeh-
lungsschreiben unterstützen würde.

Die Stipendienhöhe richtet sich ähnlich wie beim BAföG nach dem Einkommen der Unterhaltspflichtigen, die meisten der hier aufgeführten Stiftungen
hatten 2003 einen Höchstfördersatz von etwas mehr als 500 €. Das zusätzlich
gezahlte, einkommensunabhängige monatliche ‚Büchergeld' lag zumeist bei 80
€. Neben der materiellen Förderung ist die immaterielle Förderung wichtig: Der
Erhalt eines Stipendiums ist eine Auszeichnung und wird als solche auch von
späteren Arbeitgebern angesehen. Außerdem bieten fast alle Stipendiengeber
zahlreiche Weiterbildungsmöglichkeiten wie Sommerakademien, Workshops
oder Sprachkurse an. Darüber hinaus entsteht unter den Stipendiaten und Ver-
trauensdozenten meist ein Netzwerk, das auch nach dem Studium sehr nützlich
sein kann, etwa bei der Arbeitsplatzsuche.

Literatur

Beyer, Heinz-Jürgen / Röder, Birgit: Studienführer Geschichts-, Kunst- und Altertums-
    wissenschaften: Archäologie, Geschichte, klassische Philologie, Kunstgeschichte,
    Musikwissenschaft, Theaterwissenschaft, Völkerkunde/Ethnologie, Volkskunde,
    Vor- und Frühgeschichte, 3. aktual. und erw. Aufl., Würzburg: Lexika-Verlag 1998.
Bund-Länder-Kommission / Bundesanstalt für Arbeit (Hgg.): Studien- und Berufswahl,
    Nürnberg: BW Bildung und Wissen [33]2003.
Engel, Uwe: Hochschul-Ranking: zur Qualitätsbewertung von Studium und Lehre, Frank-
    furt/M.: Campus 2001.
Herrmann, Dieter / Verse-Herrmann, Angela: Studieren, aber was? Die richtige Studien-
    wahl für optimale Berufsperspektiven, Frankfurt/M.: Eichborn 2001.
Herrmann, Dieter: Studieren – aber wo? Der Städtecheck: alle Hochschulen in Deutsch-
    land im Überblick, aktual. und erw. Neuausgabe, Frankfurt/M.: Eichborn 2001.
Leppert, Georg / Ramm, Thorsten: Uni-Survival-Buch. Studienanfang leicht gemacht,
    Frankfurt/M.: Eichborn 1998.
Schmauß, Edwin: Geld im Studium. Wegweiser für Studierende und ihre Eltern, Berlin:
    uni-edition 2003.
Seidenspinner, Gerlinde / Seidenspinner, Gundolf: Durch Stipendien studieren: Stipen-
    dien, Förderungsmöglichkeiten, Studiendarlehen, Auslandspraktika, 19., vollkom-
    men überarb. und aktual. Aufl., Landsberg: mvg 1999.

3 Erste Schritte an der Universität

Haben Sie sich für eine Universität entschieden, sollten Sie diese nicht erst zum Beginn der Lehrveranstaltungen das erste Mal betreten. Wenn Sie ein oder zwei Wochen vor dem Semesterbeginn am Studienort anwesend sind, können Sie in der verbleibenden Zeit bis zum Semesterbeginn alle Formalitäten regeln, die für einen guten Studienstart notwendig sind, und darüber hinaus wichtige Informationen zum Studienablauf einholen.

Erste Schritte an der Universität

- Immatrikulation (Einschreibung)
- allgemeine und fachspezifische Vorlesungsverzeichnisse beschaffen
- allgemeine Studienberatung in den gewählten Fächern besuchen
- Studien- und Prüfungsordnungen besorgen
- Stundenplan für das erste Semester erstellen
- Studienplan für das Grundstudium erstellen
- Anmeldung für die Lehrveranstaltungen
- Studienanfängerevents besuchen
- Campusführung mitmachen
- Bibliotheksausweis erwerben
- Bibliotheksführung mitmachen
- Internet-Zugang mit E-Mail-Adresse einrichten

Bedenken Sie, dass Sie in der ersten Semesterwoche bereits eine Reihe von Lehrveranstaltungen besuchen, in denen Sie eventuell schon in einer der kommenden Sitzungen ein Referat halten müssen. Um sich sofort auf die inhaltliche Seite des Studiums konzentrieren zu können, ist es sinnvoll, alle anderen Dinge im Voraus geregelt zu haben. Außerdem sind für viele der angebotenen Lehrveranstaltungen die Teilnehmerzahlen begrenzt – je früher Sie sich anmelden, desto größer ist Ihre Chance, dass Sie jene Seminare und Übungen belegen können, die Sie am ehesten interessieren. Des Weiteren sind die Studienberatungsveranstaltungen vor dem Semester meist weniger voll als die während des Semesters. Um zu vermeiden, dass Sie auf der Suche nach dem Veranstaltungsraum Ihrer Vorle-

sung durch die Gänge der Universität irren, bietet es sich außerdem an, schon in
der Woche vor dem Vorlesungsbeginn einen Orientierungsspaziergang oder eine
Campusführung mitzumachen, so dass Sie eine Vorstellung davon haben, wo die
Hörsäle, Seminarräume und zentralen Einrichtungen wie etwa die verschiedenen
Beratungsstellen sind.

3.1 Informations- und Beratungsstellen

Jede Universität verfügt über Instanzen, die Ihnen informierend und beratend zur
Seite stehen und Ihnen helfen, Ihr Studium möglichst sinnvoll und stringent zu
gestalten. Anstatt sich alle Informationen mühsam eigenständig zusammenzusu-
chen oder sich auf das Hören-Sagen von Kommilitonen zu verlassen, sollten Sie
diese Angebote nutzen: Die universitären Beratungsstellen können Ihnen viel
Zeit und Kraft ersparen und helfen, Fehler zu vermeiden.

Universitäre Informations- und Beratungsstellen (Auswahl)

- Zentrale Studienberatung
- Studienberatung der einzelnen Fächer
- Mentoren
- Beratungsstellen der Fachschaften
- Psychologische Beratungsstellen
- Frauen- oder Gleichstellungsbeauftragte
- Auslandsstudienberatung
- Rechtsberatung
- Berufsberatung

In der fächerübergreifenden **Zentralen Studienberatung** können Sie sich zur
Studien- und Berufswahl informieren, dort erläutert man Ihnen die Studieninhal-
te unterschiedlicher Fächer. Eine Beratung lohnt sich besonders, wenn Sie noch
nicht genau wissen, welche Fächerkombination Sie wählen sollen. Sie können
sich auch informieren lassen, wenn Sie sich noch im Unklaren darüber sind, was
denn nun beispielsweise das Fach Medienwissenschaften genau beinhaltet und
ob es sich sinnvoll mit dem Fach Geschichte kombinieren lässt. Nicht selten
stellt sich bei solchen Gesprächen heraus, dass die Fächerkombination, die man
sich ausgesucht hatte, gar nicht mit dem eigenen Berufswunsch zusammen passt
oder dass in einer der gewählten Disziplinen gar nicht das gelehrt wird, was
einen interessiert und dass ein anderes Fach viel faszinierender ist.

In jedem Fach gibt es zumeist einen oder mehrere Dozenten, die für die **Fachstudienberatung** zuständig sind und besonders zu Beginn des Semesters Beratungsgespräche anbieten. Entwerfen Sie am besten schon vor dem Termin mithilfe des fachspezifischen Vorlesungsverzeichnisses (oft auch kommentiertes Vorlesungsverzeichnis genannt) Ihren Studienplan für den ersten Studienabschnitt (→ Studienplan im Grundstudium) und den Stundenplan für das kommende Semester (→ Semesterstundenplan), damit Sie beides in der Beratung durchsprechen können.

Eine weitere Beratungsinstanz innerhalb des Faches sind die so genannten **Mentoren**: An einigen Universitäten wird jedem Studienanfänger ein Dozent zugewiesen, der für Fragen der Studiengestaltung zuständig ist und Ihnen bei Problemen im Studienablauf beratend zur Seite steht. Mit diesem Mentor können Sie Ihren Stundenplan ebenso durchsprechen wie Ihre langfristige Studienplanung, zum Beispiel einen möglichen Studienortwechsel oder Studienmöglichkeiten im Ausland.

Außerdem bieten die **Fachschaften** (die Vertretung der Studierenden der jeweiligen Fächer) zu Beginn des Semesters verstärkt Informationsveranstaltungen und Termine für Beratungen an.

Für spezifische Fragen haben die Universitäten eigene Beratungsstellen eingerichtet, die in den Vorlesungsverzeichnissen aufgeführt sind. Für persönliche Krisensituationen sind die **Psychologischen Beratungsstellen** zuständig. Sie helfen beispielsweise dabei, Schreibblockaden, Prüfungsängste oder Motivationsschwierigkeiten zu überwinden. Des Weiteren existieren an den meisten Hochschulen Institutionen, an die Sie sich bei Suchtproblemen wenden können.

Für sozial und/oder finanziell oft benachteiligte Studierendengruppen gibt es ebenfalls spezielle universitäre Einrichtungen. Frauen, die sich wegen ihres Geschlechts im Studium benachteiligt fühlen oder die sexuell belästigt werden, sollten sich an die **Frauen- oder Gleichstellungsbeauftragte** wenden. Jeder Fachbereich hat in der Regel eine solche Frauenbeauftragte, und auch fächerübergreifend gibt es an jeder Universität eine Frauenbeauftragte, die sich um die Belange von Universitätsmitgliedern kümmert. Sie bieten zudem Veranstaltungen an, die auf die Bedürfnisse von Studentinnen und Absolventinnen zugeschnitten sind: Sie informieren über Frauenfördermaßnahmen in der Wissenschaft sowie über die Vereinbarkeit von Elternschaft und Studium oder führen Bewerbungstrainings für Frauen durch.

Für die speziellen Problemlagen **ausländischer Studierender** sind an vielen Universitäten ebenfalls eigene Beratungsstellen eingerichtet worden. An größeren Hochschulen finden sich zudem Einrichtungen zur Beratung von **Behinderten** oder von **Schwulen und Lesben**.

Planen Sie, für einige Zeit im Ausland zu studieren, steht Ihnen die **Auslandsstudienberatung** zur Verfügung, die normalerweise im Akademischen Auslandsamt der Universität angesiedelt ist (→ Auslandsstudium). Das Auslandsamt kann Ihnen zum einen jene Universitäten nennen, mit denen Ihre Hochschule einen Studierendenaustausch durchführt, zum anderen informiert es über Finanzierungsmöglichkeiten für die Zeit im Ausland.

Haben Sie rechtliche Fragen, etwa zu Unterhaltsproblemen, dann könnten Sie sich erkundigen, ob Ihre Universität über eine **Rechtsberatung** verfügt, an die Sie sich kostenlos wenden können.

Am Ende Ihres Studiums könnte die **Berufsberatung** (auch Career Service genannt) Ihrer Universität für Sie wichtig werden. Bei individuellen Gesprächen können Sie Ihre Berufspläne spezifizieren, außerdem bieten die Berufungsberatungen mitunter Veranstaltungen wie Bewerbungstrainings oder Seminare über Verhandlungstechniken an.

3.2 Wahl der Lehrveranstaltungen

Haben Sie sich vor Beginn der Lehrveranstaltungen das Vorlesungsverzeichnis Ihrer Universität und die kommentierten Vorlesungsverzeichnisse der von Ihnen gewählten Fächer besorgt, geht es nun darum, diese erstens überhaupt erst einmal zu verstehen und zweitens, aus dem meist überwältigenden Angebot diejenigen Vorlesungen, Seminare, Übungen etc. herauszusuchen, die Ihnen ein sinnvolles Studieren ermöglichen. Allerdings sind Sie nicht völlig frei bei der Wahl Ihrer Lehrveranstaltungen: Die Studien- und Prüfungsordnungen geben Regeln für die Zusammenstellung Ihrer Veranstaltungen vor. Das folgende Kapitel möchte Ihnen helfen, sich in den Verzeichnissen und Ordnungen zurechtzufinden und praktikable Stunden- und Studienpläne aufzustellen.

3.2.1 Studien- und Prüfungsordnungen

Je nachdem, in welchem Studiengang Sie eingeschrieben sind (→ Wahl des Studienabschlusses), müssen Sie sich nach unterschiedlichen **Studien- und Prüfungsordnungen** richten. Diese rechtlichen Vorgaben (Zwischenprüfungsordnung, Magisterprüfungsordnung, Lehrerprüfungsordnung für Staatsexamenskandidaten, Prüfungsordnungen für B.A./M.A.-Studiengänge sowie die Studienordnungen der von Ihnen gewählten Fächer) regeln Ihr Studium und Ihre Prüfungen.

Inhalte von Studienordnungen

- zu erfüllende Voraussetzungen für die Aufnahme des Studiums bzw. studienbegleitend nachträglich zu erwerbende Voraussetzungen (etwa bezüglich der Fremdsprachenkenntnisse)
- Länge der Regelstudienzeit (im wievielten Semester die Abschlussprüfung abgelegt werden sollte)
- Art des Abschlusses (B.A., M.A., Magister ...)
- Lehrveranstaltungstypen des Faches (→ Lehrveranstaltungstypen)
- Art und Anzahl der zu belegenden Lehrveranstaltungen pro Studienabschnitt
- Leistungsanforderungen in den verschiedenen Lehrveranstaltungen

---

Inhalte von Prüfungsordnungen

- Zulässigkeit von Fächerkombinationen
- Voraussetzungen für die Prüfungszulassung: Art und Anzahl der vorzulegenden Leistungsnachweise (Scheine)
- Form der Antragstellung auf Zulassung zur Prüfung
- Zusammensetzung des Prüfungskollegiums
- Durchführung der Prüfung (Dauer, Protokollerstellung ...)
- Benotung der Leistung des Studierenden

Sie finden diese Ordnungen entweder auf der Webpage Ihres Faches oder bei einer der Studienberatungsstellen. Sie können auch im Dekanat Ihres Fachbereiches danach fragen oder bei Ihrer Fachschaft. Lesen Sie diese Bestimmungen genau durch und fragen Sie bei der Studienfachberatung nach, falls Sie den einen oder anderen Absatz nicht verstanden haben. So verhindern Sie, dass Sie sich zur Prüfung anmelden wollen, Ihnen dann aber gesagt wird, dass Sie noch nicht alle Voraussetzungen dafür erfüllt haben, weil Ihnen beispielsweise noch der ‚Schein' für ein Proseminar in Alter Geschichte fehlt.

Die Studien- und Prüfungsordnungen unterscheiden sich von Universität zu Universität zum Teil deutlich voneinander. Dies ist beispielsweise bei den Anforderungen bezüglich der **Fremdsprachenkenntnisse** der Fall: So kann die eine Universität für die Anmeldung zur Magister-Zwischenprüfung das Latinum verlangen, die andere verzichtet auf diese Anforderung, verlangt dafür aber den Nachweis zweier lebender Fremdsprachen. Hinsichtlich der Anzahl der **Semesterwochenstunden** (SWS), die belegt werden müssen (eine zweistündige einsemestrige Lehrveranstaltung zählt zwei SWS, eine dreistündige drei SWS usw.), gibt es von Fachbereich zu Fachbereich ebenfalls Unterschiede.

3.2.2 Lehrveranstaltungstypen

Veranstaltungstypen tragen nicht an allen Universitäten dieselben Namen – beispielsweise kann man unter einem Seminar an der einen Universität etwas anderes verstehen als an einer anderen. In der Studienordnung können Sie aber jederzeit nachlesen, wie man in Ihrem Fach einen bestimmten Typus definiert und welche Lernziele mit ihm verbunden sind.

Lehrveranstaltungstypen

Veranstaltungstyp	Charakteristika
Vorlesung ▪ Einführungsvorlesung ▪ Überblicksvorlesung ▪ Spezialvorlesung	▪ für alle Studierenden ▪ Ziel ist die Vermittlung von Überblicks- oder Spezialwissen ▪ werden nur von habilitierten Dozenten bzw. von Professoren angeboten
Proseminar	▪ für Studierende im ersten Studienabschnitt ▪ Leistungsnachweis aufgrund von Mitarbeit, Referat, Gruppenarbeit, Hausarbeit und/ oder Klausur oder ähnliches ▪ dient der Einarbeitung in ein Thema und dem Erwerb fachspezifischer Fähigkeiten wie etwa der Interpretation von Quellen
Propädeutikum (an einigen Universitäten auch Einführungs- oder Grundkurs genannt)	▪ richtet sich an Studienanfänger ▪ wird zum Teil in Verbindung mit Proseminaren angeboten ▪ dient dem Erwerb ‚handwerklicher' Fähigkeiten (Bibliographieren, Hausarbeiten schreiben etc.)
Tutorium	▪ meist für Studienanfänger ▪ Veranstaltung von Studierenden für Studierende ▪ begleitet oft eine Vorlesung oder ein Seminar

Lektürekurs (auch: sprachpraktische Übung)	▪ richtet sich in der Regel an Studierende im ersten Studienabschnitt ▪ Übersetzungen und Diskussionen von fremdsprachigen Texten im Zentrum ▪ dient der fachbezogenen Vertiefung der Fremdsprachenkenntnisse
hilfswissenschaftliche Übung	▪ dient dem Erwerb einer bestimmten geschichtswissenschaftlich relevanten Technik, zum Beispiel dem Entziffern handschriftlicher Quellen: Paläographiekurs (→ Hilfswissenschaften)
thematische Übung	▪ richtet sich in der Regel an alle Studierende ▪ dient vor allem der intensiven Beschäftigung mit einem Thema, meist spezieller als ein Proseminar oder ein Seminar ▪ mitunter begleitend zu einer Vorlesung, um den dort behandelten Stoff zu vertiefen
Exkursion	▪ Fahrt zu historisch relevanten Orten wie etwa Museen, Ausgrabungsstätten, Baudenkmälern, Ausstellungen ▪ Vertiefung eines Themas anhand von Originalquellen oder Objekten
Projektseminar	▪ meist für fortgeschrittene Studierende ▪ aktive Beteiligung der Studierenden in Form eines Beitrages zu einer gemeinsamen Aufgabe (Erstellung einer kleineren Ausstellung oder Webpage zu einem bestimmten Thema o.ä.)
(Haupt-)Seminar	▪ meist für fortgeschrittene Studierende ▪ Leistungsnachweis aufgrund von Referat, Diskussion, Hausarbeit o.ä. ▪ dient der intensiven Einarbeitung in ein Thema

Repetitorium	• dient der Rekapitulation von Wissen in Überblicksform und somit auch der Prüfungsvorbereitung
Kolloquium / Oberseminar	• in der Regel für Examenskandidaten und Doktoranden • Vorstellung von Abschlussarbeiten • wissenschaftliche Diskussion neuer Forschungsergebnisse oder Erörterung theoretischer oder methodischer Fragen

Außer bei den Vorlesungen wird von Ihnen in allen Lehrveranstaltungstypen eine aktive Beteiligung am Unterricht erwartet, denn die Studierenden sind für das Gelingen einer Lehrveranstaltung mitverantwortlich. Außerdem ist Ihr Lernerfolg größer, wenn Sie sich mit eigenen Beiträgen einbringen: Je mehr Sie sich bemühen, durch Ihre **mündliche Beteiligung** bei der Klärung aufgeworfener Fragen mitzuhelfen, je aktiver Sie sich an Diskussionen beteiligen und eigene Ideen formulieren, desto besser und länger werden Sie den Lernstoff behalten. Und es ist auch weniger langweilig, wenn nicht lediglich der Dozent redet und der Rest des Seminars schweigt.

Sie werden in Ihrem Studium schnell feststellen, dass nicht nur die Veranstaltungstypen jeweils unterschiedliche Formen der studentischen Mitarbeit erfordern, sondern dass Geschichte auch sehr unterschiedlich unterrichtet werden kann. Die **Lehrstile** von Dozenten differieren stark: Während die eine Professorin in den Seminaren oder Übungen lieber selbst spricht und die Studierenden eher zum passiven Zuhören ,verdammt', wird die andere einen stärker dialogischen Unterricht bevorzugen, an dem Sie sich intensiv beteiligen können. Während der eine Dozent seine Form des Unterrichts kaum variiert, setzt der andere auf einen Mix von Referaten, Gruppenarbeit, Medieneinsatz, eigenen Kommentaren oder Rollenspielen.

Nicht jeder Lehrende investiert gleich viel Zeit und Arbeit in die Vorbereitung seines Unterrichts und in die Entwicklung seines didaktischen Konzepts. Nutzen Sie die Gelegenheit, Ihre Dozenten darüber zu informieren, was Sie von ihrem Unterricht halten. Sie haben dazu beispielsweise die Möglichkeit bei der **Lehrevaluation**, die mittlerweile an den meisten Universitäten durchgesetzt wurde. Bei dieser können die Studierenden in anonymisierten Fragebögen ihre Meinung zum gebotenen Unterricht darlegen und Verbesserungsvorschläge machen. Aber bereits während der Lehrveranstaltung sollte die Gelegenheit gegeben sein, den Unterricht zu beurteilen und eigene Vorschläge für die Unterrichtsgestaltung einzubringen.

3.2.3 Studienplan im Grundstudium

Die Studienordnung Ihres Faches gibt Ihnen vor, wie viele Proseminare, Übungen, Vorlesungen etc. Sie in Ihrem ersten Studienabschnitt belegen müssen. Um effektiv studieren zu können, sollten Sie zu Beginn Ihres Studiums einen Plan erstellen, der bis zum Ende des ersten Studienabschnittes reicht (bis zur Zwischenprüfung bzw. bis zum Bachelor). Auf der Grundlage dieses Planes entscheiden Sie bei Magister und Lehramt, wann Sie welche Lehrveranstaltungen belegen sollten. In den B.A./M.A.-Studiengängen wird normalerweise stärker vorgegeben, wann Sie welche so genannten Module (Lehrveranstaltungseinheiten) absolvieren müssen.

Beachten Sie einige Ratschläge, wird es Ihnen viel leichter fallen, einen sinnvollen Studienplan aufzustellen, der Ihre Interessen ebenso berücksichtigt wie die Studien- und Prüfungsordnungen. Zunächst geht es darum, Ihre Lehrveranstaltungen schrittweise aufeinander aufzubauen: Es gibt solche, wie etwa das Propädeutikum, die sich besonders für den Studienbeginn eignen. Hier erlernen Sie jene Techniken des (geschichts-)wissenschaftlichen Arbeitens, die die Voraussetzung sind, um von anderen Lehrveranstaltungen überhaupt erst profitieren zu können und in ihnen gute Leistungen zu erbringen. Das Propädeutikum hilft Ihnen, sich im Geschichtsstudium zu orientieren und legt die Basis, auf der Sie die Arbeit in den anderen Seminaren, Übungen und Vorlesungen aufbauen können.

Zu Beginn des Studiums sollten Sie sich außerdem die noch fehlenden **Fremdsprachenkenntnisse** aneignen. Viele Prüfungsordnungen verlangen, dass Sie zur Zwischenprüfung oder bereits für den Besuch eines Proseminars in alter oder mittelalterlicher Geschichte das Latinum oder eine bestandene Sprachklausur nachweisen. Dafür bieten sich die entsprechenden universitären Sprachkurse an, die Sie während der Vorlesungszeit kostenlos besuchen können. Es existieren aber auch außeruniversitäre – allerdings meist kostenpflichtige – Möglichkeiten, um etwa in den Semesterferien Latein oder eine andere Fremdsprache zu lernen.

Legen Sie während Ihres Studiums auf bestimmte Aspekte einen Schwerpunkt – etwa auf die Frühe Neuzeit – sollten Sie darauf achten, rechtzeitig die für diese Spezialisierung notwendigen Kenntnisse in den jeweiligen **Historischen Hilfswissenschaften** (→ Hilfswissenschaften) wie zum Beispiel Paläographie oder Chronologie zu erwerben, die meist in besonderen Lehrveranstaltungen vermittelt werden. In Zusammenarbeit mit Archiven und Museen gibt es außerdem an vielen Universitäten Einführungen in das Archivwesen oder die Museumskunde, die Ihnen nicht nur fachliche Kenntnisse vermitteln, sondern gleichzeitig als Berufsorientierung dienen können (→ Arbeitsmarkt für Historiker).

Es ist sinnvoll, die eigenen Lehrveranstaltungen während des Studiums
thematisch zu streuen: Konzentrieren Sie sich nicht zu sehr auf die Geschichte
eines Landes oder einer Epoche, schließlich soll das Geschichtsstudium auch
dazu dienen, sich einen gewissen Überblick anzueignen. Andererseits ist es aber
nicht empfehlenswert, nur extrem auseinander liegende Themen abzudecken und
sich so lediglich ‚Wissensinseln' in einem Meer von Unwissen anzueignen.
Vielmehr ist es ratsam, Lehrveranstaltungen zu wählen, die untereinander Bezüge ermöglichen und so das vernetzte Denken fördern: Besuchen Sie beispielsweise eine Vorlesung über Bismarcks Innenpolitik und eine Übung zur Sozialgeschichte Frankreichs in der zweiten Hälfte des 19. Jahrhunderts, dann können Sie
die beiden Themen vergleichen und untereinander in Beziehung setzen, was den
Lerneffekt erhöht. Da die Geschichtswissenschaft fachübergreifendes Denken
und Forschen fordert und fördert, können Sie – soweit es Ihr Studienplan erlaubt
– gezielt entsprechend Ihren Interessen und Ihrer Neugierde außerdem **Veranstaltungen anderer Fächer** besuchen.

Kalkulieren Sie bei Ihrer Studienplanung ein, dass das Semester vor der
Zwischen- oder B.A.-Abschlussprüfung etwas weniger Lehrveranstaltungen beinhalten sollte, da Sie dann tief in den Prüfungsvorbereitungen stecken. Im Folgenden sehen Sie zwei Beispiele, wie Sie Studienanforderungen in einen Plan für
das grundständige Studium umsetzen können. Haben Sie einen solchen Plan für
das Fach Geschichte erstellt, müssen Sie ihn noch mit dem Ihres zweiten Faches
bzw. Ihrer Nebenfächer kombinieren.

*Voraussetzungen für die Zwischenprüfung im ersten Hauptfach, Staatsexamen oder Ma-
gister, Universität Trier (Beispiel)*

- Latinum (noch nachzuweisen durch universitäre Prüfung)
- 2 moderne Fremdsprachen (durch Abiturzeugnis bereits nachgewiesen)
- 4 Vorlesungen (Alte Geschichte, Mittelalterliche Geschichte, Neuere Geschichte, Neueste Geschichte, 4 mal 2 SWS)
- je 1 Proseminar in Alter Geschichte (2 SWS) und Mittelalterlicher Geschichte (4 SWS inkl. Propädeutikum) sowie in Neuerer Geschichte oder Neuester
  Geschichte (4 SWS inkl. Propädeutikum)
- 1 Quellenlektürekurs (2 SWS)
- 1 Übung in Alter Geschichte (ergänzt das Proseminar, 2 SWS)
- 1 Übung in Neuerer oder Neuester Geschichte (komplementär gewählt zum
  zeitlichen Schwerpunkt des neuzeitlichen Proseminars, 2 SWS)
- 4 weitere frei wählbare Veranstaltungen (je 2 SWS)
- insgesamt 32 SWS

Diese Anforderungen lassen sich folgendermaßen in einen viersemestrigen Studienplan umsetzen:

Studienplan bis zur Zwischenprüfung im ersten Hauptfach, Universität Trier (Beispiel)

	1. Semester	2. Semester	3. Semester	4. Semester
	Latein (5) Proseminar Neuere Geschichte inkl. Propädeutikum (4) Vorlesung Neueste Geschichte (2)	Latein (5) Proseminar Mittelalterliche Geschichte inkl. Propädeutikum (4) Vorlesung Mittelalterliche Geschichte (2)	Proseminar Alte Geschichte (2) Übung Alte Geschichte (2) Vorlesung Neuere Geschichte (2) weitere Vorlesung (2) Lektürekurs (2)	Vorlesung Alte Geschichte (2) Übung Neueste Geschichte (2) weitere Übung (2) weitere Übung (2) weitere Vorlesung (2)
SWS	11	11	10	10
obligat.	6	6	10	10

Anders sehen die Studienpläne aus, studieren Sie auf B.A. Streben Sie beispielsweise in Bochum einen Bachelor mit Geschichte als Hauptfach an, müssen Sie für den Abschluss folgende Nachweise erbringen:

Voraussetzungen im Fach Geschichte für den Bachelor, Universität Bochum (Beispiel)

- Nachweis englischer Sprachkenntnisse + einer zweiten Fremdsprache (wird die Abschlussarbeit in Alter Geschichte, Mittelalter oder Früher Neuzeit geschrieben, muss es Latein sein); Nachweise sind in den Lehrveranstaltungen zu erbringen
- 8 Module mit insgesamt 17 Lehrveranstaltungen
- 65 über geschichtswissenschaftliche Lehrveranstaltungsmodule nachzuweisende Kreditpunkte
- 40 belegte SWS

Der B.A.-Studiengang schreibt durch die Modularisierung stärker vor, in welchem Jahr welche Lehrveranstaltung besucht werden muss, um die obligatorischen Modulbescheinigungen und die damit verbundenen Kreditpunkte zu erhalten. Im folgenden Beispiel sehen Sie, dass bestimmte Module vor anderen belegt werden müssen, was das Studium stärker strukturiert. Zudem verbindet jedes Modul meist zwei oder drei Lehrveranstaltungen miteinander, so dass Sie weniger Wahlmöglichkeiten haben als beispielsweise im Magister-Grundstudium. In Ihrer Verantwortung liegt es vor allem, dass Sie Module belegen, die inhaltlich sinnvoll aufeinander aufbauen. Die Lehrveranstaltungen sind jeweils, falls nicht anders angegeben, einsemestrig.

Studienplan bis zum Bachelor im ersten Hauptfach, Universität Bochum (Beispiel)

	1. Jahr	2. Jahr	3. Jahr
	Modul I: Integriertes Proseminar über 2 Semester + Tutorium + Exkursion (2 mal 4) (epochenübergreifend) Modul II: Einführungsvorlesung aus Alter Geschichte oder Mittelalter oder Neuzeit (2) + Einführungsübung zur Vorlesung (2) Modul III: Einführungsvorlesung zu einer der in Modul II nicht gewählten Epochen (2) + Einführungsübung zur Vorlesung (2) + Übung zur Theorie und Didaktik der Geschichte (2)	Modul IV: Seminar I als Vertiefung in den Epochen oder regional / systematisch (2) + Vorlesung zu Seminar I (2) + Übung zu speziellen Methoden und Theorien (2) Modul V: Seminar II (in Seminar I nicht gewählte Vertiefung) (2) + Seminar III (in Seminar I nicht gewählte Vertiefung) (2) Modul VI: Übung zur Geschichtskultur (2) und/oder Praktische Übung (2) und/oder Fachpraktikum (2 der 3 Elemente sind zu wählen)	Modul VII: Hauptseminar (2) + Übung für Fortgeschrittene (2) Modul VIII: Hauptseminar (2) + Vorlesung zum Hauptseminar (2)
SWS	18	14	8
ECTS	22	23	20

3.2.4 Semesterstundenplan

Die Vorlesungsverzeichnisse für das kommende Semester erscheinen in der Regel am Ende der Vorlesungszeit des vorhergehenden Semesters. Auf ihrer Basis können Sie sich schon früh überlegen, welche Lehrveranstaltungen Sie belegen wollen. Achten Sie dabei darauf, dass es für viele Lehrveranstaltungen Anmeldelisten gibt, in die Sie sich oft schon lange vor Semesterbeginn eintragen müssen.

Bei der Erstellung Ihres Stundenplanes können Sie nach dem Prinzip verfahren, dass ‚weniger mehr ist'. Vor allem Studienanfänger neigen oft dazu, sich ihren Stundenplan ‚voll zu stopfen' und dadurch kaum eine der Lehrveranstaltungen noch wirklich intensiv zu nutzen. Bedenken Sie, dass Sie jede Veranstaltung vor- und nachbereiten sollten. Proseminare oder Lektürekurse verlangen eine intensivere Vorbereitung als Propädeutika oder Vorlesungen – im Durchschnitt sollten Sie aber jede Semesterwochenstunde mit einem Faktor von etwa zwei bis drei multiplizieren. Das heißt für jedes zweistündige Seminar, jede zweistündige Übung oder Vorlesung sollten Sie weitere zwei bis vier Stunden an Arbeitszeit einkalkulieren. Mehr als 20 Semesterwochenstunden insgesamt (alle Ihre Fächer zusammengenommen) sind mithin kaum realistisch. Konzentrieren Sie sich auf einige wenige Lehrveranstaltungen und nehmen Sie sich die Zeit, die von der Dozentin zur Vorbereitung angegebenen Texte gründlich zu lesen und zu exzerpieren, Ihre Aufzeichnungen aus der Veranstaltung im Anschluss rekapitulierend zu bearbeiten und außerdem weiterführende Literatur zu lesen. Dann haben Sie mehr davon, als wenn Sie viele Vorlesungen, Übungen und Seminare besuchen, von denen nur wenig bei Ihnen ‚hängen bleibt' und bei denen Sie sich wegen mangelnder Vorbereitung nicht am Unterricht beteiligen können.

Die vorlesungsfreie Zeit gehört mit zum Semester. Natürlich dient sie dem Urlaubmachen, dem Sammeln von Berufserfahrungen (→ Praktika) und in vielen Fällen auch dem Geldverdienen. Die meisten Studierenden schreiben aber außerdem einige Hausarbeiten in den Semesterferien, denn nur sehr selten gelingt es, für alle Seminare, die man belegt hat, die Hausarbeiten noch während der Vorlesungszeit zu verfassen. Zudem kann die Zeit genutzt werden, um sich durch die Lektüre von Überblicksdarstellungen einen ersten Einblick in die Themen jener Lehrveranstaltungen zu verschaffen, die Sie im nächsten Semester belegen wollen.

3.3 Universitätsbibliothek

Die Universitätsbibliothek und die weiteren Bibliotheken Ihrer Stadt sind zentrale Orte Ihrer Ausbildung. In ihnen finden Sie die Informationen sowohl für die seminarbegleitende Lektüre als auch für die Vorbereitung von Referaten, Haus- und Abschlussarbeiten.

Am besten, Sie informieren sich gleich zu Beginn des Studiums über die Bibliotheksstrukturen an Ihrem Studienort: Einige Universitäten besitzen lediglich eine **Zentralbibliothek**, in der die Bücher aller Fächer stehen. Andere Universitäten verfügen zusätzlich über fachspezifische **Institutsbibliotheken**. So gibt es geschichtswissenschaftliche Institute mit einer eigenen Bibliothek, die besser ausgestattet sein kann als die geschichtswissenschaftliche Abteilung der Zentralbibliothek. Große Bibliotheken verfügen neben der allgemeinen Büchersammlung noch über Spezialabteilungen (Handschriften, Karten oder Graphiken). In der Regel finden Sie Informationen über Bibliotheksstrukturen sowie über die Öffnungszeiten und Ausleihbedingungen in Broschüren, die in den Bibliotheken ausliegen, oder auf der Homepage Ihrer Universität.

Umfang und Qualität der Bestände einer Bibliothek sind von vielen Faktoren abhängig: Wichtig ist das Gründungsdatum der Universität – ältere Literatur findet sich an jungen Institutionen wahrscheinlich nicht im selben Umfang wie an traditionsreichen Hochschulen. Des Weiteren ist die Finanzlage der Universität für die Beschaffung von Büchern ausschlaggebend, ebenso die Schwerpunkte, die in der Vergangenheit in Forschung und Lehre gesetzt wurden.

Die meisten Bibliotheken ordnen ihre Bestände nach **Fächern** und innerhalb der Fächer nach **Sachgruppen**. Normalerweise werden Sie in Ihrer Zentralbibliothek mithin einen oder zwei Bereiche finden, in denen die geschichtswissenschaftlichen Bücher und Zeitschriften zusammenstehen. Diese Buchbestände werden nochmals nach weiteren Kriterien sortiert: So finden Sie etwa die ständig benutzten Nachschlagewerke (Lexika, Handbücher und Atlanten) des Faches oft getrennt von der Spezialliteratur. Dies trifft ebenfalls auf die Fachzeitschriften zu. Die Spezialliteratur ist meist nach groben chronologischen Blöcken, nach Epochen aufgestellt: Jene zur alten Geschichte steht gesondert von jener zum Mittelalter usw. Innerhalb dieser Blöcke gibt es weitere Unterteilungen etwa nach Ländern, chronologischen Untereinheiten oder systematischen Gesichtspunkten.

Diese Art der Aufstellung ist besonders benutzerfreundlich, weil Sie sich allein durch das Blättern in den nebeneinander angeordneten Werken einen ersten groben Überblick über die Literatur zu einem bestimmten Thema verschaffen können. Beachten Sie aber, dass bei ausleihbaren Buchbeständen niemals alle angeschafften Arbeiten auch wirklich im Regal stehen.

Aufstellung von historischer Fachliteratur in einer Bibliothek (Beispiel Neuzeit)

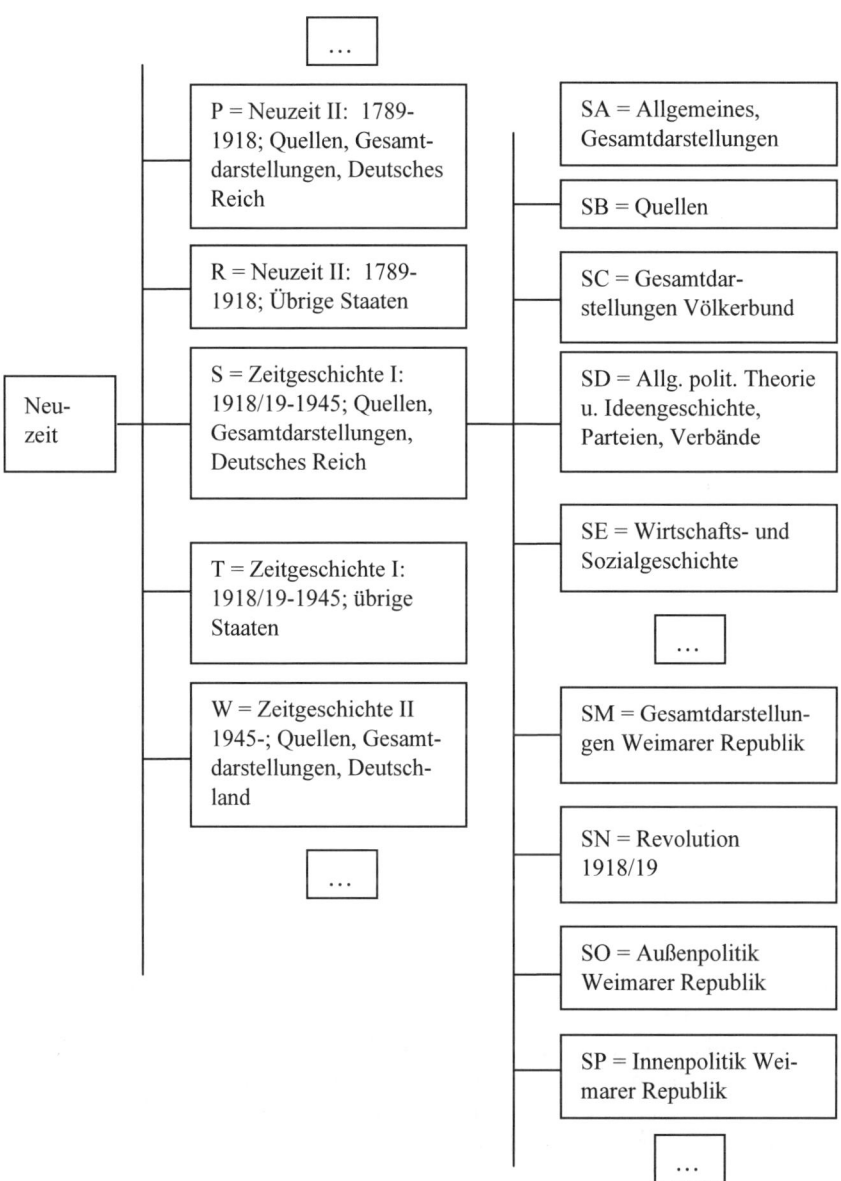

Wollen Sie die Signatur (und damit: den Standort in der Bibliothek) eines bestimmten Buches herausfinden, müssen Sie eine **Titelrecherche** im OPAC (Online Public Access Catalogue) durchführen. Allerdings sollten Sie sich informieren, ob wirklich der gesamte Bestand Ihrer Bibliothek bereits digital aufgenommen wurde oder ob beispielsweise noch ältere Literatur existiert, die über **Zettel- oder Karteikartenkataloge** gesucht werden muss. Den OPAC finden Sie über den Bibliothekslink Ihrer Universitätswebpage.

Opac der Universtität Trier (Beispiel)

Geben Sie in die **Suchmaske** den Autoren- oder Herausgebernamen und/oder zentrale Wörter aus dem Titel des von Ihnen gesuchten Werkes in die dafür vorgesehenen Felder ein. Achten Sie darauf, dass Sie die Wörter aus dem Titel genau so schreiben, wie sie tatsächlich im Titel vorkommen. Das mehrbändige Werk „Geschichte des Wohnens" finden Sie, wenn Sie die Begriffe „Geschichte", und „Wohnens" in die Suchmaske eingeben, nicht aber, wenn Sie statt „Wohnens" nur „Wohnen" tippen. Klicken Sie auf „Suchen", erscheint beim Ergebnis meist schon die Signatur des Buches.

Falls Sie den Autorennamen oder Titel nicht genau wissen, können Sie mit der **Trunkierung** arbeiten. Dieses Zeichen ist nicht einheitlich geregelt: Einige Online-Kataloge benutzen dazu ein *, andere ein ? oder ein $. Einzusetzen ist es aber überall gleich. Wissen Sie zum Beispiel, dass sich das von Ihnen gesuchte Buch mit dem deutschem Liberalismus beschäftigt und dies auch anhand des Titels deutlich wurde, trunkieren Sie die Suchwörter: Geben Sie in das Titelsuchfeld "deutsc*" und "liberal*" ein, der OPAC stellt Ihnen dann alle Bücher Ihrer Bibliothek zusammen, deren Titel die Buchstabenkombination „deutsc" und „liberal" enthalten – also sowohl beispielsweise das Werk „Liberalismus in Deutschland" als auch „Preußischer Liberalismus und deutscher Nationalstaat" oder die Publikation „Arbeiterbewegung und liberales Bürgertum in Deutschland". Eine weitere Form der Trunkierung ist der so genannte Joker, der einen Buchstaben ersetzt, von dem Sie nicht wissen, ob er korrekt ist. Oft wird hierfür als Zeichen das ? verwendet. Wenn Sie etwa nicht wissen, ob der von Ihnen gesuchte Autor "Meenken" oder "Mehnken" geschrieben wird, dann können Sie "Me?nken" in das Autorensuchfeld eingeben.

Das System der **Signaturen** folgt der Logik der thematischen Aufstellung der Bücher: Aus der Signatur erfahren Sie, wo sich das von Ihnen gesuchte Buch in der Bibliothek befindet. Jeder Titel hat eine eigene Signatur, die sich in mehrere Bestandteile aufteilt, hier erläutert anhand eines Beispiels der Trierer Universitätsbibliothek:

Aufbau einer Signatur (Beispiel)

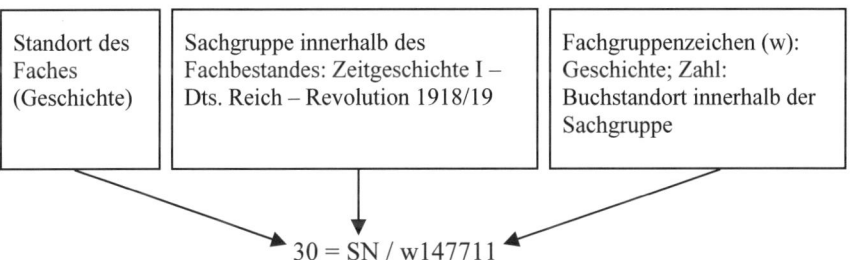

Standort des Faches (Geschichte)	Sachgruppe innerhalb des Fachbestandes: Zeitgeschichte I – Dts. Reich – Revolution 1918/19	Fachgruppenzeichen (w): Geschichte; Zahl: Buchstandort innerhalb der Sachgruppe

30 = SN / w147711

Da in unserem Beispiel der Trierer Universitätsbibliothek die Bücher eines Faches in einem bestimmten Teil der Bibliothek zusammenstehen, führt Sie die Zahl 30 zu den Geschichtsbüchern. Die Titel sind innerhalb eines Faches nach Sachgruppen sortiert, die Bücher einer Sachgruppe stehen in einem Regal hintereinander. Innerhalb jeder Sachgruppe sind die Bücher wiederum nach den Fachgruppenzeichen und dann nach den Nummern sortiert.

Ein weiterer Bereich der Bibliothek, den Sie häufiger benutzen werden, ist die **bibliographische Abteilung** für das Fach Geschichte. Dort finden Sie die Bibliographien (→ Bibliographien), die Sie zur Literaturrecherche benötigen. In der Regel verfügt jede Bibliothek darüber hinaus über eine **Zentrale**, wo Sie sowohl Tageszeitungen als auch fächerübergreifende Nachschlagewerke und Bibliographien einsehen können.

Wahrscheinlich befindet sich in Ihrer Bibliothek außerdem eine nach Fächern sortierte **Lehrbuchsammlung**. Dort sind Standardwerke und Handbücher in größerer Stückzahl vorrätig – wollen Sie beispielsweise einen Band aus der oft nachgefragten Reihe Oldenbourg Grundriss der Geschichte ausleihen, finden Sie ihn wahrscheinlich in der Lehrbuchsammlung.

Für Sie sind zudem die **Hand- oder Semesterapparate** wichtig, die in einigen Universitätsbibliotheken eingerichtet werden. In diesen stellen Dozenten die zentrale Literatur zu ihren Lehrveranstaltungen des jeweiligen Semesters zusammen, damit die Studierenden schnell und bequem auf diese zugreifen können. Deshalb ist sie meist nicht oder nur kurzzeitig ausleihbar: So können alle Teilnehmer eines Seminars die wesentliche Literatur jederzeit einsehen.

Viele Bibliotheken sind als **Freihandbibliothek** organisiert, in der Sie selbst alle Bücher aus den Regalen nehmen können. Einige verfügen aber auch über ein **Magazin**, aus dem Sie die Literatur bestellen müssen. Ein Teil der Bücher Ihrer Bibliothek gehört zum so genannten **Präsenzbestand** und kann nicht ausgeliehen werden – dies betrifft in der Regel Bibliographien, Nachschlagewerke und Lexika sowie sehr alte und daher fragile Bücher. Einige Bibliotheken sind sogar generelle Präsenzbibliotheken und lassen Ausleihen nur in Ausnahmefällen zu.

Je größer der Anteil des Präsenzbestandes einer Bibliothek ist, desto eher empfiehlt es sich, die Bibliothek zum eigenen **Arbeitsort** zu machen. Dabei gibt es aber keine allgemein gültige Regel: Einige arbeiten lieber und besser zu Hause und leihen dementsprechend Bücher aus oder kopieren Material, um es in den eigenen vier Wänden zu bearbeiten. Allerdings hat dieses Verfahren Nachteile: Wenn man viel kopieren muss, ist dies teuer (und schlecht für die Bücher), außerdem haben die meisten Studierenden keine oder nur wenige Nachschlagewerke zu Hause. Wer in der Bibliothek arbeitet, kann dagegen die Zeit zwischen den Seminarsitzungen für die Lektüre verwenden. Darüber hinaus wirkt für viele die Arbeitsatmosphäre in einer Bibliothek ‚disziplinierend'. Sie nutzen daher die Lesesäle oder speziellen Arbeitsräume der Bibliothek. Vielleicht probieren Sie es aus: Arbeiten und lesen Sie einige Tage zu Hause und zählen Sie die Stunden zusammen, in denen Sie sich wirklich effektiv pro Tag konzentriert der Lektüre widmen konnten. Dann führen Sie das Experiment in der Bibliothek durch. Den Ort, an dem Sie am effizientesten arbeiten und sich zudem wohl fühlen, sollten Sie zu Ihrem Arbeitsmittelpunkt erklären.

3.4 Organisationsaufbau der Universität

Zu Beginn Ihres Studiums mag Ihnen die Organisationsstruktur Ihrer Universität als ein verwirrendes Geflecht von Gremien, Kommissionen und Ausschüssen erscheinen, deren Kompetenzen und personelle Zusammensetzungen kaum durchschaubar sind. Im Folgenden wird dargestellt, auf welchen Ebenen welche Entscheidungskompetenzen angesiedelt sind und vor allem, wo Sie als Studierende durch Wahl eigener Vertreter oder durch eigenes Engagement die Möglichkeit haben, auf die Hochschulpolitik in Ihrem Sinne Einfluss zu nehmen.

Zunächst einmal ist festzuhalten, dass in der föderalen Bundesrepublik Bildungspolitik Sache der Bundesländer ist. Folglich entscheidet das jeweilige Wissenschafts-, Bildungs- oder Kultusministerium über die allgemeinen Belange der Universitäten in seinem Bundesland: Es bestimmt den Großteil der finanziellen Zuwendungen für die Hochschulen und gibt die gesetzlichen Rahmenbedingungen vor (zum Beispiel bezüglich der Lehrerausbildung an den Universitäten). Der zuständige Minister ist auch der oberste Dienstherr der universitären Mitarbeiter. Er entsendet zudem Beamte in die Prüfungsausschüsse der Staatsexamina.

Innerhalb dieser Rahmenbedingungen haben die Universitäten einen mehr oder weniger großen Handlungsspielraum. Diese so genannte **akademische Selbstverwaltung** wird durch eine Reihe von universitätseigenen Gremien gewährleistet, in denen Studierende oft Mitsprache- oder Entscheidungsrechte haben.

Die Ordnung der Gremien und ihrer Kompetenzen ist von Universität zu Universität verschieden gestaltet – das Schaubild weiter unten gibt eine der vielen Möglichkeiten der Strukturgebung wieder. Wie die Organisationsstruktur Ihrer eigenen Universität aussieht, können Sie in der Regel auf der universitätseigenen Webpage nachvollziehen, etwa unter den Stichworten „Leitung und Organe" oder „Leitung, Universitätsverwaltung, Gremien". Im Folgenden kann nur eine allgemeine Übersicht gegeben werden, zumal sich die Universitätslandschaft im Umbruch befindet und viele Hochschulen ihre Leitungsstrukturen stark verändern.

An der obersten Stelle einer Universität steht normalerweise ein **Präsident**, an einigen Universitäten **Rektor** genannt. Er leitet die Hochschule und vertritt sie nach außen, er verteilt die der Hochschule zugewiesenen Stellen und Mittel im Rahmen der Beschlüsse des ihn kontrollierenden Gremiums (Senat). Er wird dabei von einem Verwaltungsstab unterstützt, meist gibt es außerdem einen oder mehrere Vizepräsidenten bzw. Prorektoren. Außerdem gibt es einen Kanzler, der die Verwaltung leitet und besonders über Haushalts-, Rechts- und Verwaltungsangelegenheiten entscheidet. Präsident, Kanzler und Vizepräsidenten konstituieren zusammen das **Präsidium** (auch Rektorat genannt).

Hochschulstruktur (Beispiel)

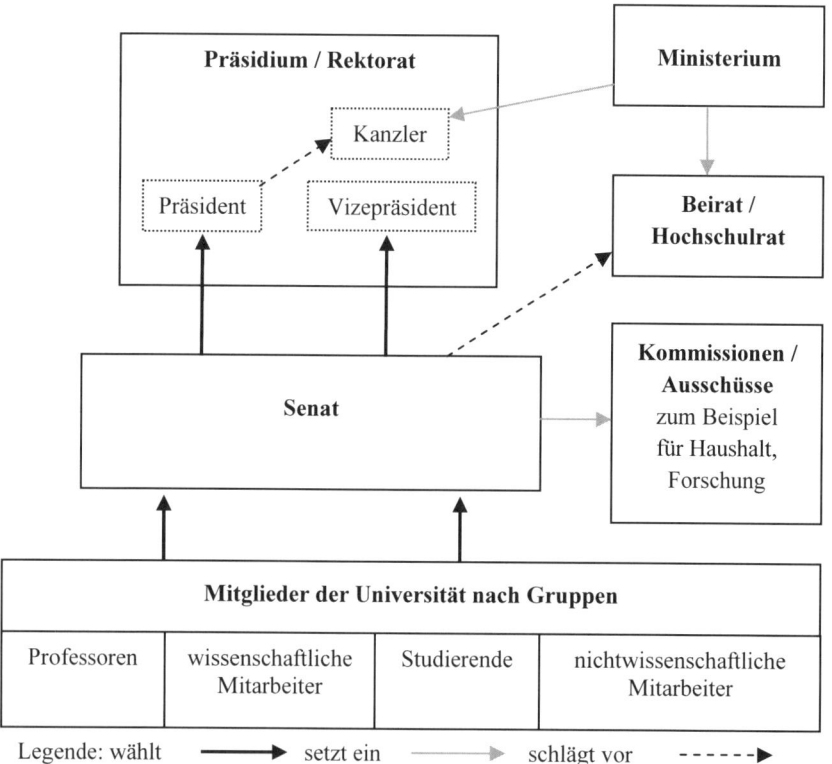

Bei den meisten Universitäten ist der **Senat** das oberste Beschluss fassende Organ. Er bestimmt formal über die so genannte Grundordnung, die ‚Verfassung' der Universität. Außerdem entscheidet er in der Regel über die Zusammensetzung des Präsidiums. Der Senat muss des Weiteren die von den Fachbereichen gemachten Vorschläge für die Berufung von Professoren genehmigen. Er verfügt über die Errichtung oder Schließung wissenschaftlicher Einrichtungen und Betriebseinheiten und fasst bezüglich der Stellen- und Mittelzuweisungen innerhalb der Universität Beschlüsse. Für die Studierenden ist von besonderem Interesse, dass der Senat an vielen Universitäten das Recht hat, hinsichtlich der Zulassungshöchstzahlen für Studiengänge mitzubestimmen und über die Einrichtung, Änderung oder Aufhebung von Studiengängen zu beschließen. Normalerweise richtet der Senat zu bestimmten Fragen Kommissionen ein, zum Beispiel eine Haushalts- oder eine Forschungskommission.

Außerdem gibt es auf Universitätsebene noch den **Hochschulrat**, ein Gremium, das durch die momentane Hochschulreform immer mehr Kompetenzen zugesprochen bekommt. Die personelle Zusammensetzung der Hochschulräte ist sehr unterschiedlich, vielfach sitzen in ihnen außeruniversitäre Vertreter, beispielsweise aus der Wirtschaft. Mitunter werden sie gewählt, mitunter vom zuständigen Landesministerium eingesetzt. Auch ihre Kompetenzen sind von Universität zu Universität unterschiedlich gestaltet. Meist hat der Hochschulrat ein Vetorecht und kann so Beschlüsse des Senats zurückweisen.

Jenseits der bisher beschriebenen Leitungsstrukturen für die gesamte Universität gliedert sich jede Hochschule in Untereinheiten, die ebenfalls eigene Entscheidungsstrukturen haben: Jede Universität ist in **Fachbereiche / Fakultäten** unterteilt, die bestimmte Fächer oder Fächerzusammenschlüsse repräsentieren. Welche Fächer zu Fakultäten zusammengeschlossen werden, ist besonders bei den geistes- und sozialwissenschaftlichen Fächern von Hochschule zu Hochschule verschieden. Jede Fakultät wird von einem aus der Reihe der Hochschulprofessoren für bestimmte Zeit gewählten **Dekan** geleitet, die alltäglichen Verwaltungsgeschäfte des Fachbereichs bearbeitet das Dekanat.

Das oberste Entscheidungsgremium auf dieser Ebene ist der **Fachbereichs- oder Fakultätsrat**. Er entscheidet mit über die Verteilung finanzieller Mittel innerhalb des Fachbereichs und hat in Personalangelegenheiten wesentliche Befugnisse. Für Studierende ist er von zentraler Bedeutung, da Studien- und Prüfungsordnungen, Teilnahmebeschränkungen an Lehrveranstaltungen und ähnliches in den Kompetenzbereich des Fachbereichsrates fallen. Er setzt zudem Kommissionen ein, die sich auf bestimmte Regelungsbereiche spezialisieren. Dazu gehören unter anderem die Berufungskommissionen, die an das Bildungsministerium des Bundeslandes gerichtete Vorschläge erarbeiten, wer eine bestimmte Professur bekommen, also einen Ruf erhalten soll. Der Fachbereichsrat beruft außerdem Kommissionen etwa zur Erstellung oder Umformulierung von Studienordnungen ein.

In welches Gremium können die Studierenden nun ihre Vertreter wählen und somit über die Geschicke der Universität mitbestimmen? Studierende bilden eine eigene Gruppe (→ Schema Hochschulstruktur) und wählen ihre Vertreter in die so genannten Kollegialorgane der Universität und des Fachbereiches. Also können die Studierenden ebenfalls ihre Vertreter in den Senat und in den Fachbereichsrat entsenden. Allerdings wählen die Professoren in diese Gremien immer mehr Vertreter als alle anderen Gruppen zusammen, so dass sie immer die Stimmenmehrheit besitzen.

Neben diesen übergreifenden Gremien gibt es noch Instanzen, die allein für die Vertretung studentischer Interessen zuständig sind. Hierzu gehört auf Universitätsebene das von allen Studierenden zu wählende **Studierendenparlament/Konvent**. Gewählt wird es meist über Listen, die für bestimmte politische Ausrichtungen stehen (zum Beispiel die SPD-nahen Jusos oder der CDU/CSU-nahe RCDS). An den meisten Universitäten wählt und kontrolliert das Studierendenparlament den **Allgemeinen Studierendenausschuss** (AStA / SprecherInnenrat). Der AStA wiederum arbeitet als Interessenvertretung der Studierenden gegenüber der Universitätsleitung und bietet an vielen Hochschulen darüber hinaus Dienstleistungen für Studierende an, wie beispielsweise eine BAföG-Beratung.

Auch auf der Ebene der Fachbereiche oder Fächer können sich die Studierenden organisieren. Dies geschieht normalerweise über die Fachschaften, die von den Studierenden eben dieses Faches gewählt werden. Sie vertreten die Interessen der Studierenden auf der Ebene der Fachbereiche, beispielsweise gegenüber den Dozenten und dem Dekanat. Die Fachschaften stellen zudem Listen für die Wahlen in die Fachbereichsräte auf und formulieren Vorschläge, welche Studierendenvertreter in Fachbereichskommissionen wie etwa in die Berufungs- oder Studienordnungskommissionen entsandt werden sollen.

Literatur

Kruse, Otto (Hg.): Handbuch studieren, Frankfurt/M. u.a.: Campus 1998.

Leppert, Georg / Ramm, Thorsten: Uni-Survival-Buch. Studienanfang leicht gemacht, Frankfurt/M.: Eichborn 1998.

Rost, Friedrich: Lern- und Arbeitstechniken für das Studium mit zahlreichen Abbildungen, Beispielen, Checklisten, 3., vollst. aktual. und erw. Neuausgabe, Opladen: Leske + Budrich 2003, S. 162-176.

Turner, George / Weber, Joachim D.: Das Fischer Hochschullexikon. Begriffe, Studienfächer, Anschriften, aktual. Neuausgabe, Frankfurt/M.: S. Fischer 1998.

Wagner, Wolf: Uni-Angst und Uni-Bluff. Wie studieren und sich nicht verlieren, vollst. überarb. Neuaufl., Berlin: Rotbuch 1994.

4 Der erste Studienabschnitt

Im folgenden Abschnitt dieses Buches wollen wir Sie mit grundlegenden Arbeitstechniken und -methoden des Faches Geschichte vertraut machen. Dazu gehören das Auffinden und Verwalten von Informationen in der Forschungsliteratur, was Ihnen im ersten Kapitel vorgestellt wird. Das zweite Kapitel beschäftigt sich mit den historischen Quellen: Wie finden Sie und wählen Sie Quellen aus? Mit welchen Methoden analysieren und interpretieren Sie diese? Wie Sie das aus der Forschungsliteratur und der Quellenarbeit gewonnene Wissen präsentieren können, wird im dritten Kapitel besprochen. Mündliche und schriftliche Präsentationstechniken stellen Schlüsselkompetenzen dar, die Sie während des Studiums erlernen und trainieren sollen. Unsere Darlegungen sind als Vorschläge zu verstehen, wie Sie diesen Lernprozess beschleunigen können. Das vierte Kapitel macht Sie mit den Regeln wissenschaftlichen Arbeitens vertraut, spricht einige Grundfragen unserer Disziplin an und stellt Ihnen Teilfächer der Geschichtswissenschaft vor. Mit diesen Aspekten werden Sie sich im ersten Studienabschnitt beschäftigen, um sie dann im zweiten zu vertiefen. Bevor Sie Ihr grundständiges Studium abschließen, ist es sinnvoll, sich darüber Rechenschaft abzulegen, was Sie bislang im Studium erreicht haben und welche Aufgaben für die folgende Phase anstehen. Diese Fragen werden im letzten Kapitel dieses Abschnittes angesprochen.

4.1 Informationsbeschaffung und -verarbeitung

Informationsrecherche und Informationsverarbeitung sind zentrale Kompetenzen, die Sie während Ihres Studiums erwerben. Je eher Sie jene Techniken beherrschen, die Sie in die Lage versetzen, von Ihnen gesuchte Informationen zu finden und zu verarbeiten, desto routinierter werden Sie die Ihnen gestellten Aufgaben erledigen können. Aufgrund der steigenden Anzahl an Informationsmedien liegt das Problem heute zumeist nicht mehr darin, Informationen zu einem Thema zu finden. Viel wichtiger ist es, sinnvolle Auswahlkriterien festzulegen und effiziente Strategien zu entwickeln, mit denen Sie die auf Sie zukommende Informationsflut bewältigen können.

Sowohl das konkrete Ziel, dem die Recherche dient, als auch das Ausmaß und der Charakter des Vorwissens, das Sie mitbringen, haben Einfluss auf die Wahl der Informationsquellen und auf die Art und Weise ihrer Verarbeitung: Zur Einstimmung auf eine Lehrveranstaltung des kommenden Semesters ist es sinnvoll, eine Überblicksdarstellung zu lesen, die Sie mit den wichtigen Ereignissen, Akteuren und Forschungsschwerpunkten des Veranstaltungsthemas vertraut macht. Auf eine einzelne Sitzung bereiten Sie sich meist durch die Lektüre von ein oder zwei Aufsätzen zu speziellen Fragen vor. Für ein Referat, eine Hausarbeit oder eine Prüfung verknüpfen Sie in der Regel die Lektüre von Überblicks- und Spezialliteratur und verarbeiten gleichzeitig eine Vielzahl mündlicher Informationen, die Sie während des Unterrichts, in der Sprechstunde oder in Ihrer Arbeitsgruppe erhalten haben.

4.1.1 Bibliographien und Bibliographieren

Bevor es ans Lesen von Texten geht, müssen Sie diese erst einmal finden. Sollen Sie sich die Literatur zu einem bestimmten Thema selbstständig zusammensuchen, etwa für ein Referat oder eine Hausarbeit, sollten Sie zunächst festlegen, wie Sie das Thema angehen wollen. Denn wenn Sie bereits über Vorwissen verfügen, können Sie sinnvoller und effektiver bibliographieren. Deswegen sollten Sie nicht sofort an den OPAC, das Bücherregal oder in die Sprechstunde gehen, sondern in einem ersten Schritt darüber nachdenken, welche Art von Informationen Sie Ihrer Ansicht nach brauchen. Dazu können Sie sich am besten zunächst in allgemeinen Nachschlagewerken (Enzyklopädien), fachspezifischen Lexika und geschichtswissenschaftlichen Handbüchern über Ihr Thema informieren (→ Nachschlagewerke, Handbücher). So erhalten Sie einen ersten Überblick über Akteure, Ereignisse und wichtige Rahmenbedingungen und werden mit relevanten Fachbegriffen und Forschungsthesen vertraut gemacht. Während dieser Orientierungsphase sollten Sie eine Liste mit Schlagwörtern erstellen, die Sie beim anschließenden Bibliographieren benutzen können.

Hier ein Beispiel: Sie wollen im Rahmen eines Proseminars zur politischen Publizistik in der Weimarer Republik eine Hausarbeit über die Frage schreiben, inwieweit die Dolchstoßlegende – die Behauptung, Teile der deutschen Bevölkerung seien durch die Revolution von 1918/19 der deutschen Armee ‚in den Rücken gefallen' und hätten somit den Sieg im Ersten Weltkrieg verhindert – in den Jahren nach 1918 auch von professionellen Historikern vertreten wurde. Beantworten wollen Sie diese Frage anhand der Arbeiten des Geschichtswissenschaftlers Hans Delbrück. Eine erste Orientierung bietet der Beitrag über Delbrück im

Historikerlexikon, anhand dessen Sie **Recherchebegriffe** markieren können. Er gibt außerdem Hinweise zum Forschungsstand:

Bearbeiteter und gekürzter Lexikoneintrag zu Hans Delbrück (Beispiel)

„Delbrück, Hans (1848-1929) [...] wirkte nach seinem Studium [...] lebenslang in Berlin als Historiker, Publizist und Politiker. Als Historiker im Geiste Rankes, Anhänger der dt. konstitut. Monarchie in preuß. Tradition, blieb D. als innovativer Militärhistoriker ein unbequemer Querkopf [...]. Der „Gelehrte in der Politik" (so D. selbst 1919) engagierte sich als freikonserv. Abgeordneter 1882 im preuß. Abgeordnetenhaus, 1884-90 im Reichstag. Einflussreicher wirkte er indes als polit. Publizist, vor allem als Hg. der Preußischen Jahrbücher 1890-1919 [...]. Bis zum Krieg kluger Verteidiger der konstitut. Monarchie [...] unterstützte D. nach 1918 als „Vernunftrepublikaner" die Weimarer Republik, kämpfte er gegen „Kriegsschuldlüge" und „Dolchstoßlegende". [...] Der konserv. Realist, offen für notwendige Neuerungen, fand als Historiker nicht die gebührende Beachtung."

Rüdiger vom Bruch: Delbrück, Hans, in: ders. / Rainer A. Müller (Hgg.): Historikerlexikon. Von der Antike bis zum 20. Jahrhundert, München: Beck 1991, S. 67f.

Die Unterstreichungen folgen einer **Erschließungslogik**, die Sie auch an anderen Beispielen anwenden können:

Erschließungslogik von Recherchebegriffen (Beispiel)

Konkret	**Abstrakt**
Delbrück, Hans	Personen
1918, 1848-1929	Zeitpunkte oder -spannen
Weimarer Republik, Berlin	Räume / Orte
Krieg (Erster Weltkrieg)	Ereignisse
Preußisches Abgeordnetenhaus	Institutionen
Dolchstoßlegende	Ideen
Freikonservative	Strömungen
Militärhistoriographie	Forschungsansätze

Da Sie sich auf den Aspekt der Verbindung von Geschichtsschreibung und Politik anhand der Dolchstoßlegende konzentrieren wollen, bietet sich folgende Liste mit zentralen Recherchebegriffen an:

Recherchebegriffe für die Hausarbeit über Hans Delbrück (Auswahl)

- (Hans) Delbrück
- Preußische Jahrbücher
- Militärgeschichte / Militärhistoriographie
- Freikonservative
- Dolchstoßlegende

Diese Liste können Sie im Verlauf der folgenden Lesearbeit ergänzen und modifizieren – mit zunehmendem Wissen über Ihr Thema werden Ihnen oft weitere oder andere Begriffe als geeigneter für die Recherche erscheinen als jene, die Sie bei der ersten Aufstellung notiert hatten. Arbeiten Sie zu einem Thema, für das es wahrscheinlich auch fremdsprachige Literatur gibt, dann sollten Sie die zentralen Begriffe zudem ins Englische und/oder Französische, gegebenenfalls in weitere Sprachen übertragen, damit Sie die nichtdeutschsprachige Literatur bei Ihrer Suche finden.

Der nächste Schritt besteht darin herauszufinden, welche relevante Literatur zu dem von Ihnen gewählten Thema existiert, und die entsprechenden Titel in einer Liste zusammenzustellen. Dabei gibt es unterschiedliche Strategien, die hier nacheinander vorgestellt werden.

Das **unsystematische Bibliographieren**: Gehen Sie von der im Seminar verteilten Literaturliste aus und entnehmen Sie dieser die für Ihre Hausarbeit wichtigen Titel. Oder benutzen Sie die Literaturempfehlungen, die Sie im Anschluss an Einträge in neueren Lexika oder in Handbüchern zu Ihrem Thema finden. Beginnen Sie mit der Lektüre eines der einschlägigen Texte und schreiben Sie diejenigen Bücher und Artikel heraus, die die Autorin in ihren Fußnoten oder in der Bibliographie erwähnt und die Ihnen für das eigene Thema wichtig erscheinen. Dann lesen Sie einen der von dieser Autorin angegebenen Texte und notieren sich wiederum die dort aufgeführten Beiträge usw. Auf diese Weise wird die eigene Literaturliste immer umfangreicher bis Sie meinen, ausreichend Titel gefunden zu haben. Für eine Hausarbeit im Grundstudium oder ein Referat reichen in der Regel drei oder vier einschlägige Monographien und einige für das Thema zentrale Aufsätze; bei Abschlussarbeiten müssen Sie hingegen deutlich mehr Literatur zusammenstellen.

Allerdings hat dieses so genannte **Schneeballsystem** des unsystematischen Bibliographierens auch Nachteile: Je nachdem, wie alt das Buch oder der Artikel ist, den Sie zuerst lesen, erhalten Sie keinen Überblick über die jüngere Forschungsliteratur, da in den Fußnoten und Bibliographien ja nur Werke angegeben sein können, die zeitlich davor erschienen sind. Bedenken Sie dabei, dass zwischen dem Verfassen eines Beitrages und dessen Publikation eine mehrjährige Zeitspanne liegen kann. Sie sollten also, entscheiden Sie sich für dieses Verfahren, mit einem möglichst neuen Text beginnen. Ein weiterer Nachteil besteht darin, dass es eher Zufall ist, ob Sie die relevante und passende Literatur zum eigenen Thema finden oder nicht. Denn es ist nicht garantiert, dass die für Sie wichtige Literatur tatsächlich in den Fußnoten und Literaturverzeichnissen erwähnt wird. Unter anderem kann es vorkommen, dass ein Autor bewusst bestimmte Werke zu seinem Thema nicht angibt, weil sie seinen Ansichten stark widersprechen – die Auswahl der in Literaturlisten angegebenen Veröffentlichungen ist immer auch subjektiv geprägt. Aus diesen Gründen ist es in den meisten Fällen sinnvoll – zumindest was die neuere Forschungsliteratur betrifft – auf das Verfahren des systematischen Bibliographierens zurückzugreifen. Spätestens bei der Abschlussarbeit aber ist dieses aufwändigere Verfahren anzuwenden.

Beim **systematischen Bibliographieren** gehen Sie mithilfe Ihrer Schlagwortliste ausgesuchte Bibliographien nach Arbeiten zu Ihrem Thema durch und notieren diese. Benutzen Sie dabei zunächst (ab-)geschlossene, dann offene Bibliographien.

Abgeschlossene Bibliographien verzeichnen Titel, die bis zu einem bestimmten Zeitpunkt erschienen sind. Alles, was nach Abschluss der Recherchearbeiten publiziert wurde, wird in solche Bibliographien nicht mehr aufgenommen.

Offene Bibliographien erscheinen dagegen in regelmäßigen Abständen und erfassen die Neuerscheinungen eines Berichtszeitraums (meist ein Jahr). Veröffentlichungen, die vor diesem Berichtszeitraum publiziert wurden, werden nicht aufgenommen. Bei offenen Bibliographien handelt es sich meist um Jahresbände, so dass Sie eine Vielzahl von Bänden mit Ihren Recherchebegriffen durcharbeiten müssen.

Im Folgenden wird Ihnen eine Form des **systematischen bibliographischen Vorgehens** präsentiert, die als Vorschlag zu verstehen ist. Beginnen Sie Ihre Suche von einem an das Internet angeschlossenen Computer aus, indem Sie mithilfe der erstellten Stichwortliste in den verschiedenen bibliographischen Datenbanken recherchieren. Dabei können Sie dieselben Formen der Eingabe von Recherchebegriffen in die Katalogsuchmasken verwenden, die wir Ihnen bereits bei der Titelrecherche im OPAC Ihrer Universitätsbibliothek vorgestellt haben (→ Titelrecherche).

Geschlossene und offene Bibliographien (Beispiele)

geschlossene Bibliographien	offene Bibliographien
▪ Gesamtverzeichnis des deutschsprachigen Schrifttums 1911-1965, 150 Bde., München u.a.: Saur 1976-1981. ▪ Wehler, Hans-Ulrich: Bibliographie zur neueren deutschen Sozialgeschichte, München: Beck 1993. ▪ Bibliographie zur Zeitgeschichte 1953-1989, München u.a.: Saur 1982-1991. ▪ Ruck, Michael: Bibliographie zum Nationalsozialismus, vollst. überarb. und erw. Ausg., Darmstadt: Wissenschaftliche Buchgesellschaft 2000.	▪ Deutsche Bibliothek: Deutsche Nationalbibliografie und Bibliografie der im Ausland erschienenen deutschsprachigen Veröffentlichungen, Reihe A: Monographien und Periodika des Verlagsbuchhandels: Wöchentliches Verzeichnis, Frankfurt/M.: MVB Marketing- und Verlagsservice des Buchhandels 1991-. ▪ Historical Abstracts. Bibliography of the World's Historical Literature, Part A: Modern History Abstracts (1450-1914), Santa Barbara: ABC-Clio 1955-. ▪ Historical Abstracts. Bibliography of the World's Historical Literature, Part B: Twentieth Century Abstracts 1914 to the Present, Santa Barbara: ABC-Clio 1955-.

Bei **Monographien und Sammelbänden** empfiehlt sich als erster Schritt die Suche in jenem **Verbundkatalog**, zu dem Ihre Universitätsbibliothek gehört. Verbundkataloge verzeichnen die Bestände mehrerer Bibliotheken einer Region. Studieren Sie also zum Beispiel in München, wäre die Recherche im Verbundkatalog Bayern (BVB) sinnvoll, sind Sie in Köln beheimatet, lohnt sich die Suche im Verbundkatalog Nordrhein-Westfalen (HBV). Gehen Sie von Ihrem Verbundkatalog aus, können Sie die Signaturen der von Ihnen gesuchten Bücher Ihrer Bibliothek herausfinden, indem Sie die Bestandsinformation anklicken. Den Link zu den Verbundkatalogen finden Sie auf der Homepage Ihrer Universitätsbibliothek oder im Karlsruher Virtuellen Katalog (KVK), der eine Recherche in verschiedenen Online-Katalogen gleichzeitig ermöglicht. Eine relativ vollständige Bibliographie der in Deutschland erschienenen eigenständigen Publikationen finden Sie im OPAC der Deutschen Nationalbibliothek.

Internetadressen zur bibliographischen Recherche (Auswahl)

Karlsruher Virtueller Katalog	http://www.ubka.uni-karlsruhe.de/kvk.html
Online-Katalog der Deutschen Bibliothek Frankfurt/M.	http://dbf-opac.ddb.de
Online-Katalog der Deutschen Bücherei Leipzig	http://dbl-opac.ddb.de
Online-Katalog der Bibliothèque nationale de France Paris	http://catalogue.bnf.fr
Online-Katalog der Library of Congress Washington, DC	http://catalog.loc.gov/
Online-Katalog der Staatsbibliothek zu Berlin	http://stabikat.staatsbibliothek-berlin.de
Verbundkatalog Bayern	http://okeanos-www.hbz-nrw.de/F
Verbundkatalog Nordrhein-Westfalen	http://www.hbz-nrw.de

Literatur, die Sie in einem der Kataloge finden, die aber in Ihrer eigenen Bibliothek nicht vorhanden ist, können Sie über **Fernleihe** bestellen. Die Webpage Ihrer Universitätsbibliothek verfügt über eine Fernleihe-Funktion, über die Sie sich meist gegen eine geringe Gebühr Bücher aus anderen Bibliotheken zu Ihrem Studienort liefern lassen können.

Wenn wir bei unserem Beispiel der Hausarbeit über den Historiker Hans Delbrück bleiben, dann geben Sie in der Suchmaske der „erweiterten Suche" des von Ihnen ausgewählten OPACs unter „Titel" die oben genannten **Stichwörter** am besten mit Trunkierung (→ Trunkierung) und in sinnvollen Kombinationen ein, zum Beispiel Delbrüc? und Militärgesch? oder Freikonserv? und Preuß? und Jahrbüc?. Bei zu umfangreichen Rechercheergebnissen müssen Sie Ihre Suche eventuell einschränken, etwa, indem Sie nur die Publikationen der vergangenen vier oder fünf Jahre recherchieren.

Bedenken Sie, dass Sie bei der Suche nach Stichwörtern nur Werke angezeigt bekommen, die diese Worte tatsächlich im Titel tragen (→ Titelrecherche). Bei der Aufnahme in den OPAC vergeben die Bibliothekare aber zudem **Schlagwörter**, die ein Werk bestimmten Themen und Epochen zuordnen. Die zu Ihrem Thema verwendeten Schlagwörter können Sie herausfinden, indem Sie einen zentralen Titel eingeben und dessen Verschlagwortung aufrufen. Diese Begriffe können Sie dann bei Ihrer weiteren Recherche benutzen. Allerdings entspricht die Art und Weise, in der Bibliothekare Schlagwörter vergeben, nicht immer wissenschaftlichen Recherchebedürfnissen – bei ihrer Benutzung ist also Vorsicht angezeigt.

Zeitschriftenartikel und **Beiträge in Sammelbänden** finden Sie in den bisher vorgestellten OPACs allerdings nicht: OPACs sind Kataloge, die die Buchbestände von Bibliotheken wiedergeben, sie zeigen so genannte selbstständige Publikationen (Bücher, Sammelbände etc.) an, mehr nicht. Daher können Sie in OPACs die so genannten unselbstständigen Publikationen – also einzelne Aufsätze in Zeitschriften und einzelne Beiträge in Sammelbänden – nicht suchen. So finden Sie den Aufsatz von Lutz Raphael „The Idea and Practice of World Historiography in France: The Annales Legacy" selbst nicht im OPAC, sondern nur den Sammelband mit dem Titel „Writing World History 1800-2000", in dem Raphaels Beitrag abgedruckt wurde. Wollen Sie das Buch in Ihrer Bibliothek finden, müssen Sie entsprechend den Sammelband bei der Titelrecherche eingeben. Das gilt auch für Zeitschriftenaufsätze, wo Sie nicht die Angaben des Artikels, sondern den Namen der Zeitschrift, die den Aufsatz enthält, in die Suchmaske eingeben.

Um Zeitschriftenartikel und Sammelbandbeiträge zu bibliographieren, gibt es für die computergestützte Recherche viele Möglichkeiten.

Eine Möglichkeit, um Aufsätze in Zeitschriften zu Ihrem Thema zu finden, ist **JADE** (Journal Articles Database). Die Webpages der Universitätsbibliotheken geben normalerweise einen Link zu JADE an. Die Suche funktioniert nach ähnlichen Prinzipien wie jene im OPAC. Im Jahr 2004 war JADE allerdings noch nicht sehr weit fortgeschritten: Nur ein kleiner Teil der geschichtswissenschaftlichen Zeitschriften wurde für JADE ausgewertet. Die Online-Version der

IBZ (Internationale Bibliographie der geistes- und sozialwissenschaftlichen Zeitschriftenliteratur) finden Sie aller Wahrscheinlichkeit nach auch als Link auf Ihrer Bibliotheks-Webpage. Sie verzeichnet Artikel ausgewählter Zeitschriften nicht nur der Geschichtswissenschaften seit dem Jahr 1983. Das **Erlanger Zeitschriftenfreihandmagazin** bietet eine weitere Möglichkeit, im Internet nach Zeitschriftenaufsätzen zu recherchieren. Darin können Sie ebenfalls mit einer Suchmaske in einer großen Zahl geschichtswissenschaftlicher Zeitschriften nach den bibliographischen Angaben für Beiträge zu Ihrem Thema suchen. Lesen Sie sich gerade bei dieser Datenbank genau die Hinweise zur Recherche durch, da sich die Bedienung der Suchfunktion von anderen Datenbanken unterscheidet.

Bibliographien im Internet und auf CD-ROM für Zeitschriften, Zeitschriften- und Sammelbandbeiträge (Auswahl)

Zeitschriftendatenbank (ZDB) (http://zdb-opac.de)	▪ verzeichnet die Titel und Veröffentlichungszeiträume der Zeitschriften ▪ gibt wieder, welche Bibliothek in Deutschland welche Jahrgänge einer Zeitschrift besitzt
Internationale Bibliographie der geistes- und sozialwissenschaftlichen Zeitschriftenliteratur (IBZ)	▪ verzeichnet geistes- und sozialwissenschaftliche Zeitschriftenaufsätze ▪ international ausgerichtet
Journal Article Database (JADE)	▪ verzeichnet Zeitschriftenaufsätze aller Wissensgebiete ▪ gleichzeitig ein elektronisches Bestell- und Liefersystem für Zeitschriftenaufsätze
Erlanger Zeitschriftenfreihandmagazin (http://www.ErlangerHistorikerseite.de/zfhm/zfhm.html)	▪ verzeichnet geschichtswissenschaftliche Zeitschriftenaufsätze ▪ noch konzentriert auf deutsch- und englischsprachige Zeitschriften

L'année philologique (http://www.annee-philologique.com)	▪ verzeichnet altertumswissen-schaftliche Aufsätze ▪ erfasst etwa 1.500 Zeitschriften jähr-lich
Jahresberichte für deutsche Geschichte (JBDG) (http://jdg.bbaw.de/cgi-bin/jdg)	▪ verzeichnet sowohl Monographien, Sammelbandbeiträge als auch Zeit-schriftenartikel ▪ erschließt Veröffentlichungen zur deutschen Geschichte von deren Früh-zeit bis zur Gegenwart
Historische Bibliographie	▪ verzeichnet sowohl Monographien, Sammelbandbeiträge als auch Zeit-schriftenartikel ▪ gewisser Schwerpunkt auf jenen ge-schichtswissenschaftlichen Publikatio-nen, die an deutschen wissenschaftli-chen Einrichtungen geschrieben worden sind
Historical Abstracts	▪ verzeichnet sowohl Monographien, Sammelbandbeiträge als auch Zeit-schriftenartikel ▪ konzentriert auf nichtamerikanische Geschichte seit dem 15. Jahrhundert
WiSo3 SOLIS FORIS	▪ sozialwissenschaftliche Datenbanken ▪ nützlich für jene, deren Thema an der Grenze zu sozial- oder wirtschaftswis-senschaftlichen Disziplinen liegt

Suchen Sie eher Zeitschriftenartikel aus dem englischsprachigen Bereich, kön-nen Sie die **Historical Abstracts** verwenden, die einige Universitätsbibliotheken nicht nur als gedruckte Version, sondern auch über ihren Server als Datenbank zur Verfügung stellen. Die Historical Abstracts bieten neben den bibliographi-schen Angaben zusätzlich kurze Zusammenfassungen von Zeitschriftenartikeln, Sammelbandbeiträgen und Monographien zur nichtnordamerikanischen Geschichte seit 1450 (die nordamerikanische Geschichte wird durch America: History and Life abgedeckt). Über die Webpage Ihrer Universitätsbibliothek haben Sie in der Regel außerdem Zugriff auf einige bibliographische CD-ROMs, in denen Sie nach Literatur zu Ihrem Thema suchen können, wie etwa die **Historische Bibliographie** und die **Jahresberichte für deutsche Geschichte** (→ gedruckte Bibliographien).

Webseite der Jahresberichte für deutsche Geschichte (Beispiel)

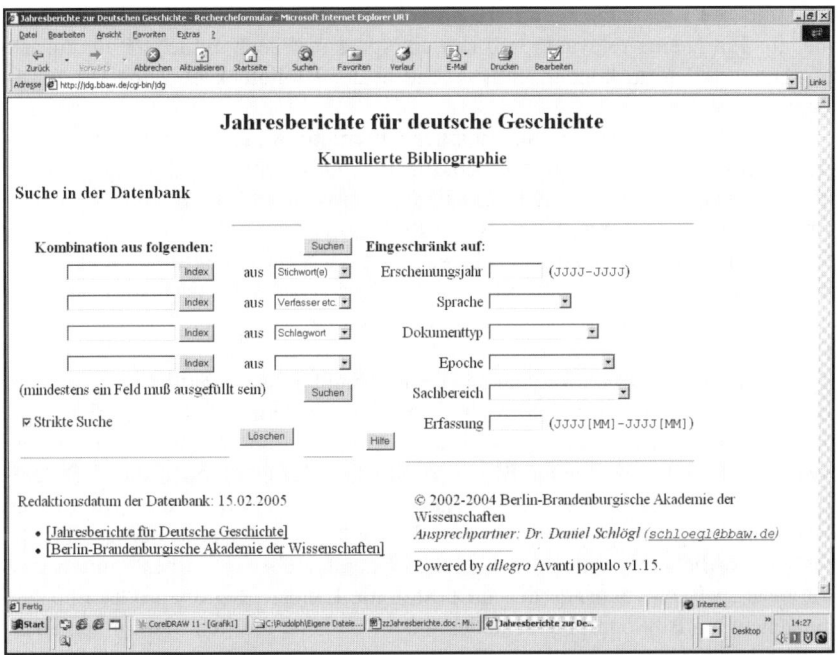

Neben den allgemeinen bibliographischen Datenbanken finden Sie im Netz zudem von unterschiedlichen Anbietern ins Internet gestellte thematische Bibliographien etwa zur Stadtgeschichte in der Frühen Neuzeit oder zur Buchgeschichte. Ob es zu Ihrem Thema bereits eine solche spezialisierte Literaturliste im Netz gibt, können Sie unter anderem über den Webkatalog „Lehre und Internet" (→ Fachportale) erfahren. Insgesamt lässt sich zur Situation der bibliographischen Recherche im Internet sagen, dass zurzeit diesbezüglich sehr viele Initiativen entstehen und sich die Möglichkeiten rapide verbessern. Allerdings sind nicht alle Datenbanken für alle Nutzer zugänglich, vielmehr werden einige nur den Mitgliedern zahlender Institutionen zur Verfügung gestellt.

Die Internet- und Datenbankrecherche reicht aber nicht aus, um die Literatur zu einem bestimmten Thema effektiv zu erfassen. Dies liegt zum einen daran, dass die meisten Bibliographien noch nicht in digitaler Version vorliegen. Zum anderen haben Datenbanken den Nachteil, dass man sich auf die reine Autoren-, Stichwort- oder Schlagwortsuche beschränken muss. Demgegenüber haben **gedruckte Bibliographien** den Vorteil, die verzeichnete Literatur nach systematischen und chronologischen Aspekten zu ordnen, was die Orientierung wesentlich erleichtert. Zudem finden Sie in den gedruckten Bibliographien schneller jene Titel, die zwar keine der von Ihnen aufgestellten Stichwörter enthalten, dennoch aber für Ihr Thema relevant sind. Um eine gute und auch aktuelle Literaturliste zusammenstellen zu können, müssen Sie in der Bibliothek einzelne Bibliographien durchgehen.

Zunächst sind hier die **allgemeinen geschichtswissenschaftlichen Bibliographien** zu erwähnen: Eine zentrale offene Bibliographie in gedruckter Version sind beispielsweise die bereits erwähnten **Jahresberichte für deutsche Geschichte**, die es eben nicht nur als CD-ROM, sondern auch als jährlich erscheinendes Buch gibt. Sie sind sehr übersichtlich nach chronologischen und sachlichen Gesichtspunkten unterteilt und verfügen über ein Verfasser- und ein Sachregister, das die Orts- und Personennamen der verzeichneten Literatur enthält.

Neben offenen Bibliographien der geschichtswissenschaftlichen Literatur, die eher allgemein ausgerichtet sind, existieren solche, die stärker fokussiert sind. Dabei gibt es einige, die sich auf bestimmte Epochen spezialisieren wie etwa die jährlich erscheinende **Bibliographie zur Zeitgeschichte**, die Veröffentlichungen zur Geschichte des 20. Jahrhunderts registriert. Außerdem werden Regionalbibliographien veröffentlicht, das heißt Verzeichnisse der geschichtswissenschaftlichen und heimatkundlichen Literatur über einen bestimmten geographischen Raum. Jenseits der auf bestimmte Länder, Regionen oder Epochen spezialisierten Bibliographien existieren noch weitere, die sich bestimmten Sachthemen widmen.

Eine Spezialbibliographie sollte noch erwähnt werden: Die Internationale Bibliographie der Rezensionen (**IBR**). Sie gibt es sowohl als gedruckte Version als auch auf CD-ROM. In ihr werden Buchbesprechungen verzeichnet, das heißt Sie können mithilfe der IBR recherchieren, wessen Buch von wem wo und wann rezensiert wurde (→ Rezension).

Benutzen Sie eine gedruckte Bibliographie, sollten Sie sich zunächst mit deren **Systematik** vertraut machen: Wird die Literatur nach geographischen Räumen geordnet und innerhalb der geographischen Räume nach Epochen? Oder ist es umgekehrt? Oder sortiert die Bibliographie die Literatur zunächst nach systematischen Aspekten – Politische Geschichte, Wirtschaftsgeschichte, Sozialgeschichte etc. – und dann erst nach Regionen und/oder Epochen? Je nach Ordnungssystem müssen Sie möglicherweise in mehreren Kapiteln der Bibliographie nach Literatur zu Ihrem Thema suchen.

Gedruckte offene geschichtswissenschaftliche Bibliographien (Auswahl)

übergreifende Bibliographien	<ul><li>International Bibliography of Historical Sciences</li><li>Historische Bibliographie</li></ul>
nationale Bibliographien	<ul><li>Jahresberichte für deutsche Geschichte</li><li>Bibliographie annuelle de l'histoire de France</li><li>G. K. Hall Bibliographic Guide to North American History</li></ul>
regionale Bibliographien	<ul><li>Bayerische Bibliographie</li><li>Hamburg-Bibliographie</li></ul>
thematische Bibliographien	<ul><li>Bibliographie zur Geschichte der deutschen Arbeiterbewegung</li></ul>
epochenspezifische Bibliographien	<ul><li>Année philologique</li><li>International Medieval Bibliography</li><li>The Eighteenth Century. A Current Bibliography</li><li>Bibliographie zur Zeitgeschichte</li></ul>

Wenn Sie am Ende des Bibliographierprozesses noch die neuesten Hefte der einschlägigen geschichtswissenschaftlichen Zeitschriften durchsehen, ob diese zu Ihrem Hausarbeits- oder Referatsthema einen Beitrag enthalten, dann können Sie davon ausgehen, wirklich die relevante Literatur erfasst zu haben.

Egal, wie und wo Sie recherchieren, Sie sollten Ihre Ergebnisse sorgfältig und vollständig schriftlich fixieren, am besten in einer Literaturdatenbank oder einer Word-Datei. Von jeder Veröffentlichung, die Ihnen für Ihr Referats- oder Hausarbeitsthema relevant erscheint, müssen Sie die bibliographischen Angaben aufnehmen, die Ihnen in einer späteren Arbeitsphase die **korrekte Titelangabe** ermöglichen. Notieren Sie sofort alle wichtigen bibliographischen Daten, erspa-

ren Sie sich viel Mühe: So brauchen Sie nicht kurz vor der Abgabe der Hausar-
beit in die Bibliothek zu laufen, weil Sie festgestellt haben, dass bei einem von
Ihnen in einer Fußnote aufgeführten Zeitschriftenaufsatz die Seitenzahlen des
Artikels fehlen.

Die Form der korrekten Titelangabe variiert von Dozent zu Dozent, von
Fach zu Fach: Fragen Sie am besten Ihre Dozentin vor der Abgabe einer Haus-
oder Abschlussarbeit, ob sie auf einer bestimmten Form der Titelaufnahme besteht. Hauptsache, die Angaben erhalten die notwendigen Unterpunkte und sind
einheitlich: Variieren Sie nicht in der Interpunktion und Reihenfolge, sondern
bleiben Sie bei einem Schema. Wenn Sie sich einmal entschieden haben, hinter
den Autorennamen einen Doppelpunkt zu setzen, sollten Sie dies auch bei allen
weiteren Autorenangaben tun und nicht stattdessen ein Komma benutzen. Haben
Sie bei einem Zeitschriftenaufsatz zuerst die Bandnummer der Zeitschrift und
dann in Klammern dahinter die Jahreszahl geschrieben: Bleiben Sie dabei.

Für unterschiedliche Textsorten gelten jeweils besondere Formen der korrekten Titelangabe; im Folgenden wird ein Vorschlag für die Titelaufnahme der
verschiedenen Textsorten gemacht. Einige der genannten Angaben können Sie
auch weglassen: Viele Seminarleiter verlangen bei der Bibliographie weder die
Angabe des Verlages noch die der Reihe, falls das Werk in einer solchen erschienen ist.

Korrekte Titelangabe bei Monographien

- Name und Vorname des Verfassers bzw. der Verfasser
- Titel und Untertitel (falls vorhanden) des Buches
- Auflage außer bei Erstausgabe; Erweiterungen, Veränderungen etc. der Auf-
  lage sind anzugeben
- Erscheinungsort
- Verlag
- bei nicht veränderten Folgeauflagen wird die Auflagenzahl als hochgestellte
  Ziffer vor das Erscheinungsjahr gesetzt
- Erscheinungsjahr (bei einem Neudruck wird das ursprüngliche Erscheinungs-
  datum in Klammern nach dem Titel angehängt und ein ND für Neudruck vor
  dem Verlagsort eingefügt)
- Name der wissenschaftlichen Reihe und Nummer des Bandes

Beispiele:
Kolb, Eberhard: Die Weimarer Republik, 6., überarb. und erweit. Aufl., München:
Oldenbourg 2002 (Oldenbourg Grundriss der Geschichte; Bd. 16).

Blaschke, Olaf: Katholizismus und Antisemitismus im Deutschen Kaiserreich, Göttingen: Vandenhoeck & Ruprecht [2]1999 (Kritische Studien zur Geschichtswissenschaft; Bd. 122).
Durkheim, Emile: Les règles de la méthode sociologique (1895), ND Paris: PUF 1981.

Korrekte Titelangabe bei herausgegebenen Büchern

- Name und Vorname des Herausgebers bzw. der Herausgeber
- in Klammern dahinter ein (Hg.) bei einem Herausgeber oder ein (Hgg.), wenn das Werk mehrere Herausgeber hat
- Titel und Untertitel (falls vorhanden) des Sammelbandes
- Auflage außer bei Erstausgabe; Erweiterungen, Veränderungen etc. der Auflage sind anzugeben
- Erscheinungsort
- Verlag
- bei nicht veränderten Folgeauflagen wird die Auflagenzahl als hochgestellte Ziffer vor das Erscheinungsjahr gesetzt
- Erscheinungsjahr
- Name der wissenschaftlichen Reihe und Nummer des Bandes

Beispiel:
Gestrich, Andreas / Raphael, Lutz (Hgg.): Inklusion / Exklusion. Studien zu Fremdheit und Armut von der Antike bis zur Gegenwart, Frankfurt/M. u.a.: Lang 2004.

Korrekte Titelangabe bei Zeitschriftenartikeln

- Name und Vorname des Verfassers bzw. der Verfasser
- Titel und Untertitel (falls vorhanden) des Aufsatzes
- Name der Zeitschrift oder ihr Sigel (→ Sigel)
- Jahrgang des Bandes, in dem der Artikel erschien
- Jahreszahl
- Zahl des Heftes, falls jedes Heft mit der Seitenzahl 1 beginnt
- erste und die letzte Seite des Artikels

Beispiele:
Clemens, Lukas: Fibeln des frühen und hohen Mittelalters aus Trier, in: Trierer
Zeitschrift 49 (1988), S. 513-540.
Fuchs, Eckhardt: Nationale Repräsentation, kulturelle Identität und imperiale
Hegemonie auf den Weltausstellungen: einleitende Bemerkungen, in: Comparativ
9 (1999), Heft 5/6, S. 8-14.

Korrekte Titelangabe bei Aufsätzen in Sammelbänden

- Name und Vorname des Verfassers bzw. der Verfasser
- Titel und Untertitel (falls vorhanden) des Beitrags
- Herausgeber des Sammelbandes
- Titel des Sammelbandes
- Erscheinungsort
- Verlag
- Erscheinungsjahr
- Name der wissenschaftlichen Reihe und Nummer des Bandes
- erste und letzte Seite des Aufsatzes
- bei einer Zweitveröffentlichung in einem neuen Zusammenhang wird das
  Datum der Erstpublikation in Klammern hinter den Titel gestellt

Beispiele:
Raphael, Lutz: The Idea and Practice of World Historiography in France:
The Annales Legacy, in: Stuchtey, Benedikt / Fuchs, Eckhardt (Hgg.): Writing
World History 1800-2000, Oxford: Oxford University Press 2003, S. 155-171.
Angell, James B.: The Old College and the New University (1899), in: ders.:
Selected Addresses, New York u.a.: Longmans 1912, S. 129-153.

Korrekte Titelangabe bei Quellen aus Editionen

- Benennung der Quelle
- Herausgeber der Quellenedition
- Titel und Untertitel (falls vorhanden) der Quellenedition
- Auflage außer bei Erstausgabe; Erweiterungen, Veränderungen etc. der Auf-
  lage sind anzugeben
- Erscheinungsort
- Verlag

- Erscheinungsjahr
- Name der wissenschaftlichen Reihe und Bandnummer
- erste und letzte Seite der Quelle
- die vollständige Angabe erfolgt in den Fußnoten; in der Literaturliste erscheint nur die verwendete Quellenedition

---

Beispiel:
Handschreiben Kaiser Wilhelms II. an Kaiser Franz Joseph, datiert Balholm, den 14. Juli 1914, in: Huber, Ernst Rudolf (Hg.): Deutsche Verfassungsdokumente 1900-1918, 3., neu bearb. Aufl., Stuttgart u.a.: Kohlhammer 1990 (Dokumente zur deutschen Verfassungsgeschichte; Bd. 3), S. 119/120.

Für selbstständig veröffentlichte Quellen, die Sie nicht einer Edition entnommen haben, können Sie dieselbe Form der Titelangabe benutzen wie bei der Forschungsliteratur.

Korrekte Titelangabe bei Veröffentlichungen im Internet

- Name und Vorname des Verfassers
- Titel und Untertitel (falls vorhanden) des Beitrags
- URL-Adresse des Beitrages
- Tag, an dem der Beitrag eingesehen wurde

Beispiele:
Jarausch, Konrad H.: „Die Teile als Ganzes erkennen". Zur Integration der beiden deutschen Nachkriegsgeschichten, in: Zeithistorische Forschungen / Studies in Contemporary History, Online-Ausgabe 1 (2004), H. 1, URL: http://www.zeithistorische-forschungen.de/16126041-Jarausch-1-2004 [11.12.2004].
[o.A.]: Thomas Aquinas, Saint, in: The Columbia Encyclopedia, New York: CUP [6]2001-2004, URL: http://www.bartleby.com/65/th/ThomasAq.html [11.12.2004].

Bei der bibliographischen Angabe von Beiträgen aus dem Internet finden Sie die URL (→ URL), die Sie als Veröffentlichungsort angeben müssen, in der Adressen-Zeile. In vielen Fällen ist aber auch am Ende von Internetbeiträgen ein Hinweis auf die empfohlene Zitierweise angegeben.

Fehlt bei einem Werk eine sonst übliche bibliographische Information, können Sie dies kenntlich machen. Wenn beispielsweise der Autor eines Buches nicht angegeben wurde, können Sie statt des Verfassernamens ein [Anonym] oder ein [o.A.] für „ohne Autor" in Ihre bibliographische Angabe integrieren. Fehlt der Veröffentlichungsort oder das -jahr, setzen Sie ein [o.O.] für „ohne Ort" bzw. ein [o.J.] für „ohne Jahr" ein.

Bei der korrekten Titelangabe können Sie noch weitere Abkürzungen benutzen. Wenn beispielsweise ein Buch mehr als drei Autoren oder Herausgeber hat, so können Sie den alphabetisch ersten Namen angeben und ein „u.a." (auch gebräuchlich: „et al." für „et alii") dahinter setzen, was anzeigt, dass noch mindestens drei weitere Personen an dem Werk beteiligt waren. Hat der publizierende Verlag mehrere Verlagssitze, so können Sie den im Impressum zuerst angegebenen Verlagsort nennen und ein „u.a." oder „etc." anfügen.

4.1.2 Typen der Forschungsliteratur

Der Lesestoff von Historikern unterteilt sich in Quellen (→ Gattungen) und **Forschungsliteratur**. Letztere präsentiert die Ergebnisse wissenschaftlicher Arbeit, die auf der Basis von zeitgenössischen Quellen und den Forschungsarbeiten anderer Wissenschaftler gewonnen wurden. Neben der Forschungsliteratur gibt es noch die **Sachbücher**: Während Forschungsliteratur in der Regel von Spezialisten – in unserem Fall also ausgebildeten Historikern – geschrieben wurde und den Regeln wissenschaftlichen Arbeitens und Präsentierens unterliegt, kann Sachliteratur auch von Amateuren geschrieben worden sein, zum Beispiel von Journalisten. Sachbuchautoren müssen sich weniger an die wissenschaftlichen Normen wie die des exakten Zitierens oder des werturteilsfreien Darstellens halten, als dies bei den Verfassern von Forschungsliteratur der Fall ist. Insofern sollten Sie Informationen aus Sachbüchern kritischer bewerten. Vermeiden sollten Sie aber historische Romane, Schulbücher, Begleitbücher zu Fernsehdokumentationen und reißerische Titel für den Massenmarkt: sie sind keine zuverlässigen Informationsquellen.

Bei der Forschungsliteratur lassen sich verschiedene Typen voneinander unterscheiden:

Typen der Forschungsliteratur

▪ Handbücher ▪ Nachschlagewerke ▪ Atlanten ▪ Monographien ▪ Sammelbände / Sammelband- beiträge	▪ Reader ▪ Zeitschriften / Zeitschriftenaufsätze ▪ Forschungsberichte ▪ Rezensionen

Bei **Handbüchern** handelt es sich um Überblickswerke, die den Leser mit einem bestimmten Thema vertraut machen sollen. Sie gehen nicht ins Detail, sondern skizzieren die groben Linien. Insbesondere in älteren Handbüchern finden Sie zudem keine Hinweise auf den heutigen Forschungsstand und wissenschaftliche Debatten.

Handbücher zur deutschen Geschichte (Auswahl)

Leuschner, Joachim (Hg.): Deutsche Geschichte, Göttingen: Vandenhoeck & Ruprecht 1974-1984.	▪ zehn Taschenbuchbände ▪ behandelt Zeitraum von den Anfängen der deutschen Geschichte bis 1945 ▪ eher struktur-, denn ereignisgeschichtlich ausgerichtet
Reinhard, Wolfgang (Hg.): Handbuch der deutschen Geschichte, 10., völlig neu bearb. Aufl., Stuttgart: Klett-Cotta 2001-.	▪ nach seinem Begründer auch ‚Gebhardt' genannt ▪ behandelt den Zeitraum von der Ur- und Frühgeschichte bis nach dem Zweiten Weltkrieg ▪ 9., noch eher politikgeschichtliche Auflage 1973 bis 1980 in 22 Bänden ▪ seit 2001 erscheint völlig neu bearbeitete 10. Auflage, stärker sozialgeschichtlich
Groh, Dieter (Hg.): Propyläen-Geschichte Deutschlands, Berlin: Pro- pyläen 1984-.	▪ bis 2003 neun Bände erschienen ▪ behandelt Zeitraum von den Ursprüngen Deutschlands bis zum Nationalsozialismus

Moraw, Peter (Hg.): Neue Deutsche Geschichte, München: Beck 1984-.	▪ bis 2003 fünf Bände erschienen (geplant sind zehn) ▪ neben Politikgeschichte wird auch Wirtschafts- und Sozialgeschichte behandelt
Wehler, Hans-Ulrich (Hg.): Moderne deutsche Geschichte in zwölf Bänden. Von der Reformation bis zur Vereinigung, Frankfurt/M.: Suhrkamp 1985-1996.	▪ zwölf Taschenbuchbände ▪ umfasst Zeitraum vom Dreißigjährigen Krieg bis zur Wiedervereinigung ▪ gesellschaftsgeschichtliche Perspektive
Wehler, Hans-Ulrich: Deutsche Gesellschaftsgeschichte, München: Beck 1987-.	▪ 2004 waren vier der insgesamt fünf Bände erschienen ▪ bisher abgedeckter Zeitraum: 1700 bis 1949 ▪ programmatisch gesellschaftsgeschichtlich ausgerichtet
Nipperdey, Thomas: Deutsche Geschichte 1800-1918, München: Beck 1983-1992.	▪ drei Bände ▪ wie Wehlers Darstellung einer der seltenen Versuche, die Neuere und Neueste Geschichte Deutschlands durch einen Autor behandeln zu lassen ▪ berücksichtigt in starkem Maße kulturhistorische Aspekte
Gall, Lothar (Hg.): Enzyklopädie deutscher Geschichte, München: Oldenbourg 1988-.	▪ bis 2003 69 Bände erschienen ▪ Einzelbände behandeln meist nicht Epochen, sondern Themen ▪ alle Bände haben denselben Aufbau: grober Überblick über die Entwicklung; Forschungslage; umfangreiches Quellen- und Literaturverzeichnis ▪ besonders gut zur Prüfungsvorbereitung oder Einarbeitung in ein Thema geeignet

Handbücher zur internationalen Geschichte (Auswahl)

Bleicken, Jochen (Hg.): Oldenbourg-Grundriss der Geschichte, München: Oldenbourg 1980-.	▪ bis 2003 33 Bände erschienen ▪ behandelt sowohl die Geschichte einzelner Länder als auch bestimmter Epochen ▪ gleiche Aufteilung wie Bände der Enzyklopädie deutscher Geschichte
Benz, Wolfgang (Hg.): Europäische Geschichte, Frankfurt/M.: Fischer Taschenbuch 1996-.	▪ bis 2003 37 Bände erschienen ▪ behandelt historische Themenkomplexe in ihrer europäischen Dimension
Fischer Weltgeschichte, Frankfurt/M.: Fischer Taschenbuch 1965-1983.	▪ 36 Bände, die zum Teil immer wieder aufgelegt werden ▪ deckt die Zeit von der Ur- und Frühgeschichte bis in die 1970er Jahre ab

Handbücher zur alten Geschichte (Auswahl)

Boardman, John u.a. (Hgg.): The Oxford History of the Classical World, Oxford: OUP 1986.	▪ einbändige Überblicksdarstellung ▪ unterschiedliche Autoren behandeln die Zeitspanne zwischen Homer und dem Ende des Römischen Reiches ▪ beleuchtet politik- und vor allem kulturgeschichtliche Aspekte
Edwards, Iorweth E. u.a. (Hgg.): The Cambridge Ancient History, 2., überarb. Aufl., Cambridge: CUP 1970-.	▪ vierzehnbändige, völlig überarbeitete Ausgabe der Originalausgabe von 1924 bis 1939 ▪ für die nach systematischen und regionalen Gesichtspunkten aufgeteilten Kapitel sind unterschiedliche Autoren verantwortlich

Gehrke, Hans-Joachim u.a. (Hgg.): Geschichte der Antike. Ein Studienbuch, Stuttgart u.a.: Metzler 2000.	▪ einbändige Überblicksdarstellung mit zahlreichen Karten und Abbildungen ▪ unterschiedliche Autoren behandeln Zeitraum vom archaischen Griechenland bis zur Spätantike ▪ gut zur Prüfungsvorbereitung geeignet

Thematisch spezialisierte Handbücher (Auswahl)

Huber, Ernst Rudolf: Deutsche Verfassungsgeschichte seit 1789, Stuttgart: Kohlhammer 1960-1984 (+ Registerband 1990).	▪ sieben Bände ▪ behandelt Zeit von 1789 bis 1933 ▪ verfassungs-, politik- und institutionsgeschichtlicher Schwerpunkt
Aubin, Herrmann / Zorn, Wolfgang (Hgg.): Handbuch der deutschen Wirtschafts- und Sozialgeschichte, Stuttgart: Union 1971-1976.	▪ zwei Bände ▪ klassische Darstellung zur ökonomischen und sozialen Entwicklung in Deutschland ▪ behandelt den Zeitraum von der Frühzeit bis zum 20. Jahrhundert
Fischer, Wolfram (Hg.): Handbuch der europäischen Wirtschafts- und Sozialgeschichte, Stuttgart: Klett-Cotta 1980-1993.	▪ sechs Bände ▪ behandelt die Zeit vom römischen Kaiserreich bis zur Gegenwart
Berg, Christa (Hg.): Handbuch der deutschen Bildungsgeschichte, München: Beck 1987-1998.	▪ sechs Bände ▪ behandelt unter anderem die Entwicklung des Schul- und Universitätssystems in Deutschland, die Entwicklung pädagogischer Ideen usw.

Nicht immer sind Handbücher wie aus ‚einem Guss' geschrieben: Da sich meist verschiedene Autoren an einem solchen Werk beteiligen, kann es vorkommen, dass die Konzeption, die Ausrichtung oder die Präsentationsform der einzelnen Beiträge / Bände deutlich voneinander abweichen. Diese so genannten Buchdeckelsynthesen wirken daher oft uneinheitlich und beinhalten Passagen von sehr unterschiedlicher Qualität. Daher sind auch bei den mehrbändigen Handbüchern nicht immer alle Bände gleich wertvoll. Beispielsweise ist der Band zum Nationalsozialismus von Karlheinz Weißmann in der Propyläen-Geschichte Deutschlands wegen seiner ausgeprägt nationalkonservativen Ausrichtung nicht empfehlenswert, die anderen Bände sind dagegen wesentlich besser. Zudem haben Handbücher den Nachteil, dass sie schnell ‚veralten' und den neueren Forschungsstand nicht berücksichtigen können. Dies gilt allerdings nicht für regelmäßig in bearbeiteten Neuauflagen erscheinende Werke wie etwa die Bände des Oldenbourg Grundrisses der Geschichte.

Nachschlagewerke wie etwa **Handwörterbücher** oder **Enzyklopädien** dienen dazu, entweder schnell und unkompliziert eine bestimmte Wissenslücke zu schließen („Wann wurde noch mal Einstein geboren?") oder sich einen meist ersten Überblick über einen bestimmten Sachverhalt zu verschaffen („Was versteht man unter Industrialisierung?"). Neben den bekannten Enzyklopädien, die Informationen aus allen Wissensbereichen enthalten (Brockhaus oder Meyers etc.), gibt es zahlreiche fachbezogene Lexika und Handwörterbücher. Sie können sehr unterschiedlich gestaltet sein: Einige beinhalten nur sehr kurze Erläuterungen zu einem Begriff wie etwa das dtv-Wörterbuch zur Geschichte, andere haben seitenlange Abhandlungen wie etwa die Geschichtlichen Grundbegriffe; einige Nachschlagewerke widmen sich bestimmten Aspekten (zum Beispiel biographische Lexika), andere sind breiter angelegt. Aus der Fülle der vielen Nachschlagewerke hier einige für Geschichtsstudierende besonders nützliche:

Deutschsprachige Nachschlagewerke für Historiker (Auswahl)

Biographische Lexika	<ul><li>Allgemeine deutsche Biographie, Leipzig: Duncker & Humblot 1875-1912.</li><li>Neue deutsche Biographie, Berlin: Duncker & Humblot 1953-. Bisher 21 Bände, bislang gekommen bis Buchstabe R.</li><li>Deutsches biographisches Archiv, München: Saur 1982-2001. Zusammenstellung von biographischen Informationen aus über 250 verschiedenen biographischen Nachschlagewerken auf Microfiches.</li></ul>

	• Deutsches biographisches Archiv, Neue Folge, München: Saur, 1989-1993. Enthält Nachweise zu knapp 300.000 Personen aus verschiedenen Nachschlagewerken; auch DBA II genannt. • Deutsches Biographisches Archiv 1960-1999, München: Saur 1999-2001. Auch DBA III genannt.
Epochenspezifische Lexika	• Cancik, Hubert / Schneider, Helmuth (Hgg.): Der Neue Pauly. Enzyklopädie der Antike, 16 Bde., Stuttgart u.a.: Metzler 1996-2003. • Auty, Robert u.a. (Hgg.): Lexikon des Mittelalters, 9 Bde., München u.a.: Artemis & Winkler, später Lexma 1980-1998. • Strayer, Joseph R. (Hg.): Dictionary of the Middle Ages, 13 Bde., New York: Scribner 1982-1989.
Geographische Lexika	• Köbler, Gerhard: Historisches Lexikon der deutschen Länder. Die deutschen Territorien und reichsunmittelbaren Geschlechter vom Mittelalter bis zur Gegenwart, 6., vollst. überarb. Aufl., München: Beck 1999.
Wörterbücher ausgewählter Nachbardisziplinen	• Beckerath, Erwin von (Hg.): Handwörterbuch der Sozialwissenschaften, 12 Bde., Stuttgart: Fischer 1956-1968. • Albers, Willi (Hg.): Handwörterbuch der Wirtschaftswissenschaft, 9 Bde., Stuttgart: Fischer 1977-1983. • Betz, Hans Dieter (Hg.): Religion in Geschichte und Gegenwart. Handwörterbuch für Theologie und Religionswissenschaft, 4., völlig neu bearb. Aufl., Tübingen: Mohr 1998-. • Kasper, Walter (Hg.): Lexikon für Theologie und Kirche, 3., völlig neu bearb. Aufl., 11 Bde., Freiburg u.a.: Herder 1993-2001. • Krause, Gerhard (Hg.): Theologische Realenzyklopädie, Berlin u.a.: de Gruyter 1976-.

	• Cordes, Albrecht (Hg.): Handwörterbuch zur deutschen Rechtsgeschichte, 2., völlig überarb. und erw. Aufl., Berlin: Schmidt 2004-. • Nohlen, Dieter (Hg.): Wörterbuch Staat und Politik, 5., überarb. Aufl., München u.a.: Piper 1998.
Wörterbücher der Geschichtswissenschaft	• Brunner, Otto / Conze, Werner / Koselleck, Reinhart (Hgg.): Geschichtliche Grundbegriffe: historisches Lexikon zur politisch-sozialen Sprache in Deutschland, 7 Bde., Stuttgart: Klett 1972-1997. • Fuchs, Konrad / Raab, Heribert: Wörterbuch zur Geschichte, München: dtv [10]1996. • Haberkern, Eugen / Wallach, Joseph Friedrich: Hilfswörterbuch für Historiker, Tübingen u.a.: Francke [8]1995. • Jordan, Stefan (Hg.): Lexikon Geschichtswissenschaft. Hundert Grundbegriffe, Stuttgart: Reclam 2002.

In **historischen Atlanten** finden Sie Karten, die historische Abläufe in ihrer geographischen Dimension wiedergeben wie etwa die Ausbreitung des Islams im Frühmittelalter oder das Vorrücken der westlichen Siedlungsgrenze in Nordamerika. Oft werden Sie durch die Visualisierung einen Sachverhalt wesentlich schneller verstehen als durch die Lektüre eines Textes.

Historische Atlanten (Auswahl)

• Kinder, Hermann / Hilgemann, Werner: dtv-Atlas Weltgeschichte. Karten und chronologischer Abriß, München: dtv [29]1995. • Bruckmüller, Ernst / Hartmann, Peter Claus (Hgg.): Historischer Weltatlas, Berlin: Cornelsen [103]2001 (so genannter Putzger). • Engel, Josef / Zeeden, Ernst Walter (Red.): Großer historischer Weltatlas, Teil 3: Neuzeit, 4., überarb. und erw. Aufl., München: Bayerischer Schulbuch-Verl. 1991 + Teil 4: Neueste Zeit, München: Bayerischer Schulbuch-Verl. 1995.

Bei den **Monographien** lassen sich allgemeinere Darstellungen von spezielleren Untersuchungen unterscheiden. Erstere bieten ähnlich wie Handbücher einen Überblick über ein größeres Themengebiet und entstehen eher auf der Basis bereits erschienener Forschungsliteratur, als dass sie auf eigenen Quellenanalysen fußten. Dagegen sind die spezielleren Untersuchungen Resultat eigenständiger Forschungsarbeit. Statt wie im Handbuch in die Breite zu gehen, wird die Analyse eines bestimmten Aspekts der Geschichte vertieft, der Forschungsgegenstand genau ausgeleuchtet. Der Originalitätsanspruch bezieht sich nicht nur auf die Art und Weise, wie ein Thema dargestellt und interpretiert wird, sondern auch auf die empirische Basis der Untersuchung, also auf das, was herausgefunden wurde. Solche Monographien können beispielsweise Doktorarbeiten (Dissertationen) oder Habilitationsschriften (→ universitäre Laufbahn) sein. Sie besitzen normalerweise einen ausführlichen Anmerkungsapparat und eine umfangreiche Bibliographie zu dem behandelten Thema. Diese Form von Monographien ziehen Sie heran, wenn Sie sich in speziellere Themen einarbeiten und Ihr durch Handbuchlektüre angeeignetes Wissen vertiefen wollen.

Sammelbände beinhalten in der Regel **Aufsätze** verschiedener Autoren zu einem bestimmten Thema. Sie haben einen oder mehrere Herausgeber, die die Beiträge zusammenstellen und gegebenenfalls überarbeiten und korrigieren. Sammelbände entstehen häufig im Anschluss an Fachtagungen und veröffentlichen überarbeitete Fassungen der auf der Tagung gehaltenen Vorträge (**Tagungsbände**). Bei **Festschriften** werden von einem oder mehreren Herausgebern Aufsätze von verschiedenen Kollegen gesammelt, die dann beispielsweise einer Jubilarin zu ihrem 60. Geburtstag präsentiert werden. Sammelbände können sehr nützlich sein, weil sie zu einem Thema unterschiedliche Meinungen und Perspektiven präsentieren. Allerdings sind die Beiträge häufig von sehr unterschiedlicher Qualität und Relevanz.

Ein Spezialfall der Fachliteratur ist der **Reader**. Er stellt von mehreren Autoren Texte oder Textausschnitte zu einem Thema zusammen, die auch älteren Datums sein können. Reader beleuchten den untersuchten Gegenstand somit aus unterschiedlichen Blickwinkeln, so dass der Leser die verschiedenen Forschungspositionen vergleichen kann.

Fachzeitschriften erscheinen in regelmäßigen Abständen (meist mehrmals im Jahr), ihre Bezeichnung ist unterschiedlich – im deutschen Sprachraum trifft man neben der „Zeitschrift" auch auf „Vierteljahresschrift" oder „Vierteljahrshefte", „Archiv" oder „Jahrbuch". Der Zeitschriftenmarkt ist riesig und weist eine große Qualitätsspanne auf. Es gibt themenübergreifende geschichtswissenschaftliche Zeitschriften und solche, die auf einen bestimmten Gegenstand spezialisiert sind. Einige Zeitschriften geben Themenhefte heraus, in denen ähnlich wie in Sammelbänden Artikel unterschiedlicher Autoren zu einem bestimmten historischen Sachverhalt publiziert werden. Es ist an dieser Stelle unmöglich, eine auch nur annähernd vollständige Liste historischer Zeitschriften aufzustellen, doch folgende Titel werden Ihnen während Ihres Studiums sicherlich immer wieder begegnen. Die meisten Zeitschriften haben ein **Sigel**, eine Abkürzung, die häufig in Bibliographien benutzt wird. Eine Liste der wichtigsten Sigel finden Sie in jedem Jahresband der Historischen Zeitschrift oder Online unter http:// www.history-journals.de/journals/hjg-abb.html.

Mittlerweile werden zahlreiche geschichtswissenschaftliche Zeitschriften über das Internet veröffentlicht, so beispielsweise das Göttinger Forum für Altertumswissenschaft, die Zeithistorischen Forschungen oder die Zeitenblicke. Eine Liste dieser **Electronic Journals** finden Sie unter http://www.history-jour nals.de.

Universalhistorische Zeitschriften (Auswahl)

Name	Gründung	Sigel
American Historical Review	1895	AHR
Annales: Histoire, Sciences Sociales	1929	Annales
English Historical Review	1886	EHR
Geschichte in Wissenschaft und Unterricht	1950	GWU
Historische Zeitschrift	1859	HZ
Revue historique	1876	RH
Rivista storica italiana	1884	RSI

Zeitschriften von geschichtswissenschaftlichen Teilfächern (Auswahl)

Archiv für Kulturgeschichte	1903	AKG
Archiv für Sozialgeschichte	1961	AfS

Berichte zur Wissenschaftsgeschichte	1978	BeWi
Genèses. Sciences sociales et histoire	1990	–
Geschichte und Gesellschaft. Zeitschrift für Historische Sozialwissenschaft	1975	GG
Historische Anthropologie	1993	HA
L'Homme. Zeitschrift für Feministische Geschichtswissenschaft	1990	–
Journal of Social History	1967	JSocHist
Past and Present	1952	PP
Vierteljahrschrift für Sozial- und Wirtschaftsgeschichte	1903	VSWG
WerkstattGeschichte	1992	–
Zeitschrift der Savigny-Stiftung für Rechtsgeschichte (2 Abteilungen)	1880	ZRG
Zeitschrift für Kirchengeschichte	1877	ZKG

Epochenspezifische Zeitschriften (Auswahl)

| 1999. Zeitschrift für Sozialgeschichte des 20. und 21. Jahrhunderts (seit 2003: SozialGeschichte) | 1986 | 1999 |
| Archiv für Diplomatik, Schriftgeschichte, Siegel- und Wappenkunde | 1955 | AfD |

Aus Politik und Zeitgeschichte, Beilage	1951	APuZ
Deutsches Archiv für Erforschung des Mittelalters	1951	DA
Frühmittelalterliche Studien	1967	FMST
Historia. Zeitschrift für Alte Geschichte	1950	Historia
Journal of Contemporary History	1966	JContH
Journal of Modern History	1929	JModH
Klio. Beiträge zur Alten Geschichte	1902	Klio
Le moyen âge. Revue d'histoire et de philologie	1888	MA
Revue des études anciennes	1899	REA
Revue d'histoire moderne et contemporaine	1954	RHMC
Speculum. A Journal of Medieval Studies	1926	Spec
Vierteljahrshefte für Zeitgeschichte	1953	VfZ
Zeitschrift für historische Forschung. Vierteljahresschrift zur Erforschung des Spätmittelalters und der Frühen Neuzeit	1974	ZHF

Auf bestimmte geographische Räume spezialisierte Zeitschriften (Auswahl)

Annales de l'est	1887	–
Blätter für deutsche Landesgeschichte	1853	BDLG

Forschungen zur osteuropäischen Geschichte	1954	FOEG
Francia. Forschungen zur westeuropäischen Geschichte	1973	Francia
Journal of American History	1964	JAmH
Westfälische Forschungen	1938	WestfF

In **Forschungsberichten** werden mehrere Bücher und/oder Artikel besprochen, die innerhalb eines bestimmten Zeitraumes (in der Regel ungefähr die letzten fünf Jahre) zu einem Thema erschienen sind. Die Zahl der vorgestellten Arbeiten kann stark variieren. Die Autorin eines solchen Forschungsberichtes referiert für die Leser, was in der letzten Zeit zu einem historischen Gegenstand herausgefunden worden ist. Sie geht auf die Standpunkte der verschiedenen Forscher ein, stellt dar, mit welchen Methoden die Verfasser ihren Gegenstand jeweils analysiert haben, welche Meinungsunterschiede sich aufzeigen lassen und wo weiterhin Forschungslücken klaffen. Deutschsprachige geschichtswissenschaftliche Zeitschriften, in denen regelmäßig solche Forschungsberichte veröffentlicht werden, sind zum Beispiel Neue Politische Literatur (NPL) und Geschichte in Wissenschaft und Unterricht (GWU).

Rezensionen sind kritische Würdigungen einzelner Bücher (bei Sammelrezensionen: mehrerer Bücher) durch einen auf dem Gebiet des Buches versierten Spezialisten. Rezensionen sollen die Leser knapp über den Inhalt und die Ergebnisse des Buches informieren, über dessen Untersuchungsgrundlagen, die angewandten Methoden und eingenommenen Perspektiven, außerdem sollte ein Qualitätsurteil mit der Rezension verbunden werden. Eine solche Buchbesprechung kann Ihnen als Orientierungshilfe dienen („Was wurde mit welchem Inhalt zu einem Thema veröffentlicht?"). Außerdem fungiert sie als Entscheidungshilfe, ob es sich lohnt, ein bestimmtes Buch zu lesen. Allerdings sollte man gegenüber Rezensionen eine gewisse Vorsicht walten lassen: Nicht immer halten sich Rezensenten an das Objektivitätsgebot. Ein Großteil der geschichtswissenschaftlichen Zeitschriften veröffentlicht neben Artikeln auch Rezensionen. Einige Periodika wie die Neue Politische Literatur (NPL) oder die altertumswissenschaftliche Zeitschrift Gnomon legen hierauf sogar ihren Schwerpunkt und können daher gut genutzt werden, um sich einen Überblick über die aktuelle Forschung zu verschaffen. Rezensionen finden Sie außerdem Online, zum Beispiel bei historischen Fachportalen (→ Fachportale): H-Soz-Kult (http://www.hsoz

kult.de/rezensionen) oder Sehepunkte (http://www.sehepunkte.historicum.net). Im Internet gibt es auch auf bestimmte historische Themenbereiche spezialisierte Rezensionsorgane, zum Beispiel The Medieval Review (http://www.hti.umich. edu/t/ tmr).

4.1.3 Lesetechniken und Literaturverarbeitung

Im Grundstudium stammen die schriftlichen Informationen, die Sie verarbeiten, zumeist aus der Forschungsliteratur. Bevor Sie mit der Literaturauswertung zu einem Thema beginnen, sollten Sie sich zunächst über Ihre erkenntnisleitenden Interessen Rechenschaft ablegen. Denn je mehr Sie sich in der Folge mithilfe der Literatur in ein Forschungsfeld einarbeiten, desto stärker verschiebt sich das Erkenntnisinteresse bzw. konkretisiert sich die Fragestellung. Die Art und Weise, wie dies geschieht, markiert den Erkenntnisprozess. Diesen Erkenntnisprozess sollten Sie dokumentieren, indem Sie auch die Gründe für Veränderungen festhalten. Notieren Sie also zum Beispiel: „Obwohl ich zunächst davon ausgegangen bin, dass die deutsche Bevölkerung wenig von der Judenvernichtung wusste, zeigen die Ergebnisse von ..., dass das Wissen über die Judenverfolgung auch schon während des Nationalsozialismus in der deutschen Bevölkerung sehr verbreitet war." So können Sie Ihr eigenes Vorgehen jederzeit nachvollziehen und die Gefahr nimmt ab, dass Sie unkritisch Forschungsergebnisse übernehmen und der Literatur oder Alltagsmythen mehr oder minder ausgeliefert sind.

Bevor Sie mit der detaillierten Auswertung der zusammengetragenen Literatur beginnen, sollten Sie deshalb zunächst prüfen, wie relevant jeder einzelne Text für Ihr Thema ist und wie geeignet er Ihnen im Hinblick auf Ihren momentanen Wissensstand erscheint. Dabei können Sie anhand des auf der folgenden Seite abgebildeten Schemas vorgehen.

Neben dem **Titel** gibt der **Klappentext** des Buches oder bei Zeitschriftenartikeln die mitunter vorhandene Zusammenfassung (Abstract) Aufschluss über den Textinhalt. Vor allem bei deutschen Arbeiten spiegelt das **Inhaltsverzeichnis** meist nicht nur detailliert den Aufbau wider, sondern auch zentrale Thesen der Arbeit. Bei angloamerikanischen Arbeiten, die in einem anderen Forschungskontext mit anderen Wissenschaftstraditionen entstanden sind, geben Inhaltsverzeichnisse dagegen zumeist nur einen groben Überblick über die Hauptteile des Buches. Bei diesen Arbeiten wie auch bei Aufsätzen können Sie die Gliederung des Textes zumeist aus der Einleitung entnehmen. Bei der kursorischen Lektüre von **Einleitung** und **Zusammenfassung** einer Studie bekommen Sie außerdem einen ersten Eindruck vom sprachlichen und inhaltlichen Niveau des Textes. Berücksichtigen Sie dabei, dass gerade in deutschen Arbeiten mitunter das theoretische und sprachliche Niveau der Einleitung vom übrigen Text nicht erreicht wird. Lassen Sie sich also nicht zu schnell abschrecken und lesen Sie zum Test auch ein für Sie einschlägiges **Buchkapitel** an.

Inhalte wissenschaftlicher Bücher werden häufig durch **Register** (Indices) erschlossen. Man unterscheidet zwischen **Personen-**, **Orts-** und **Sachregistern**, die entweder getrennt nacheinander oder als Gesamtindex abgedruckt werden. Der Blick in den Index eines Buchers gibt Ihnen eine Vorstellung darüber, welche Inhalte die Autoren im Buch erwähnen und mit welchen Begrifflichkeiten sie arbeiten. Außerdem ermöglicht Ihnen der Index die Orientierung im Text, wenn Sie ganz bestimmte Informationen suchen.

Wichtig für die Entscheidung darüber, ob eine Studie für Ihre Zwecke brauchbar erscheint, ist auch das **Quellen- und Literaturverzeichnis**. Quellenverzeichnisse finden Sie in der Regel nur in Werken, die tatsächlich auf intensivem Quellenstudium basieren ($\rightarrow$ Forschungsliteratur). Wenn Sie die Quellenbasis der von Ihnen zusammengetragenen Untersuchungen vergleichen, bekommen Sie eine Vorstellung davon, welche Quellen für das Thema und die Fragestellung einschlägig sein könnten. Jene Studien, die nur eine sehr schmale Quellenbasis aufweisen, sollten Sie mit Vorsicht behandeln. Versuchen Sie sich zudem einen Eindruck vom Umfang und von der Aktualität des **Literaturverzeichnisses** zu verschaffen. Aus welchem Jahr stammen die neuesten Titel, aus welchem Zeitraum die meisten? Sind jene Arbeiten, die Ihnen für das Gesamtthema in der Lehrveranstaltung und auf der Grundlage Ihres bisherigen Wissensstandes als einschlägig bekannt sind, im Verzeichnis enthalten? Wie weit wurde gegebenenfalls fremdsprachige Forschung mit einbezogen?

Für das Quellen- und das Literaturverzeichnis gilt: Lassen Sie sich bei Ihrer Einschätzung nicht vom ersten optischen Eindruck täuschen – was viel aussieht, ist noch lange nicht viel. Manche Historiker führen im Quellenverzeichnis einzelne Akten innerhalb von Quellenbeständen an, andere lediglich die Bestände, manche die Titel der Akten, andere nur deren Ziffern. Je nachdem, welche Form gewählt wird, ist das Verzeichnis kürzer oder länger. Einige Historiker nehmen in das Literaturverzeichnis alle Titel auf, die in irgendeiner Form in die Studie eingeflossen sind, andere lediglich jene, die sie in ihrer Argumentation in den Fußnoten nachgewiesen haben, wie es eigentlich sein sollte. Entscheidend ist also weniger, wie umfangreich oder gar ‚vollständig' ein Literaturverzeichnis ist, sondern wie einschlägig seine Titel für die Fragestellung der Studie sind. Je stärker Sie sich in die Literaturlage eingearbeitet haben, desto besser können Sie darüber urteilen. Bedenken Sie darüber hinaus, dass ein Literaturverzeichnis auch der Selbstverortung von Autoren dient: Oft werden darin besonders Vertreter jener wissenschaftlichen Ansätze oder Schulen zitiert, denen sich ein Verfasser zugehörig fühlt, bzw. mitunter jene gerade nicht zitiert, denen er kritisch gegenübersteht.

Ablaufschema für die Literaturbearbeitung

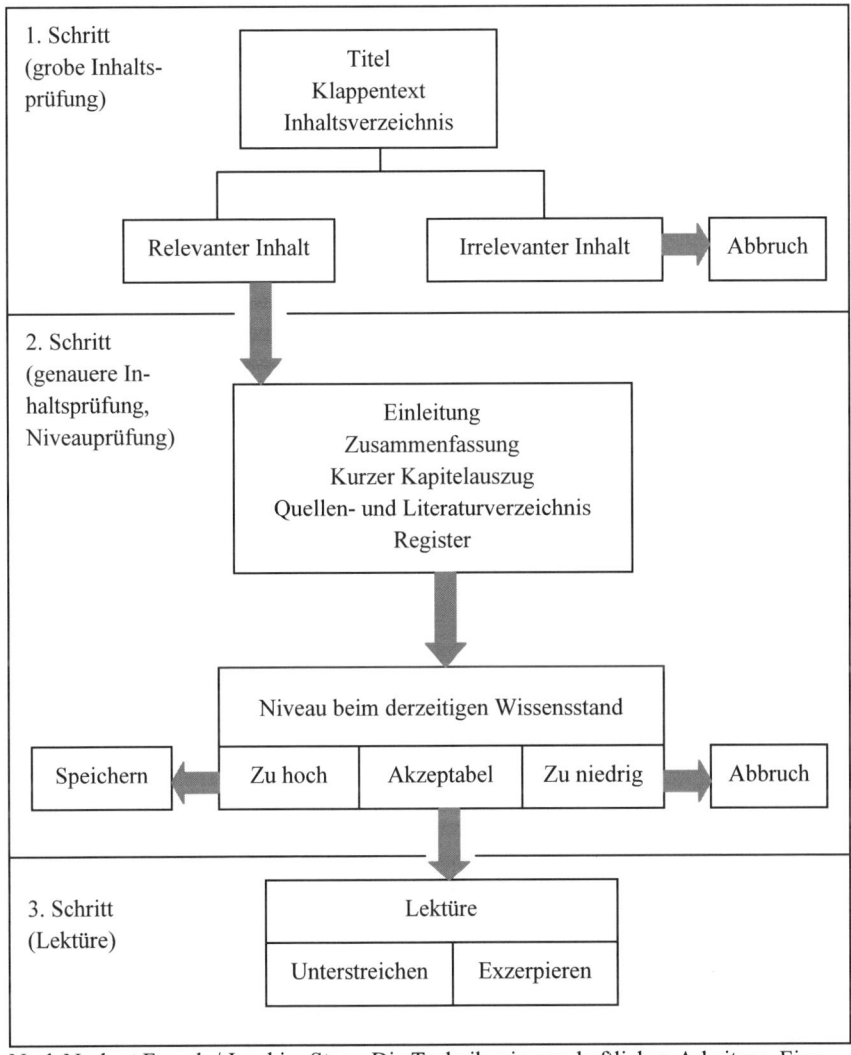

Nach Norbert Franck / Joachim Stary: Die Technik wissenschaftlichen Arbeitens. Eine praktische Anleitung, 11., völlig überarb. Aufl., Paderborn u.a.: Schöningh 2003, S. 78.

Die in diesem Stadium noch grobe Buchinhaltsanalyse gibt Ihnen nicht nur Hinweise darauf, ob ein Text inhaltlich für Ihr Thema relevant ist, sondern auch, welche wissenschaftliche Qualität er besitzt. Die **Qualitätsbewertung** fällt gerade Studierenden im Grundstudium oft schwer. Generell gilt: Je mehr Wissen Sie selber über einen Untersuchungsgegenstand besitzen, desto besser sind Sie auch in der Lage, wissenschaftliche Abhandlungen zu beurteilen. Darüber hinaus gibt es ein Bündel von Bewertungskriterien, die Sie an jeden Text anlegen können, selbst dann, wenn Ihr eigenes Wissen über den Gegenstand noch gering ist. Diese Kriterien helfen bei der Beurteilung von Texten, sie bieten jedoch keine absolute Gewähr für die Seriosität einer Arbeit. Umgekehrt gibt es durchaus auch qualitativ hochwertige Studien, die im einen oder anderen Fall gegen diese Kriterien verstoßen. Was zählt, ist nicht das einzelne Kriterium, sondern der Gesamteindruck, den eine Studie letztlich bei Ihnen hinterlässt.

Bewertungskriterien und Aussagegehalt von Fachliteratur

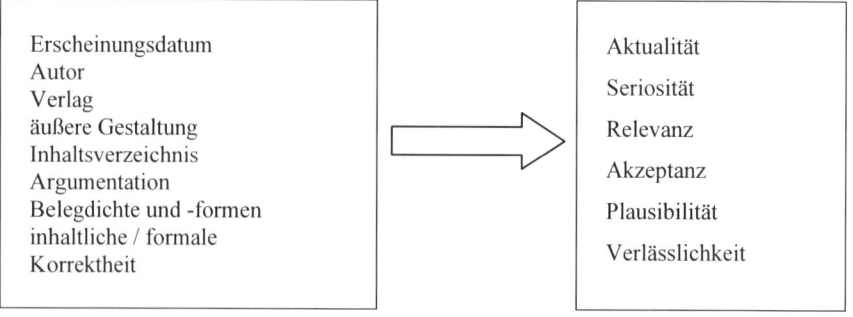

Es gibt keine absoluten Maßstäbe, wie alt die Literatur sein darf, die Sie verwenden, schon weil die Entwicklung des Forschungsstandes je nach Untersuchungsgegenstand variieren kann. Nicht unbedingt ist die neueste Arbeit auch die beste, aber Sie sollten zumindest immer abklären, ob die Ergebnisse einer älteren Arbeit durch Neuerscheinungen zum Thema nicht mittlerweile überholt sind. Denken Sie auch über die Implikationen bestimmter Publikationsdaten nach: Besondere Vorsicht ist zum Beispiel bei jenen Arbeiten geboten, die in Deutschland zwischen 1933 und 1945 erschienen sind.

Gerade bei Werken, die Sie als grundlegend für Ihre eigene Darstellung erachten, sollten Sie klären, wer ihre Autoren sind. Aus welcher ideologischen Richtung kommen sie? Wie stark sind sie in der Wissenschaftslandschaft verankert? Welche Reputation besitzen sie? Einen ersten Eindruck darüber kann die Recherche in einem Verbundkatalog vermitteln. Hat der Autor intensiv auf diesem Gebiet geforscht und vielleicht später noch weitere Arbeiten dazu veröffentlicht? Ist dies der Fall, spricht es für die Verlässlichkeit des Buches, das Sie vorliegen haben. Auch das **Vorwort** gibt Auskunft über den Verfasser und die Rahmenbedingungen, unter denen eine Arbeit entstand. So dankt man an dieser Stelle zumeist denjenigen, die eine Arbeit gefördert oder beeinflusst haben und nennt übergreifende Forschungskontexte wie zum Beispiel den Sonderforschungsbereich, in dessen Rahmen die Arbeit entstanden ist. Bei Dissertationen wird der Betreuer angegeben; oft werden auch wissenschaftliche Preise genannt, die das Werk erhalten hat. Solche Informationen ermöglichen es Ihnen, eine Autorin innerhalb des Faches zu verorten.

Darüber hinaus dokumentieren die Häufigkeit und die Kontexte, in denen ein Buch von anderen Autoren zitiert und rezensiert wird, das Ausmaß seiner Akzeptanz in der Fachwelt. Ziehen Sie deshalb **Rezensionen** heran und achten Sie darauf, wie oft und wo bestimmte Verfasser zitiert werden. Bücher, die den Status von Grundlagenwerken besitzen, erscheinen häufig in den ersten Fußnoten. In Forschungsberichten werden ihre Thesen besonders ausführlich dargestellt. Die Tatsache, dass zum Beispiel ein derart wichtiges Buch wie Norbert Elias' „Prozeß der Zivilisation" (Basel 1939) in Deutschland über Jahrzehnte weitgehend ignoriert wurde, zeigt Ihnen allerdings, dass Zitationen und Rezensionen als Urteilsgrundlage problematisch sein können. Außerdem gibt es in der Wissenschaft so genannte **Zitierkartelle** – Autoren, die sich permanent gegenseitig zitieren, nicht zum Kartell gehörende Wissenschaftler aber ignorieren – und damit dieses Bewertungskriterium aushöhlen. Umgekehrt werden manche Bücher nur deshalb zitiert, weil man sich von ihrem Inhalt abgrenzen möchte.

Wenn Sie die Arbeiten bedeutender Historiker kritisch lesen, werden Sie feststellen, dass auch ihnen das Schicksal nicht erspart bleibt, von der nachfolgenden Forschung überholt zu werden. Selbst in solchen Arbeiten werden Sie gelegentlich falsche Daten oder Bezeichnungen, fehlende Belege oder wenig überzeugende Argumentationen finden. Haben Sie deshalb keine Scheu davor, Forschungsergebnisse oder Thesen großer Namen in Frage zu stellen.

Wissenschaftliche **Fachverlage** bieten eine gewisse Gewähr für die Seriosität der Studien, die sie verlegen. Die einschlägigen Fachverlage für geschichtswissenschaftliche Studien werden Sie im Laufe Ihres Studiums kennen lernen. Einige bekannte Verlage sind in den folgenden beiden Tabellen aufgeführt. Im Unterschied zu Deutschland besitzen größere Universitäten in England und Amerika ihre eigenen Verlage. Diese werden häufig abgekürzt: zum Beispiel Harvard University Press (HUP), Cambridge University Press (CUP) oder Oxford University Press (OUP).

Bei geschichtswissenschaftlichen Reihen übernehmen die Herausgeber, die meist Fachhistoriker sind, eine zusätzliche Kontrollfunktion. Die starke Ausdif-

ferenzierung historischer Reihen nach thematischen und institutionellen Gesichtspunkten ist allerdings vor allem ein deutsches Phänomen und in anderen
nationalen Wissenschaftskontexten nicht in diesem Ausmaß üblich.

Fachverlage mit geschichtswissenschaftlichem Schwerpunkt (Auswahl)

Akademie	Il Mulino	Routledge
Aschendorff	Klartext	Saur
Ashgate	Klostermann	Schöningh
Campus	Mohr Siebeck	Steiner
Einaudi	Mursia	Suhrkamp
Fayard	Niemeyer	Thorbecke
Fischer	Ph. von Zabern	Wagenbach
Gallimard	Picard	Wallstein

Wissenschaftliche Fachverlage und ihre historischen Reihen (Auswahl)

dtv	dtv-Geschichte der Antike
PUF	Nouvelle Clio, L'histoire et ses problèmes
Blackwell Publishing	Blackwell Companions to the Ancient World
WBG	Geschichte Kompakt
Akademie	Studienbücher. Geschichte und Kultur der Alten Welt

Oldenbourg	Oldenbourg Grundriss der Geschichte
Böhlau	Beiträge zur Geschichte Osteuropas
C.H. Beck	C.H. Beck Wissen Geschichte
Duncker & Humblot	Historische Forschungen
YUP	Intellectual History of the West Series
Vandenhoeck & Ruprecht	Kritische Studien zur Geschichtswissenschaft
CUP	New Studies in Economic and Social History
OUP	Oxford Studies in Social History
Editions du Seuil	Points Histoire
Einaudi	Biblioteca di cultura storica

Allerdings können bahnbrechende Studien durchaus zunächst in unbekannten oder nicht einschlägigen Verlagen herausgebracht werden. So erschien etwa das Buch „Die Vernichtung des europäischen Judentums" von Raoul Hilberg erst über zwanzig Jahre nach seiner Veröffentlichung in den USA (1961) auf deutsch bei einem in der Fachwelt weitgehend unbekannten Verlag. 1990 wurde es in die "Schwarze Reihe" zur Geschichte des Nationalsozialismus bei Fischer aufgenommen und gehört inzwischen zu den meist gelesenen und zitierten Werken zum Thema.

Reißerische **Titel** oder eine plakative **Aufmachung** eines Buches sprechen eher gegen seinen wissenschaftlichen Anspruch. Dies gilt auch für stark auf Verkaufsförderung zielende Klappentexte oder auf die Emotionsebene gerichtete Illustrationen. Allerdings setzt sich inzwischen auch in Deutschland zunehmend die Tendenz durch, einen Bestandteil des Titels – zumeist den Obertitel – als provokanten ‚Eyecatcher' zu gestalten und im Untertitel in sachlichem Wissenschaftsdeutsch Untersuchungsgegenstand und -zeitraum der Studie zu nennen. Ein frühes Beispiel dafür stellt das bekannte Buch Fritz Fischers „Griff nach der

Weltmacht. Die Kriegszielpolitik des kaiserlichen Deutschland 1914/18" von 1961 dar.

Nicht zuletzt können Sie an die Arbeiten, die Sie benutzen wollen, jene Kriterien anlegen, die generell für die Wissenschaftlichkeit eines Werkes gelten (→ Regeln wissenschaftlichen Arbeitens): Ist die Argumentation strukturiert und logisch nachvollziehbar? Werden die einzelnen Argumente begründet und auch belegt? Wie weit stützen Quellen und Literatur die Ausführungen? Häufen sich inhaltliche oder formale Fehler? Welche Arten von Fehlern kommen überhaupt vor? Es ist ein Unterschied, ob Sie hin und wieder Tippfehler finden oder erstaunt feststellen, dass ein Autor den Beginn der Französischen Revolution auf 1792 verlegt oder Alexander den Großen mit Olympias verheiratet.

Die Bewertung der Forschungsliteratur mag Ihnen zunächst als schwierig erscheinen, doch Sie werden im Laufe Ihres Studiums durch häufige Übung eine gewisse Souveränität darin erwerben. Die Beurteilung von wissenschaftlichen Werken setzt eine intensive Auseinandersetzung mit der Forschung voraus, die sich nicht darin erschöpft, historische Fakten herauszudestillieren, sondern auch die angewandten Methoden und Theorien sowie den dadurch erlangten Erkenntnisgewinn kritisch hinterfragt.

Haben Sie die bibliographierte Literatur nach ihrer Relevanz, aktuellen Brauchbarkeit und nach ihrer Qualität sortiert, beginnen Sie mit der eigentlichen **Textlektüre**. Dabei sollten Sie am besten vom Allgemeinen zum Speziellen vorgehen. Starten Sie also mit der Überblicksliteratur (→ Handbücher, Nachschlagewerke). So verschaffen Sie sich nicht nur einen Überblick über wichtige Akteure, Ereignisse, Begriffe und Thesen, sondern bekommen auch Angebote, wie Sie die vielen Informationen, die Sie zu Ihrem Thema sammeln, strukturieren und ordnen könnten.

Haben Sie einen ersten Überblick über das Thema gewonnen und Ihre Fragestellung (→ Fragestellung) eingegrenzt, können Sie an die Auswertung der Spezialliteratur (Monographien und Aufsätze) gehen. Es gibt verschiedene Lesetechniken, die Sie anwenden können. Unmittelbar einschlägige Titel sollten Sie intensiv und vollständig lesen, bei anderen reicht in der Regel eine diagonale oder punktuelle Lektüre.

Lesetechniken

punktuelles Lesen	nur teilweises Lesen des Textes, unterbrochene Lektüre, Herstellen des Sinnzusammenhangs erfolgt mosaikartig
diagonales Lesen	rasches Überfliegen des Textes, Erfassen der wichtigsten Textinhalte und -strukturen
sequenzielles Lesen	vollständige Lektüre eines Textabschnitts, Lesevorgang folgt dem linearen Textfluss
intensives Lesen	genaues und vollständiges Erfassen von Textinhalt und Textstruktur

Nach Ulrich Häussermann / Hans-Eberhard Piepho: Aufgaben-Handbuch Deutsch als Fremdsprache: Abriß einer Aufgaben- und Übungstypologie, München: Iudicium 1996, S. 289.

Mit diesen **Lesetechniken** korrespondieren unterschiedliche **Leseziele**, wie etwa das informative Lesen, bei dem Sie nur die wichtigsten Inhalte aufnehmen, das interpretierende Lesen, bei dem Sie die aufgenommenen Informationen selbstständig deuten, das kritische Lesen mit einer distanzierten, urteilenden Lesehaltung oder auch das kreative Lesen, bei dem Sie nach neuen Perspektiven auf bestimmte Fragen, nach methodischen Anregungen oder neuen Thesen suchen. Wichtig ist vor allem, dass Sie Ihre jeweilige Lesetechnik und Ihr Leseziel reflektieren, da beide einen erheblichen Einfluss auf den Erkenntnisprozess besitzen. Sie sollten aktiv lesen, indem Sie während Ihrer Lektüre Fragen an den Text stellen und im Anschluss die aus dem Text aufgenommenen Inhalte im Zusammenhang mit diesen Fragen rekapitulieren.

Mögliche Fragen zur Textlektüre

- Wie wirken Text und Darstellung auf mich? Wo stimme ich spontan zu, wo nicht?
- Was weiß ich über den Autor? Welche Absichten vermute ich hinter dem Text? An wen richtet sich seine Argumentation primär?
- Auf welcher Basis von Quellen und Forschungsliteratur argumentiert der Verfasser? Erscheint mir diese geeignet und ausreichend, stützt sie tatsächlich die vorgebrachten Argumente?

- Wie ist der Text strukturiert?
- Was wusste ich vorher über das Thema? Welchen Erkenntnisgewinn bewirkt der Text bei mir?
- In welchem Verhältnis steht der Text zu anderen Texten? Setzt er neue Schwerpunkte? Widerspricht er den dort vertretenen Argumenten?

Literaturverarbeitung bedeutet immer Reduktion der gesammelten Informationen auf das für Sie Wesentliche. Bei manchen Texten genügt es, wenn Sie die wichtigen Informationen optisch durch **Unterstreichungen** und **Annotationen** hervorheben. Dabei sollten Sie die unterschiedlichen Arten von Informationen während der Lektüre auseinander halten und bei der Textbearbeitung für sich kenntlich machen: Unterscheiden Sie zwischen Hypothesen, Thesen, Fakten und Interpretationen (→ Hausarbeit), aber auch zwischen den unterschiedlichen Bestandteilen der Argumentation wie Fragestellung, Methode, Forschungsstand, sowie zwischen leitenden Argumenten und bloßen Beispielen oder Illustrationen. Die verschiedenen Arten von Textinformationen können Sie entweder farblich gegeneinander absetzen oder am Rand durch einen Kommentar kennzeichnen. Es empfiehlt sich, für die häufigsten Formen von Randkommentaren ein eigenes Kürzel-System zu entwerfen, damit die Annotationen knapp, aber verständlich sind. Möglich wären zum Beispiel folgende Abkürzungen:

Kürzel für Randkommentare (Beispiele)

Textinhalt		Textbewertung	
Def	Definition	!	wichtige Passage
Bsp	empirisches Beispiel	F	falsche Behauptung
FO	Forschungsstand	S.	so schon bei N.N.
FS	Fragestellung	Vgl.	anders bei N.N.
Lit	Forschungsliteratur	Q?	fehlender Beleg
Meth	Angabe zur Methode	Ahist	Ahistorisch
T	These	WS	Widerspruch
Zus	Zusammenfassung	Ja	Ich stimme zu.
Zit	zu zitierende Passage	Nein	Ich stimme nicht zu.

Am Text sollten Sie auch Ihre eigenen Ansichten und Gedanken notieren, die Sie während der Lektüre zu den vorgetragenen Inhalten entwickeln. So können Sie die Textstruktur kommentieren, die Inhalte verschlagworten oder problematische Passagen als solche kennzeichnen. Behandelt ein Text mehrere Themen nacheinander, sollten Sie den Beginn eines neuen Themas ebenfalls am Rand mit einem Schlagwort kennzeichnen.

Je mehr Literatur Sie konzentriert verarbeiten, desto größer wird Ihr Wissen zu einem Thema. Sie stellen fest, dass bestimmte Fakten, Definitionen, Thesen oder Interpretationen immer wieder vorkommen. Da Sie auf diese Punkte in Ihrer eigenen Ausarbeitung mit hoher Wahrscheinlichkeit ausführlich eingehen, ist es sinnvoll, hierfür eigene Dateien oder Karteikarten anzulegen (→ Lernmodule), in denen Sie Ihr Wissen unter systematischen Gesichtspunkten speichern. So können Sie für jedes von Ihnen bearbeitete Thema eine Datei für Personen, eine für Institutionen, eine für Ereignisse und eine für Forschungskontroversen anlegen. Auf diese Weise haben Sie die wichtigen Informationen bereits für eine spätere Verarbeitung in einer Hausarbeit oder einer Klausur aufbereitet und gewinnen schneller den Überblick darüber, welche Inhalte in der Forschung strittig sind. Denn das können jene Punkte sein, auf die es sich lohnt, in einer späteren Ausarbeitung den Schwerpunkt zu legen. Wichtig ist, dass Sie bei allen Informationen, die Sie in eine solche Datei eintragen und die Sie später nachweisen müssen (→ Fußnoten), auch die Herkunft durch eine bibliographische Kurzangabe festhalten. Es kostet oft weit mehr Zeit, die verlorene Belegstelle für ein Zitat zu suchen als zehn Karteikarten anzulegen.

Bei jenen Texten, die für Ihre eigene Argumentation von zentraler Bedeutung sind oder die Sie voraussichtlich in Ihrem Studium mehrfach verwenden können, sollten Sie ein **Exzerpt** anfertigen, welches die Kernaussagen eines Textes zusammenfasst. Bei der Gestaltung von Exzerpten haben sich zwar bestimmte formale Richtlinien bewährt, über diese hinaus kann je nach konkretem Leseziel die Form aber erheblich differieren. Manche Exzerpte richten sich nach der Struktur des bearbeiteten Textes und fassen abschnittweise die wesentlichen Aussagen zusammen. Andere beinhalten nur die wichtigsten Argumente und die eigene Bewertung. In jedem Fall aber sollte ein Exzerpt deutlich kürzer sein als der Ausgangstext.

Faktische Informationen wie Daten sollten Sie sofort mit Kurznachweis in die entsprechende Datei oder Karteikarte einfügen, sonst notieren Sie diese Informationen möglicherweise mehrfach in unterschiedlichen Exzerpten. Da Ihre Exzerpte nur Sie selbst verstehen müssen, können Sie mit Abkürzungen und Stichworten arbeiten. Wählen Sie außerdem eine Darstellungsform, bei der klar erkennbar ist, welche Inhalte aus dem Text und welche Gedanken von Ihnen stammen; im folgenden Beispiel stehen diese Passagen in eckigen Klammern.

Versuchen Sie den Textinhalt mit Ihren eigenen Worten wiederzugeben, denn nur dann haben Sie ihn auch wirklich verstanden. Übernehmen Sie deshalb nur jene Passagen des Originaltextes wortwörtlich, die Sie später eventuell zitieren wollen (→ Zitat). Damit Sie die Herkunft der Inhalte in Ihrer Hausarbeit belegen können, ohne den Originaltext noch einmal einsehen zu müssen, sollten Sie alle aus dem Text entnommenen Aussagen mit einer Seitenzahl versehen. Allerdings kann es durchaus sinnvoll sein, einen Text nach einer längeren Zeit oder dem Erwerb deutlich vertiefter Kenntnisse erneut zu lesen. Deshalb empfiehlt es sich, Exzerpte zu datieren.

Mögliche Inhalte eines Exzerptes

- bibliographischer Kurznachweis im Titel
- Angaben zur Methode: Untersuchungsraum, Untersuchungszeitraum, Fragestellung, Quellengrundlage, Ausgangshypothesen, Definitionen, Modelle, Theorien
- Thesen: Bewertungen / Interpretationen des Autors, eventuell untergliedert nach Argumentationsschwerpunkten, zentrale Aussagen als Zitate
- eigene Bewertung: Kritik von Forschungsansatz, Gliederung, Thesen; Einordnung in Forschungskontext, Erkenntnisgehalt und Bedeutung für eigene Fragestellung

Beispiel eines Exzerptes (gekürzt)

15.10.2004

Friedrich Nietzsche: Vom Nutzen und Nachteil der Historie für das Leben (1874)

1. Einordnung des Textes
- zweites Stück der „Unzeitgemäßen Betrachtungen", starker Selbstbezug
- geschichtsphilosophischer Text mit kulturpessimistischer Grundtendenz: eigene Zeit schöpfungsunfähig 165, Geschichte als Bürde 157, als Erkenntnisüberfluss 155, als „Totengräber des Gegenwärtigen" 158
- Wissenschaftskritik 175f., Abrechnung mit Historismus [Begriff klären!]
- Kritik am Bildungsbürgertum 177: Anhäufung von Wissen ohne wahres Verständnis oder Verwertbarkeit

2. Drei Arten der Geschichtsbetrachtung laut Nietzsche
- „monumentalische": Lehrerin und Trösterin 164, Mittel gegen Resignation, aber Gefahr der Selektivität, falsche Analogien → Umsturz 168
- „antiquarische": Verharren in der Vergangenheit 170, Romantizismus 171, blinde Sammelwut 173
- „kritische": Historiker als Inquisitor und Richter 173, Aburteilung und Zerstörung der Vergangenheit 174

3. Forderungen Nietzsches an die Geschichtswissenschaft
- Unterordnung der Wissenschaft unter das Leben und seine vitalen Kräfte (Religion, Kunst): bewusste Horizontbegrenzung, Vergessen
- gegen Kontinuitätsbegriff der Geschichte, Ablehnung der Vorstellung, es gäbe in der Geschichte zielgerichtete Entwicklungsprozesse 162f. [vgl. Ranke], keine Wiederholung der Geschichte
- neuer Objektivitätsbegriff: Integration von Wissen in Taten, Geschichte nicht als reines Erkenntnisphänomen 163f., sondern zweckbestimmt 175 [Missbrauch?]

4. Eigene Bewertung
- Kennzeichnung der eigenen Zeit als schöpfungsunfähig, gleichzeitig diese Haltung als antiquarisch selbst kritisiert
- radikaler Elitenstandpunkt: wenige männliche Führungskräfte stehen blinder, tauber und träger Masse gegenüber 165f.
- zentraler Text zu den Funktionen von Geschichtswissenschaft, der immer wieder zitiert, aber auch missbraucht worden ist (Nationalsozialismus)

4.1.4 Verarbeitung mündlicher Informationen

Mündliche Informationen werden Ihnen in Lehrveranstaltungen oder Sprechstunden vermittelt. Grundsätzlich gilt: Alle wesentlichen Informationen sollten Sie schriftlich festhalten. Ihre Mitschriften sollten dabei so gestaltet sein, dass Sie in der Lage sind, Inhalte und Gesprächsablauf nicht nur unmittelbar nach der Veranstaltung oder der Sprechstunde zu rekapitulieren, sondern auch noch einige Semester später, wenn Sie beispielsweise ein Prüfungsthema vorbereiten oder eine Abschlussarbeit verfassen.

Vor allem das Festhalten der während einer Vorlesung vermittelten Informationen erscheint aufgrund der Komplexität und der Vielfalt an unterschiedlichen Informationsarten oft schwierig. Je schneller, undeutlicher, unstrukturierter und vielleicht auch fremdwortgewaltiger vorgetragen wird, desto schwieriger wird es, den Argumenten gedanklich zu folgen und gleichzeitig die wichtigen Informationen zu notieren. Wie ein schriftlicher Text vermittelt auch eine Vorlesung eine Vielzahl ganz unterschiedlicher Arten von Informationen. Da die **Vorlesungsmitschrift** dazu dient, die vermittelten Informationen festzuhalten und gleichzeitig zu verarbeiten, sollten Sie nicht versuchen wortwörtlich mitzuschreiben oder gar die Vorlesung aufzuzeichnen. Wortwörtliche Übernahmen sind nur bei Definitionen, prägnanten Thesen oder wichtigen Zitaten sinnvoll. Je besser Sie also schon während des Zuhörens in der Lage sind, zwischen faktischen Informationen, die Forschungsliteratur kommentierenden Passagen sowie methodischen oder theoretischen Ausführungen zu unterscheiden, desto leichter fällt Ihnen eine strukturierte Fassung der Vorlesungsmitschrift.

Damit Sie Ihre Mitschriften später eindeutig zuordnen können, sollten Sie diese mit einem identischen Kopf versehen, in dem der Titel der Veranstaltung, der Titel der Sitzung und das Datum notiert werden. Sie können Ihre Mitschrift als fortlaufende Blattfolge verfassen, wenn Sie optisch klar die unterschiedlichen Informationsarten voneinander trennen, indem Sie zum Beispiel das Kürzelsystem (→ Annotationen) anwenden, das Sie bereits für die Kommentierung der Forschungsliteratur entwickelt haben. Kennzeichnen Sie also beispielsweise alle Definitionen mit „Def" oder alle Aussagen zum Forschungsstand mit „FO" und rücken Sie den Text entsprechend ein. Lassen Sie möglichst Platz zwischen den einzelnen Abschnitten, um eventuell Nachträge und Konkretisierungen, die später erfolgen, zuordnen zu können.

Sie können auch gesonderte Blattfolgen mit bestimmten Arten von Informationen anlegen, etwa jeweils eine für chronologische Abläufe und faktische Informationen, eine zweite für Thesen sowie methodische und theoretische Angaben und eine weitere für die Literaturhinweise, die während der Vorlesung gegeben werden. Dabei sollten Sie auch die Bewertungen vermerken (etwa: „überholt im Hinblick auf..." oder „immer noch grundlegende Arbeit im Hinblick auf ...", „neuer methodischer Ansatz ..."). Alle zentralen Thesen der Argumentation sollten Sie möglichst ausführlich aufnehmen, Beispiele und Erläuterungen können Sie dagegen kurz fassen oder weglassen. Haben Sie bestimmte Inhalte akustisch nicht verstanden, lassen Sie etwas Platz frei und fragen Sie andere Teilnehmer der Vorlesung im Anschluss – versuchen Sie sofort, diese Inhalte herauszufinden, gehen Ihnen die währenddessen vorgetragenen Argumente verloren. Vermerken Sie am besten auch, wenn Sie etwas nicht verstanden haben, Sie ein Argument nicht überzeugt oder Sie vielleicht bestimmte Inhalte vermisst haben. Alle beschriebenen Seiten sollten Sie sofort abheften, damit Ihnen nichts verloren geht.

Gestaltung von Vorlesungsmitschriften (Beispiel)

VL Müller: Europäische Expansion	24.04.2004
Sitzung 3: Spanien und Portugal als Seemächte	

(Vorlesung)	(eigene Kommentare)
Angaben zum Forschungsstand ▪ …………….. ▪ …………….. ▪ …………….. Daten und Fakten ▪ ……… ▪ ……… ▪ ……… Def.: ……………………. Zentrale Thesen ▪ ……… ▪ ……… Gesamtbewertung …………………..	
Literatur/Material: ………………….	

Die Gestaltung eines **Seminarprotokolls** hängt davon ab, welche Art von Protokoll von Ihren Dozenten verlangt wird. Man kann zwischen Verlaufs-, Ergebnis- und Wortprotokoll unterscheiden. Das Verlaufsprotokoll hält den Ablauf einer Sitzung in chronologischer Reihenfolge fest, während das Ergebnisprotokoll lediglich die wichtigen Ergebnisse verzeichnet. Wortprotokolle, die alle im Verlauf einer Veranstaltung vorgetragenen Argumente wortwörtlich verzeichnen, sind im Zusammenhang mit Lehrveranstaltungen nicht sinnvoll. Meist empfiehlt

sich ein Ergebnisprotokoll, das jedoch auch die zentralen Argumente zusammenfassen sollte, die zu diesen Ergebnissen geführt haben. Für die formale Gestaltung eines solchen Protokolls gelten dieselben Hinweise wie für die Vorlesungsmitschrift.

Die inhaltliche Gestaltung richtet sich danach, ob es für die Sitzung ein Referatspapier (→ Referatspapier) gibt und welche Qualität und welchen Umfang
dieses aufweist. Existiert ein Referatspapier, dann werden Ihre Aufzeichnungen
vor allem zusätzliche Informationen, Ihre eigenen Kommentare oder Fragen
sowie die Anmerkungen der Dozentinnen umfassen. Sollten Sie am Ende des
Referats nichts zu Papier gebracht haben, so deutet dies auf eine weitgehend
passive Rezeption des Vorgetragenen und auf einen eher geringen Erkenntnisgewinn hin. Auch die wesentlichen Inhalte der Diskussion nach dem Referat
sollten Sie aufzeichnen, denn an dieser Stelle werden in der Regel Fehler korri-
giert, pauschale Urteile präzisiert, Forschungsprobleme diskutiert und die Inhalte
des Referates in einen breiteren historischen Kontext eingeordnet. Dabei sollten
Sie auch notieren, von wem ein bestimmter Beitrag kam und – wenn das nicht
ohnehin geschieht – Referenten oder Veranstaltungsleiter um eine Zusammenfassung der Sitzung bitten. Anhand dieser können Sie überprüfen, ob Sie auch
wirklich die zentralen Inhalte der Sitzung erfasst und festgehalten haben. Reduzieren Sie Ihre Mitschriften aber auf das Wesentliche; keinesfalls sollten diese
Sie an der mündlichen Mitarbeit hindern.

Da in einer Sprechstunde ganz unterschiedliche Inhalte besprochen werden
können, gibt es keine allgemein verbindlichen Richtlinien für **Sprechstun-
denmitschriften**. Sprechstunden werden im Zusammenhang mit der Vorbereitung eines Referates, einer Hausarbeit oder einer Prüfung aufgesucht oder um
eine bereits abgelieferte Leistung zu besprechen. Schreiben Sie bereits während
der Sprechstunde die wesentlichen Inhalte mit. Im Anschluss sollten Sie möglichst zeitnah ein Gedächtnisprotokoll anfertigen. Auch Literaturtipps oder Hinweise, die Sie im Gespräch mit Ihren Veranstaltungsleitern nach der Sitzung
oder bei einem zufälligen Treffen auf dem Flur erhalten, sollten Sie so schnell
wie möglich aufzeichnen, damit der Inhalt nicht verloren geht. Fragen Sie sofort
nach, wenn Sie bestimmte Vorschläge nicht verstehen oder sie Ihnen nicht sinnvoll erscheinen. Wenn Sie Hinweise einfach ignorieren, verpassen Sie die Chance, von der Erfahrung und dem Fachwissen des Lehrpersonals zu profitieren.

Literatur

Borowsky, Peter / Vogel, Barbara / Wunder, Heide: Einführung in die Geschichtswissenschaft. Grundprobleme, Arbeitsorganisation, Hilfsmittel, 5., überarb. und aktual.
Aufl., Opladen: Westdeutscher Verlag 1989.

Burschel, Peter u.a.: Geschichte. Ein Tutorium, Freiburg/Br.: Rombach 1997.

Christmann, Ursula / Groeben, Norbert: Psychologie des Lesens, in: Franzmann, Bodo (Hg.): Handbuch Lesen, München: Saur 1999, S. 145-223.

Cramme, Stefan / Ritzi, Christian: Literatur ermitteln, in: Franck, Norbert / Stary, Joachim (Hgg.): Die Technik wissenschaftlichen Arbeitens. Eine praktische Anleitung, 11., völlig überarb. Aufl., Paderborn u.a.: Schöningh 2003, S. 33-74.

Freytag, Nils / Piereth, Wolfgang: Kursbuch Geschichte. Tipps und Regeln für wissenschaftliches Arbeiten, Paderborn u.a.: Schöningh 2004.

Groeben, Norbert u.a. (Hg.): Lesekompetenz: Bedingungen, Dimensionen, Funktionen, Weinheim: Juventa 2002.

Krcmar, Helmut: Informationsmanagement, 3., überarb. und erw. Aufl., Berlin: Springer 2003.

Stary, Joachim / Kretschmar, Horst: Umgang mit wissenschaftlicher Literatur. Eine Arbeitshilfe, Berlin: Cornelsen Scriptor 1994.

4.2 Arbeit mit Quellen

Die Arbeit mit historischen Quellen stellt einen zentralen Bestandteil der historischen Forschung dar. Viele Historiker empfinden gerade die Quellenarbeit als intellektuell anregend. Stellen Sie sich vor, Sie finden im Archiv plötzlich ein Dokument, das vor Ihnen jahrhundertelang niemand angeschaut hat und das vielleicht sogar aktuelle Thesen der Forschung in Frage stellt. Oder Ihnen gelingt es, eine Quelle einem Produzenten zuzuschreiben, den die bisherige Forschung noch nie in Betracht gezogen hat. Oder Sie stellen fest, dass ein bekanntes Quellenkorpus für eine Frage ganz neue Aufschlüsse ergibt, für die es zuvor noch nie herangezogen wurde. Die Arbeit mit Quellen verlangt deshalb oft ein kriminalistisches Gespür – Sie schlüpfen in die Rolle eines Detektivs, der die Zeugen der Vergangenheit finden, befragen, interpretieren und gegebenenfalls auch der Falschaussage überführen muss. Gerade diese Tätigkeiten machen auch für viele Studierende die historische Forschungsarbeit faszinierend und aufschlussreich.

4.2.1 Gattungen

Da die Geschichte als Wissenschaft die historische Entwicklung der Menschen untersucht, sind ihre Quellen ganz allgemein all jene Gegenstände oder Sachverhalte, deren Analyse Aufschluss über den Zustand von Mensch und Gesellschaft in einer bestimmten Epoche oder zu einem bestimmten Zeitpunkt geben kann. **Historische Quellen im engeren Sinn** sind alle Artefakte – alle Dinge, die durch menschliche Einflüsse in der Vergangenheit entstanden sind.

Artefakte als Quellengattungen (Auswahl)

schriftliche Überlieferung	Urkunden, Akten, Geschichtsschreibung, Publizistik
mündliche Überlieferung	Erzählungen, Gespräche, Lieder, Interviews
Gegenstände oder Werke	Gebrauchsgegenstände, technische Geräte, Bilder, Bauten, Kulturlandschaften

Wenngleich die traditionelle Fixierung der Geschichtswissenschaft auf die Auswertung von **schriftlichen Überlieferungen** zunehmend hinterfragt und auch zu Recht kritisiert wird: Die Hauptquelle für historische Analysen sind in der Regel **Texte**. Es gibt ganz unterschiedliche Arten von Texten, die in unterschiedlichen Formen mit unterschiedlichen Intentionen erstellt worden sind. Dies spielt eine entscheidende Rolle dafür, wie diese Texte im Rahmen historischer Analysen ausgewertet werden können. Eine große Zahl von Textquellen sind in Archiven überliefert (→ Archive), in denen die Dokumente nach Urkunden und Akten unterschieden werden.

Als **Urkunden** bezeichnet man jene Texte, die vollzogene Rechtsakte schriftlich fixieren und sich dazu einer bestimmten Form bedienen. Urkunden wurden zum Beispiel ausgestellt bei Besitzübertragungen, im Zusammenhang mit Rechtsentscheidungen oder der Übertragung von Rechtsbefugnissen. Zu den Urkunden zählen etwa Edikte (allgemeinverbindliche Rechtsnormsetzungen des Gesetzgebers) bzw. Gesetze, Rechtsurteile, Qualifikationsnachweise wie ein Examenszeugnis oder auch Verträge zwischen Privatpersonen oder Institutionen wie etwa ein Arbeitsvertrag. Werden bestimmte Rechte wie zum Beispiel Zoll-, Münz- oder Gerichtsrechte übertragen, spricht man von Privilegien. Die Form einer Urkunde kann zwar variieren, bestimmte Inhalte wie Ort und Datum, Rechtssubjekte (König, Landesherr, Notar auf der einen Seite, Lehensnehmer, Kloster, Bauer auf der anderen Seite), Rechtsobjekt (Lehen, Schenkung, Kauf) und der Rechtsbeweis (Unterschrift des Rechtsetzers, Siegel, Stempel) sind jedoch die Voraussetzung für ihre Gültigkeit. Die rechtserheblichen Inhalte von Urkunden wurden oft in so genannten Regesten zusammengefasst.

Während die Urkunde trotz aller Ausdifferenzierungen seit dem hohen Mittelalter eine vergleichsweise fest umrissene Quellenart darstellt, werden unter dem Begriff **Akten** ganz unterschiedliche Quellentypen zusammengefasst. Hierzu zählen zum Beispiel Korrespondenzen, Berichte und Memoriale (Gutachten zu einem spezifischen Sachverhalt) oder die große Gruppe der Protokolle. Die Überlieferung zu ökonomischen Verhältnissen umfasst zum Beispiel Rechnungen, Steuerverzeichnisse oder Bilanzen. Die kirchliche Überlieferung bilden wiederum Missale (Messbücher), Visitationsprotokolle (Berichte über den Zustand von Kirchengemeinden) oder die Kirchenbücher, die unter anderem im Rahmen genealogischer Untersuchungen (→ Genealogie) ausgewertet werden.

Eine weitere zentrale Form der schriftlichen Überlieferung stellt die **Geschichtsschreibung** oder **Historiographie** dar. Hierzu gehören zunächst die Annalen, Chroniken oder Dynastiegeschichten. Mit der Etablierung des Faches Geschichte an den Universitäten seit dem 18. Jahrhundert entstand sukzessive die historische Fachliteratur, die sich von der Geschichtsschreibung früherer Epochen auch dadurch unterschied, dass sie über ihre Methoden und Ziele zunehmend reflektierte. Darüber hinaus gibt es andere Quellenarten, die oft historisch argumentieren, wie etwa die Reichspublizistik in der Frühen Neuzeit. Andere Formen schriftlicher Überlieferung, die ebenfalls zu dem Zweck geschaffen wurden, historische Entwicklungen für die Nachwelt zu speichern, waren etwa Stammbücher, Tagebücher, Autobiographien oder Reisebeschreibungen. Für diese Quellenarten wird in der Forschung auch der Begriff **Egodokumente** verwendet, da sie individuelle Strategien der Reflexion und Selbstvergewisserung darstellen.

Jene Quellen, die aus dem Bedürfnis heraus geschaffen wurden, für die Nachwelt Zustände, Ereignisse oder Deutungen festzuhalten (zu tradieren), bezeichnet man in der Geschichtswissenschaft als **Traditionen**. Im Gegensatz dazu wurden **Überreste** als Zeugnis ihrer Epoche überliefert, ohne dass sie mit dieser Intention produziert worden wären. Unter welche Kategorie eine Quelle fällt, hat Auswirkungen auf ihre Analyse und Interpretation (→ Quellenkritik), denn der Produzent einer Traditionsquelle verfolgt andere Ziele als die eines Überrestes. Im Laufe Ihrer praktischen Quellenarbeit werden Sie allerdings feststellen, dass die schematische Unterteilung in Traditionen und Überreste bei der Interpretation oft nicht weiterführt. Denn zum einen ist die Zuordnung in der Praxis weniger offensichtlich, als dies zunächst scheinen mag: So gehört ein Tagebuch zu den Traditionen, wenn es geschaffen wurde, historische Entwicklungen zu speichern. Wenn sein Schöpfer jedoch lediglich Tagebuch führte, um das Tagesgeschehen besser verarbeiten zu können, dann gehört es zu den Überresten. Zum anderen besteht die Gefahr der Manipulation auch bei Überresten. Wenn ein Gesandter des französischen Königs über seine Missionen Bericht erstattet, so schreibt er nicht primär, um für die Nachwelt Zeugnis von seiner Tätigkeit abzulegen. Dennoch wird er dazu neigen, seine Mission als schwierig und sein Vorgehen als

ungemein geschickt darzustellen. Deshalb müssen Sie bei jeder Quellenart nach
den jeweiligen Intentionen der Quellenproduzenten fragen.

Für die Geschichte der Neuzeit stellt die **Publizistik** eine weitere wichtige
Quellengattung dar. Die Epochenwende vom Mittelalter zur Neuzeit wird nicht
zufällig auch mit der Entstehung und Ausbreitung des Buchdrucks begründet. Mit
dieser Technik entwickelten sich nicht nur neue Quellengattungen wie Flugschrif-
ten oder Zeitungen, vielmehr nahm auch die Quellenproduktion und damit die
Überlieferung in einem zuvor nie gekannten Ausmaß zu. Es entstanden besondere
Orte für ihre Aufbewahrung wie etwa Bibliotheken, in denen auch zahlreiche Werke der Epik und Poesie sowie Populärliteratur (zum Beispiel der große Bereich der
Ratgeberliteratur) und Fachliteratur (zum Beispiel mathematische, medizinische
oder botanische Werke) überliefert sind. Allerdings ist die Unterscheidung zwischen populärer und wissenschaftlicher Literatur vor allem bis zur Frühen Neuzeit
problematisch, da sich Fachliteraturen und Fachpublikum in diesem Zeitraum erst
herauszubilden begannen. Ab dem 18. Jahrhundert machten die Verfasser von
Enzyklopädien den Versuch, die Gesamtheit des bestehenden Wissens zu ordnen
und in Nachschlagewerken abzubilden.

Bei publizistischen Quellen erscheint Studierenden die **Abgrenzung zwischen Quellen und Forschungsliteratur** oft schwierig. Denn unter welche Kategorie ein Text fällt, hängt entscheidend von der Fragestellung ab. Ein histori-
sches Werk von 1842 über die Zeit der Napoleonischen Besatzung im Rheinland
kann einerseits zur Forschungsliteratur gehören, da es zeitlich nach dem Ereignis
verfasst wurde und eine wissenschaftliche Reflexion über dieses darstellt. Hat
der Verfasser die Zeit jedoch selbst erlebt und schildert sie aus eigener Kenntnis,
kann das Buch andererseits auch einen Quellenwert besitzen. Grundsätzlich hat
jede Darstellung Quellencharakter hinsichtlich der Zeit, in der sie entstand. Die
Zuordnung von Texten unter die Kategorien Quelle oder Forschungsliteratur
geschieht in geschichtswissenschaftlichen Werken deshalb oft weniger unter
logischen als unter pragmatischen Erwägungen. So werden Ihnen Arbeiten zur
Frühen Neuzeit begegnen, die im Quellen- und Literaturverzeichnis einen zeitlichen Schnitt um 1800 ansetzen. So fragwürdig dieses Verfahren streng genommen sein mag, der völlige Verzicht auf eine Unterscheidung zwischen publizier-
ten Quellen und Forschungsliteratur im Literaturverzeichnis ist nicht sinnvoll.
Denn dann können Leser nur mit hohem Aufwand herausfinden, welche zeitgenössischen historischen Werke der Verfasser für sein Werk herangezogen hat.

Auch die Zuordnung einer Quelle zu den **Primär- und Sekundärquellen**
hängt von der gewählten Fragestellung ab. Berichtet der Verfasser des oben genannten historischen Werkes in seinem Text etwa über die Auswirkungen, welche die Einführung des französischen Revolutionskalenders im Zuge der französischen Besatzung auf das tägliche Leben im Rheinland hatte, so besitzt sein

Bericht für das Ereignis einen sekundären Quellenwert. Eine Primärquelle würde dagegen das von der französischen Militärverwaltung publizierte Edikt zur Einführung des Revolutionskalenders darstellen. Fragen Sie aber nicht nach dem Ereignis, sondern vielmehr nach der Art und Weise, wie es im kollektiven Gedächtnis der Bevölkerung gespeichert wurde, wird der Bericht zur Primärquelle.

Mündliche Texte wie Erzählungen, Gespräche, Lieder oder Interviews können Sie vor allem als Quellen für die Zeitgeschichte heranziehen. Beschäftigen Sie sich dagegen mit afrikanischer Geschichte, wo weniger schriftliche Quellen zur Verfügung stehen, spielt die Auswertung der mündlich tradierten Inhalte auch über die zeitliche Schwelle eines Menschenalters hinweg notwendigerweise eine wichtige Rolle. Da die Analyse eines mündlichen Textes ein ausgefeiltes methodisches Instrumentarium voraussetzt, entstand die spezifische Methode der **Oral History**. Denn Erzählungen von Zeitzeugen über ein bestimmtes Ereignis sind keinesfalls notwendig näher an der ‚Wahrheit' als eine später entstandene historische Darstellung. Vielmehr müssen Sie jene Erinnerungen, die Ihre Zeitzeugen zu Protokoll geben, genauso kritisch auf ihre Intentionen und Entstehungsbedingungen hin analysieren wie andere Quellenarten. Nicht nur, weil beispielsweise ein Wehrmachtssoldat Gründe haben könnte, sich an die Eroberung eines Dorfes im Zweiten Weltkrieg anders zu erinnern als ein Dorfbewohner, sondern auch, weil jede Erinnerung einen Prozess der Selektion, Deutung und Umdeutung von Erfahrung durchläuft. Auf diesen Prozess wirken nicht zuletzt öffentliche Diskurse ein, so dass Ihr Zeitzeuge möglicherweise gar nicht mehr zwischen eigener und kollektiver Erinnerung trennen kann.

Eine weitere große Quellengattung sind die **Gegenstände** oder **Werke**, die sich nicht immer eindeutig von den gerade vorgestellten Quellenarten abgrenzen lassen. So verknüpften zum Beispiel Flugblätter oder Plakate oft bildliche Darstellungen mit Texten. Als Gegenstände des täglichen Gebrauchs wurden sie nicht nur gelesen, sondern auch betrachtet, an die Wand gehängt und vielleicht sogar zum Gebet genutzt. Medien wie Film, Fernsehen oder Hörfunk sowie die neuen Medien wie CD-Rom, DVD und Internet stellen selbst historische Quellen dar, verknüpfen oder speichern jedoch auch traditionelle historische Quellengattungen. Bauwerke oder alltägliche Gebrauchsgegenstände wie Hausrat oder Kleidung mit ihren jeweiligen Gebrauchsspuren und ihrer Gestaltung geben Aufschluss über jene Formen konkreter Lebenspraxis, die schriftliche Quellen oft nicht übermitteln. Gleichzeitig können sie Träger symbolischer Bedeutungen sein. Dies gilt auch für Gemälde, Graphiken oder Skulpturen, die als Ensemble von Zeichen andere Arten historischer Komplexität überliefern, als in Texten fassbar wird. Größe, Lage und Struktur von Siedlungen oder Kulturlandschaften samt ihren Auswirkungen wie Wegenetz, Vegetation oder Umweltverschmutzung lassen Aussagen über Sozialbeziehungen oder Produktionsweisen zu. Sie sind nicht nur durch archäologische Untersuchungen festzustellen, sondern auch in der Vielzahl von gedruckten oder gezeichneten Karten und Plänen überliefert. Andere Formen von Überresten sind zwar selbst keine Quellen im engeren Sinne, können aber mithilfe von Texten, Gegenständen oder Werken analysiert werden. Dazu zählen Institutionen wie Regierungsbehörden (Gerichte, Ministerien oder der Deutsche Bundestag) oder Organisationen (Unternehmen, Vereine, Verbände). Bräuche und Sitten (zum Beispiel bei Übergangsriten wie Geburt, Heirat oder Tod) sind eher indirekt etwa aus jenen Quellen zu entnehmen, die im Zusammenhang mit ihrer Sanktion durch die Obrigkeit entstanden sind. Ähnlich wie Institutionen oder Bräuche unterliegen auch Sprache und Schrift als primäre Medien der Geschichtswissenschaft Veränderung und besitzen daher den Charakter von Überresten. Das wird Ihnen nicht zuletzt dann klar, wenn Sie feststellen, dass der „gemeine Mann" in der Frühen Neuzeit kein Fiesling war, oder wenn Sie nur mühsam die Handschrift eines Verwaltungsbeamten aus dem 19. Jahrhundert entziffern können.

Historische Quellen im weiteren Sinn sind all jene Faktoren, die auf menschliches Handeln schließen lassen oder es beeinflusst haben. So kann man etwa aus dem Abnutzungsgrad von Knochen oder Zähnen schließen, welche körperlichen Tätigkeiten Menschen in einer bestimmten Phase ausgeführt haben oder welche Arten der Nahrungsaufnahme vorherrschten. Auch **natürliche Faktoren** wie etwa das Klima, die Fruchtbarkeit von Böden mit ihrer Vegetation oder vorhandene Bodenschätze bestimmen die historische Entwicklung mit und sind daher Quellen im weiteren Sinn. Die große Dürre in den 1930er Jahren in den Südstaaten der USA führte zum Beispiel zur Entvölkerung ganzer Landstriche, wobei die Migrationsströme in Richtung Kalifornien dort den Prozess der Urbanisierung förderten. Für frühere Epochen lassen sich klimatische Rahmenbedingungen zum Beispiel über die Baumringstruktur ermitteln, die auch über das Alter von Holz und daraus gefertigter Gegenstände Auskunft gibt. Mit naturwissenschaftlichen Analysemethoden wie der C14-Radiocarbonmethode kann man das Alter von organischem Material bestimmen. Die angeführten Beispiele zeigen, dass gerade für historische Quellen im weiteren Sinn Kenntnisse in anderen wissenschaftlichen Disziplinen notwendig sind, die Ihnen im Laufe Ihres Geschichtsstudiums nicht vermittelt werden. Allerdings müssen Historiker diese auch nicht in jedem Fall selbst besitzen, sondern können sie über die interdisziplinäre Zusammenarbeit mit Wissenschaftlern anderer Fächer in ihre Arbeit einfließen lassen.

4.2.2 Suche und Auswahl

Haben Sie Ihr Thema und die konkrete Fragestellung festgelegt (→ Fragestellung), geht es an die Quellensuche. Dabei können Sie auf unterschiedliche Weisen vorgehen. Im Rahmen des Studiums arbeiten Sie zumeist mit publizistischen oder edierten Quellen. Bei Projektveranstaltungen oder im Rahmen einer Abschlussarbeit (→ Archivrecherchen) werden dagegen mitunter auch nicht publizierte Originalquellen herangezogen.

Wichtig ist, dass Sie in der Lage sind, Quellen ausfindig zu machen, die für Ihr Thema und Ihre Fragestellung aussagekräftig sind. Überlegen Sie deshalb, bevor Sie auf die Suche gehen, welche **Quellenarten** überhaupt in Frage kommen. Arbeiten Sie über die zeitgenössische Wahrnehmung des Attentats auf den amerikanischen Präsidenten John F. Kennedy, brauchen Sie keine Überlieferung zum städtischen Finanzwesen von Dallas heranzuziehen. Vielmehr könnten Sie nach edierten zeitgenössischen Darstellungen suchen oder den offiziellen Regierungsbericht samt seinem umfangreichen Begleitwerk auf diese Frage hin analysieren. Sie könnten Artikel über das Attentat aus der Tagespresse auswerten. Sie könnten zeitgenössische Fotos des Tatortes daraufhin analysieren, wie die Ermordung des Präsidenten abgebildet und später medial in Szene gesetzt wurde. Als sekundäre Quellen könnten Sie autobiographische Überlieferungen heranziehen, die über Reaktionen auf das Ereignis berichten. Die Analyse dieser unterschiedlichen Quellenarten setzt intensive Überlegungen darüber voraus, welche Analysemethoden möglich sind, und welchen Einfluss die Besonderheiten der Quellenart auf die Analyseergebnisse haben könnten.

Quellen für Ihr Hausarbeits- oder Referatsthema können Sie auf verschiedenen Wegen finden. So bietet es sich zunächst an, die einschlägige Forschungsliteratur daraufhin auswerten, welche für die eigene Fragestellung brauchbaren Quelleneditionen in deren Quellenverzeichnissen angegeben sind. Nicht wenige Forschungsarbeiten edieren im Anhang Quellen. Dieses Verfahren ist im Rahmen von Hausarbeiten so lange legitim, wie Sie sich selbst klarmachen, dass Sie damit auf den ausgetretenen Pfaden jener Historiker wandeln, die vor Ihnen dieses Thema bearbeitet haben. Oft geben Dozentinnen in der Literaturliste der Veranstaltung edierte Quellensammlungen an, in denen Sie für Ihr Thema recherchieren können. Außerdem lohnt der Gang an das Bibliotheksregal (→ Sachgruppen in Bibliotheken), denn Quelleneditionen sind in wissenschaftlichen Bibliotheken oft mit besonderen Signaturen versehen und gesammelt zu Beginn der Werke über eine bestimmte historische Epoche aufgestellt.

Vor allem für **Bildquellen** und **Gegenstände** empfiehlt sich die Recherche in Bestandskatalogen von Sammlungen und Museen, die entweder auf Quelleneditionen verweisen oder diese selbst umfassen. Eine Vielzahl von Bildquellen, die Abbildungen in guter Qualität von Gebrauchsgegenständen, technischen Geräten, Bauten, Kunstwerken und Gebrauchsgraphik enthalten, finden Sie in Katalogen zu großen historischen Ausstellungen. Klären Sie deshalb ab, ob es jüngst eine Ausstellung zu Ihrem oder einem verwandten Thema gegeben hat. Auch im **Internet** finden sich immer mehr Bild- und Textquellen, auf die Sie für Ihre Hausarbeit oder Ihr Referat zugreifen können. Achten Sie darauf, dass Sie es mit seriösen Angeboten zu tun haben (→ Beurteilungskriterien für Webseiten). Das Internet stellt zudem eine wachsende Zahl gescannter Quellen zur Verfügung, die es Ihnen ermöglichen, sich einen Eindruck vom Originaldokument zu machen. Bei traditionellen Quelleneditionen ist dies nur bei Faksimiles (originalgetreuen Quellenreproduktionen) möglich.

Edierte Quellen können Sie darüber hinaus analog zur Forschungsliteratur systematisch bibliographieren (→ systematisches Bibliographieren). Da der Begriff Quelle in Online-Bibliothekskatalogen oft auch als Schlagwort vergeben wird, brauchen Sie nur geeignete Suchbegriffe mit diesem Begriff zu kombinieren. So können Sie in die Suchmaske des HBZ-Verbundkataloges im Schlagwort-Feld „Französ* Revolution Quelle" eingeben und Sie erhalten über 100 Treffer, unter denen eine ganze Reihe von brauchbaren Quelleneditionen zur Französischen Revolution aufgelistet ist. Je nach Thema sollten Sie auch fremdsprachig oder mit sinnverwandten Begriffen in den Katalogen recherchieren.

Innerhalb der gängigen historischen **Fachbibliographien** (→ Bibliographien) werden Quelleneditionen in der Regel in einer besonderen Rubrik gegliedert nach chronologischen und systematischen Gesichtspunkten aufgeführt. Des Weiteren sind Quelleneditionen in so genannten **Quellenkunden** nach chronologischen und systematischen Ordnungsprinzipien verzeichnet.

Historische Quellenkunden (Auswahl)

- Baumgart, Winfried: Bücherverzeichnis zur deutschen Geschichte. Hilfsmittel – Handbücher – Quellen, 15., durchges. und erw. Aufl., München: dtv 2003.
- Ders. (Hg.): Quellenkunde zur deutschen Geschichte der Neuzeit von 1550 bis zur Gegenwart, 6 Bde., Darmstadt: Wissenschaftliche Buchgesellschaft 1977-1996.
- Crawford, Michael (Hg.): Sources for Ancient History, Cambridge: CUP 1983.
- Corvisier, Jean-Nicolas: Sources et méthodes en histoire ancienne, Paris: PUF 1997.
- Genicot, Léopold u.a.: Typologie des sources du moyen âge occidental, Turnhout: Brepols 1972-.

- Jacob, Karl: Quellenkunde der deutschen Geschichte im Mittelalter: bis zur Mitte des 15. Jahrhunderts, Berlin: de Gruyter [6]1959.
- Dotzauer, Winfried: Quellenkunde zur deutschen Geschichte im Spätmittelalter (1350-1500), Darmstadt: Wissenschaftliche Buchgesellschaft 1996.
- Dahlmann, Friedrich Chr. / Waitz, Georg: Quellenkunde der deutschen Geschichte, Leipzig: Köhler [9]1939 bzw. Stuttgart: Hiersemann [10]1965-.
- Lipgens, Walter (Hg.): Sources for the History of European Integration (1945-1955). A Guide to Archives in the Countries of the Community, Leyden: Sijthoff 1980 (Publications of the European University Institute 4).
- Pauser, Josef / Scheutz, Martin / Winkelbauer, Thomas: Quellenkunde der Habsburgermonarchie. Ein exemplarisches Handbuch, München: Oldenbourg 2004 (Mitteilungen des Institutes für Österreichische Geschichtsforschung; Ergänzungsband 44).
- Reinhardt, Volker (Hg.): Hauptwerke der Geschichtsschreibung, Stuttgart: Kröner 1997.

Sie sollten nur mit **wissenschaftlich betreuten Editionen** arbeiten, denn diese werden nach wissenschaftlichen Editionsgrundsätzen mit einem textkritischen Anmerkungsapparat versehen, in dem der Text kommentiert und auf unterschiedliche Versionen eines Dokuments oder auf seinen Erhaltungszustand hingewiesen wird. Nur bei wissenschaftlichen Herausgaben können Sie weitgehend sicher sein, dass der Inhalt der Originalquellen korrekt in die Edition übernommen wurde. Darüber hinaus werden in diesen Werken die Quellen in den historischen Kontext eingeordnet und wichtige Informationen zu den Quellenproduzenten und zur Forschungsliteratur gegeben.

Bevor Sie eine solche Edition benutzen, machen Sie sich zunächst mit deren Textauswahl- und Texterschließungskriterien vertraut. Denn Quelleneditionen sind in der Regel selektiv. Sie spiegeln den wissenschaftlichen Hintergrund und die Geschichtskonzeptionen der Herausgeberinnen sowie mitunter das aktuelle Forschungsinteresse ihrer Bearbeiter wider. Hinweise dazu finden Sie meist in der Einleitung. Die Rahmenbedingungen, unter denen eine Quelledition entstanden ist, sind deshalb so wichtig, weil sie Ihre Analyseraster und Forschungsergebnisse bis zu einem gewissen Grad mitbestimmen.

Berücksichtigen Sie, dass bei Editionen nicht nur die Quellenstücke selbst aus einem größeren Korpus ausgewählt, sondern auch ihr Inhalt oft nur in Ausschnitten wiedergegeben werden kann. Entweder lassen die Bearbeiter als unwichtig erachtete Textteile mit Hinweis auf die Auslassung weg oder sie paraphrasieren diese. Diese kurzen Inhaltszusammenfassungen erkennen Sie daran, dass sie in den meisten Fällen kursiv gedruckt sind. Während Zahl und Umfang kritischer Texteditionen in den letzten Jahrzehnten deutlich zurückgegangen sind, geht der Trend bei den verbleibenden Editionsprojekten dahin, Quellentexte wenn möglich vollständig wiederzugeben. Dies geschieht aufgrund der Erfahrung, dass Editionen über sehr lange Zeiträume hinweg benutzt werden, in denen sich Leitfragen und Methoden der Geschichtswissenschaft grundlegend ändern können.

Die Geschichte großer Editionsprojekte hängt eng mit der Professionalisierung der Geschichtswissenschaft im 19. Jahrhundert zusammen. Es waren vor allem die Historischen Kommissionen der Akademien, die Quelleneditionen initiierten und finanzierten. Ein bedeutendes Beispiel sind die **Monumenta Germaniae Historica** (MGH), ein Editionsprojekt, das aus der 1819 gegründeten Gesellschaft für ältere deutsche Geschichtskunde hervorging und sich primär der Herausgabe von Quellen zur Geschichte des Mittelalters widmet, diese Epochengrenze aber auch überschreitet. Konzentrierten sich die Editionen dieses Projektes aufgrund des nationalen Fokusses der Geschichtsschreibung im 19. Jahrhundert lange Zeit auf die deutsche Geschichte, so hat sich die Perspektive inzwischen auf die europäische Geschichte ausgeweitet. Standen zunächst Werke der Geschichtsschreibung, Urkunden, Gesetze und Rechtsbücher im Vordergrund, werden nun auch Briefsammlungen, Dichtung, Memorialbücher und Leichenpredigten oder politische Traktate ediert.

Umfangreiche Quelleneditionen (Auswahl)

- Corpus Inscriptionum Latinarum [CIL], Berlin: de Gruyter 1969-.
- Sylloge Inscriptionum Graecarum [SIG], hg. v. Wilhelm Dittenberger, 4 Bde., Leipzig: Teubner [3]1917-1924.
- Monumenta Germaniae Historica [MGH], umfangreiche Unterreihen zum Beispiel: Scriptores, 10 Abteilungen; Quellen zur Geistesgeschichte des Mittelalters, 13 Bde., wechselnde Orte und Verlage 1826-.
- Patrologiae cursus completus, seu bibliotheca universalis ... omnium SS. patrum, doctorum, scriptorumque ecclesiasticorum, sive Latinorum, sive Graecorum ... , hg. v. Jacques-Paul Migne [MIGNE], drei umfangreiche Serien, Paris: Migne 1844-, auf CD-ROM: Patrologia latina database [PL], Cambridge: Chadwyck-Healey 1995.
- Ausgewählte Quellen zur deutschen Geschichte des Mittelalters; Ausgewählte Quellen zur deutschen Geschichte der Neuzeit (Freiherr-vom-Stein-Gedächtnisausgabe [FSGA]), Darmstadt: Wissenschaftliche Buchgesellschaft 1955- bzw. 1960-, zum Teil umfangreiche Unterreihen.
- Deutsche Geschichte in Quellen und Darstellung, hg. v. Rainer A. Müller, 11 Bde., Stuttgart: Reclam 1995-2001.

- Deutsche illustrierte Flugblätter des 16. und 17. Jahrhunderts, hg. v. Wolf-gang Harms u.a., Kommentierte Ausgabe, 5 Bde., Tübingen: Niemeyer 1980-1997.
- Deutsche Geschichtsquellen des 19. Jahrhunderts, hg. von der Historischen Kommission bei der Bayerischen Akademie der Wissenschaften, 36 Bde., Leipzig: Koehler & Amelang 1919-1942.
- Deutsche Reichstagsakten, hg. v. der Historischen Kommission bei der Baye-rischen Akademie der Wissenschaften, 4 Unterreihen: Ältere, mittlere und jüngere Reihe, Reichsversammlungen 1556-1662, wechselnde Orte 1893-.
- Quellen zu den Reformen in den Rheinbundstaaten, hg. von der Historischen Kommission bei der Bayerischen Akademie der Wissenschaften, München: Oldenbourg 1992-.
- Klüber, Johann Ludwig: Akten des Wiener Kongresses in den Jahren 1814 und 1815, 9 Bde. (1815-1835), ND Osnabrück: Zeller 1966.
- Acta Borussica, Neue Folge 1, Reihe: Die Protokolle des Preußischen Staatsministeriums 1817-1934/38. Die (Conseil-)Kronratsprotokolle 1849-1917, hg. v. der Berlin-Brandenburgischen Akademie der Wissenschaften un-ter Leitung von Jürgen Kocka / Wolfgang Neugebauer, Mikrofiche-Volltext-Verfilmung, Hildesheim: Olms-Weidmann 1998.
- Wigard, Franz: Stenographischer Bericht über die Verhandlungen der Deut-schen Constituirenden Nationalversammlung zu Frankfurt am Main, hg. auf Beschluß der Nationalversammlung, 9 Bde., Frankfurt/M. 1848, ND unter dem Titel: Reden für die deutsche Nation, München: Sauerländer 1848-1849.
- Dokumente zur deutschen Verfassungsgeschichte, hg. v. Ernst Rudolf Huber, 4 Bde. , 3., neu bearb. und verm. Aufl., Stuttgart: Kohlhammer 1978-1997.
- Quellen zur Geschichte des Parlamentarismus und der politischen Parteien, Düsseldorf: Droste 1959-; 4 Unterreihen: Von der konstitutionellen Monar-chie zur parlamentarischen Republik, Militär und Politik, Die Weimarer Re-publik, Deutschland seit 1945.
- Ursachen und Folgen: vom deutschen Zusammenbruch 1918 und 1945 bis zur staatlichen Neuordnung Deutschlands in der Gegenwart. Eine Urkunden- und Dokumentensammlung zur Zeitgeschichte, hg. und bearb. v. Herbert Mi-chaelis, 29 Bde., Berlin: Wendler 1959-1979.
- Dokumente zur Deutschlandpolitik, hg. v. Bundesministerium für Gesamt-deutsche Fragen [ab 1971 Bundesministerium für Innerdeutsche Beziehun-gen], Wissenschaftliche Leitung: Ernst Deuerlein [seit 1972: Karl Dietrich Bracher und Hans-Adolf Jacobsen], 5 Unterreihen, Frankfurt/M.: Metzner, später München: Oldenbourg 1961-1992.

Neben diesen großen und ambitionierten Quelleneditionen gibt es eine Vielzahl **kleinerer Editionen**, die Textquellen nach thematischen oder forschungsansatz-spezifischen Fragestellungen zugänglich machen. Manche edieren verschiedene

Quellenarten zu einem bestimmten Thema, andere wiederum beschränken sich
auf eine spezifische Quellenart.

Kleinere Quellensammlungen (Beispiele)

quellenspezifische Editionen	▪ Senckenberg, Heinrich Christian von (Hg.): Neue und vollständigere Sammlung der Reichs-Abschiede (bis 1746), Frankfurt/M.: Koch 1747. ▪ Klessmann, Eckart (Hg.): Deutschland unter Napoleon in Augenzeugenberichten, München: dtv ^{2}1982. ▪ Beyme, Klaus von (Hg.): Die großen Regierungserklärungen der deutschen Bundeskanzler von A-denauer bis Schmidt, München: Hanser 1979.
thematische Quelleneditionen	▪ Schieder, Wolfgang (Hg.): Säkularisation und Mediatisierung in den vier rheinischen Departements 1803-1813. Edition des Datenmaterials der zu veräußernden Nationalgüter, datentechnisch aufbereitet v. Manfred Koltes, 5 Teile, 7 Bde., Boppard: Boldt 1992. ▪ Aughterson, Kate: Renaissance Woman: a Sourcebook; Constructions of Femininity in England, London: Routledge 1995. ▪ Ritter, Gerhard A. / Miller, Susanne (Hgg.): Die deutsche Revolution 1918/19: Dokumente; 2., erw. Aufl., Frankfurt/M. u.a.: Fischer-Bücherei 1975.

Des Weiteren edierten vor allem im 19. und zu Beginn des 20. Jahrhunderts
vielfach Archivare, Fach- aber auch Laienhistoriker **einzelne Quellen** in historisch ausgerichteten Zeitschriften. Diese Quelleneditionen genügen oft modernen
wissenschaftlichen Ansprüchen nicht. Sind die Originale nicht erhalten, können
sie dennoch eine hohe Bedeutung für die historische Forschung besitzen.

4.2.3   Kritik und Interpretation

Haben Sie ein relevantes Quellenkorpus zusammengestellt, das Sie auswerten wollen, so müssen Sie zunächst die Quellen mithilfe der historischen Quellenkritik einordnen. Letztere verfolgt unterschiedliche Ziele: Sie überprüft zum ersten die Echtheit einer Quelle. Handelt es sich um das Originaldokument, eine spätere Abschrift oder gar eine Fälschung? Zum zweiten dient die Quellenkritik dazu, die Verlässlichkeit der Quelleninhalte zu beurteilen. Ist der Text überhaupt vollständig überliefert? Entsprechen die in ihm angegebenen historischen Fakten dem auf andere Weise gesicherten Wissen oder weichen sie davon ab? Zum dritten stellt die historische Quellenkritik fest, wie relevant eine Quelle für einen Untersuchungsgegenstand ist und welchen Erkenntniswert sie für eine konkrete Fragestellung besitzt.

Man unterscheidet äußere und innere Quellenkritik. Bei der **äußeren Quellenkritik** werden zunächst zentrale äußere Merkmale wie etwa die Quellengattung, die Form der Überlieferung oder der Erhaltungszustand beschrieben und festgehalten. Die **innere Quellenkritik** konzentriert sich auf den Textinhalt. Sie fragt zum Beispiel nach der Authentizität des Textes, nach den sachlichen Bezügen der Argumentation oder nach der Bedeutung seiner Begrifflichkeiten. Sie hinterfragt die äußeren Quellenmerkmale wie die Angaben zum Verfasser, zu den Adressaten oder die Datierung auf der Grundlage von sprachlichen und inhaltlichen Besonderheiten des Textes.

Die quellenkritische Arbeit hängt vor allem von der Fragestellung ab, die an die Quellen herangetragen wird, aber auch von der jeweiligen Quellengattung, die untersucht werden soll. Für eine Vielzahl von Quellengattungen haben sich **historische Hilfswissenschaften** herausgebildet, die das methodische Instrumentarium für die Analyse bereitstellen.

Ausgewählte historische Hilfswissenschaften mit Literaturhinweis

Archäologie	Hölscher, Tonio (Hg.): Klassische Archäologie. Grundwissen, Darmstadt: Theiss 2002.
Chronologie (Wissenschaft von der Zeitrechnung)	Grotefend, Hermann: Taschenbuch der Zeitrechnung des deutschen Mittelalters und der Neuzeit, Hannover: Hahn [13]1991.

Diplomatik (Urkundenlehre)	Bresslau, Harry: Handbuch der Urkundenlehre für Deutschland und Italien, 2 Bde., Berlin: de Gruyter [3]1958, Index ebd. 1960.
Epigraphik (Inschriften- kunde)	Schmidt, Manfred G.: Einführung in die lateinische Epigraphik, Darmstadt: Wissenschaftliche Buchgesell- schaft 2004.
Heraldik (Wappenkunde)	Galbreath, Donald L. / Jéquier, Léon: Lehrbuch der Heraldik, München: Battenberg 1978.
Metrologie (Maßeinheiten- lehre)	Witthöft, Harald: Handbuch der historischen Metrologie, St. Katharinen: Scripta-Mercaturae 1991-1994.
Numismatik (Münzkunde)	Göbl, Robert: Numismatik. Grundriß und wissenschaftli- ches System, München: Battenberg 1987.
Paläographie (Handschriften- kunde)	Dülfer, Kurt / Korn, Hans-Enno: Schrifttafeln zur deut- schen Paläographie des 16.-20. Jahrhunderts, bearb. v. Karsten Uhde, Marburg: Archivschule [10]2000 (Veröffentlichungen der Archivschule zu Marburg; Bd. 2).
Sphragistik (Siegelkunde)	Ewald, Wilhelm: Siegelkunde (1914), ND Darmstadt: Wissenschaftliche Buchgesellschaft 1975.

Wie wichtig die Beherrschung historischer Hilfswissenschaften für das Alltags-
geschäft des Historikers ist, sollen zwei Beispiele zeigen. Kenntnisse in der **Paläographie** sind zum Beispiel für die deutsche Geschichte bis zum Beginn des
20. Jahrhunderts fast unverzichtbar, da die zum großen Teil handschriftliche
archivalische Überlieferung in altdeutscher Schrift vorliegt. Eine Anleitung zur
Entzifferung der Sütterlin-Schrift finden Sie inzwischen im Internet (http://www.
uni-saarland.de/~m.hahn/slp2000.htm). Wollen Sie die Datierungen von Schrift-

stücken aus früheren Epochen auflösen können, brauchen Sie Kenntnisse in der **Chronologie**: Denn mit der Kalenderreform von 1582, als der Gregorianische Kalender den Julianischen Kalender ablöste, existierten je nach konfessioneller Zugehörigkeit des Territoriums zwei unterschiedliche Datumsangaben. In England wurde der Julianische Kalender erst 1751, in Russland sogar erst 1918 abgeschafft. Bis zum 18. Jahrhundert gab es in den europäischen Staaten unterschiedliche Jahresanfänge. Es gab besondere Kalender wie den Französischen Revolutionskalender (1792-1805), der während der Pariser Kommune 1871 erneut eingeführt wurde. Die breite Bevölkerung datierte bis zum Ende der Frühen Neuzeit vor allem nach dem religiösen Festkalender: Wenn eine Quelle etwa vom Samstag nach dem Pfingstfest im Jahr 1562 spricht, müssen Sie in der Lage sein herauszufinden, um welches Datum es sich handelt.

Hilfswissenschaften stellen nicht nur das methodische Instrumentarium für die Arbeit mit den Quellen bereit, vielmehr vermitteln sie auch wichtige Kenntnisse darüber, welche Faktoren den Prozess der Überlieferungsbildung beeinflusst ha-ben. Das, was überliefert ist, ist das Ergebnis historischer Ereignisse oder Zufälle, aber auch gezielter menschlicher Eingriffe, von Kriegen, Umweltkatastrophen oder auch Manipulation. Was liegt näher, als eine Urkunde, die fremde Besitzansprüche auf das eigene Territorium begründet, verschwinden zu lassen? Die **Ak-tenkunde** liefert wichtige Informationen darüber, unter welchen Bedingungen Akten geführt und abgelegt wurden. Die **Archivkunde** widmet sich der Geschichte des Archivwesens. Erst wenn Sie wissen, mit welchen Intentionen und unter welchen Auswahlkriterien zum Beispiel im 19. Jahrhundert massenhafte Kassationen (Aktenvernichtungen) stattfanden oder heute Dokumente für die Aufbewahrung in Archiven ausgewählt werden, können Sie beurteilen, in welcher Weise die Zusammensetzung der Überlieferung möglicherweise Ihre Analysemuster und damit auch Ihre Ergebnisse vorprägt.

Kenntnisse in Hilfswissenschaften wie **Sphragistik** oder **Heraldik** helfen nicht nur bei der Quelleninterpretation, indem sie zum Beispiel ermöglichen, aufgrund eines Siegels die Echtheit einer Urkunde zu prüfen oder die Herkunft eines Gegenstandes auf der Grundlage einer Wappendarstellung herauszufinden. Häufigkeit und Kontext, in denen Siegel oder Wappen in der Frühen Neuzeit auftreten, stehen in ihrer Gesamtheit selbst für historische Phänomene, etwa für das Bemühen, Echtheit und Gültigkeit eines Dokumentes zu belegen, oder für die zentrale Bedeutung, die visuelle Zeichen in einer Epoche besaßen, in der Texte als Informationsquellen in weit geringerem Maße zur Verfügung standen.

Neben den klassischen historischen Hilfswissenschaften können je nach Fragestellung auch **andere Fächer** für die Geschichtswissenschaft als Hilfswissenschaften dienen. Da die Geschichte der Menschen eine Vielzahl von Teilvergangenheiten umschließt, die jeweils von eigenen Disziplinen untersucht werden wie etwa von der Kunstgeschichte oder der Literaturgeschichte, sollten Sie sich bei der Analyse bestimmter Quellengattungen auch in das methodische Vokabular dieser Fächer einarbeiten. So benötigen Sie für die historische Analyse von Textgattungen wie Panegyrik (Herrscherlob) literaturwissenschaftliche Methoden und literaturgeschichtliche Kenntnisse. Für die Analyse von Kunstwerken ist es sinnvoll, sich zuvor in gewissem Umfang Wissen in Hinblick auf Bildtraditionen und Kunststile zu erarbeiten. Erst dann sind Sie in der Lage, die Deutungshorizonte abzuwägen, die ein spezifisches Zeichen in einem spezifischen Kontext eröffnet. Die Bezeichnung „Hilfswissenschaft" für eine wissenschaftliche Disziplin bedeutet deshalb keine Wertung, sie beschreibt vielmehr einen funktionalen Zusammenhang.

Das Verfahren der Quellenkritik und der Quelleninterpretation wird im Folgenden am Beispiel der „Proklamation von Kalisch" dargestellt, einem Aufruf des russischen Oberbefehlshabers an die deutsche Bevölkerung aus dem Jahr 1813. An dieser Stelle kann nur exemplarisch auf einige Inhalte dieses Textes eingegangen werden.

Quellenbeispiel für die Quelleninterpretation

1	Proclamation an die Deutschen!
2	
3	Indem Rußlands siegreiche Krieger, begleitet von denen Sr. Majestät des <u>Königs von Preußen</u>,
4	Ihres Bundesgenossen, in Deutschland auftreten, kündigen Se. Majestät der <u>Kaiser von Ruß-</u>
5	<u>land</u> und Se. Majestät der König von Preußen den Fürsten und Völkern Deutschlands die
6	<u>Rückkehr der Freiheit und Unabhängigkeit</u> an. Sie kommen nur in der Absicht, ihnen diese
7	entwendeten, aber unveräußerlichen <u>Stammgüter der Völker</u> wieder erringen zu helfen, und der
8	<u>Wiedergeburt eines ehrwürdigen Reiches</u> mächtigen Schutz und dauernde Gewähr zu leisten.
9	Nur dieser große, über jede Selbstsucht und deßhalb Ihrer Majestäten allein würdige Zweck ist
10	es, der das Vordringen Ihrer Heere gebietet und leitet.
11	Diese unter den Augen beider Monarchen von ihrem Feldherrn geführten Heere <u>vertrauen auf</u>
12	<u>einen waltenden gerechten Gott</u>, und hoffen vollenden zu dürfen für die ganze Welt, und
13	unwiderruflich für Deutschland, was sie für sich selbst zur Abwendung des <u>schmachvollen</u>
14	<u>Joches</u> so rühmlich begonnen. Voll von dieser Begeisterung rücken sie heran. Ihre Losung ist:
15	<u>Ehre und Freiheit!</u> Möge <u>jeder Deutsche</u>, der des Namens noch würdig seyn will, rasch und
16	kräftig sich anschließen; möge Jeder, er sey Fürst, er sey Edler, oder er stehe in den Reihen der
17	<u>Männer</u> des Volks, den Befreiungsplänen Rußlands und Preußens beitreten, mit Herz und Sinn,
18	mit <u>Gut und Blut</u>, mit Leib und Leben. Diese Gesinnung, diesen Eifer glauben Ihre Majestäten
19	nach dem Geiste, welcher <u>Rußlands Siege über die zurückwankende Weltherrschaft</u> so deutlich

| 20 | bezeichnet, von jedem Deutschen mit Recht erwarten zu dürfen. |

21	Und so fordern sie denn treues Mitwirken, besonders von jedem deutschen Fürsten, und wollen
22	dabei gern voraussetzen, daß sich keiner finden werde unter ihnen, der, indem er der deutschen
23	Sache abtrünnig seyn und bleiben will, sich reif zeige der verdienten Vernichtung durch die
24	Kraft der öffentlichen Meinung und durch die Macht gerechter Waffen.

25	Der Rheinbund, diese trügerische Fessel, mit welcher der Allentzweyende das erst zertrümmer-
26	te Deutschland, selbst mit Beseitigung des alten Namens, neu umschlang, kann als Wirkung
27	fremden Zwanges und als Werkzeug fremden Einflusses länger nicht geduldet werden.

28	Vielmehr glauben Ihre Majestäten einem längst gehegten, nur mühsam noch in beklommener
29	Brust zurückgehaltenen allgemeinen Volkswunsche zu begegnen, wenn sie erklären, daß die
30	Auflösung dieses Vereins nicht anders als in ihren bestimmten Absichten liegen könne.

31	Hiemit ist zugleich das Verhältniß ausgesprochen, in welchem Se. Majestät der Kaiser aller
32	Reußen zum wiedergeborenen Deutschland und zu seiner Verfassung stehen wollen. Es kann
33	dieß, da Sie den fremden Einfluß vernichtet zu sehen wünschen, kein anderes seyn, als eine
34	schützende Hand über ein Werk zu halten, dessen Gestaltung ganz allein den Fürsten und
35	Völkern Deutschlands anheim gestellt bleiben soll. Je schärfer in seinen Grundzügen und
36	Umrissen dies Werk herantreten wird aus dem ureignen Geiste des deutschen Volkes, desto
37	verjüngter, lebenskräftiger, und in Einheit gehaltener, wird Deutschland wieder unter Europens
38	Völkern erscheinen können.

39	Uebrigens werden Se. Majestät nebst Ihrem Bundesgenossen, mit dem Sie in den hier darge-
40	legten Gesinnungen und Ansichten vollkommen einverstanden sind, dem schönen Zwecke der
41	Befreiung Deutschlands vom fremden Joche Ihre höchsten Anstrengungen jederzeit gewidmet
42	seyn lassen.

43	Frankreich, schön und stark durch sich selbst, beschäftige sich fernerhin mit der Beförderung
44	seiner inneren Glückseligkeit! Keine äußere Macht wird diese stören wollen, keine feindliche
45	Unternehmung wird gegen seine rechtmäßigen Gränzen gerichtet werden.

46	Aber Frankreich wisse, daß die andern Mächte eine fortdauernde Ruhe für ihre Völker zu
47	erobern trachten, und nicht eher die Waffen niederlegen werden, bis der Grund zu der Unab-
48	hängigkeit aller Staaten von Europa festgesetzt und gesichert seyn wird.

| 49 | Gegeben im Hauptquartier zu Kalisch, den 13./25. März 1813. |

50	Im Namen Sr. Maj. des Kaisers und Selbstherrschers aller Reußen, und Sr. Maj. des Königs der
51	Preußen: Fürst Kutusow-Smolenskoi, General-Feldmarschall und oberster Befehlshaber der
52	verbündeten Heere.

Jede Quellenanalyse beginnt mit einer **Inhaltsangabe (Regest)** auf der Grundlage einer genauen und wiederholten Textlektüre. Bei kürzeren Quellen wie in diesem Beispiel ist es sinnvoll Zeilennummern einzufügen, auf die Sie sich später bei der Darstellung Ihrer Analyse beziehen können. Lesen Sie danach Absatz für Absatz und versuchen Sie zunächst inhaltliche Schwerpunkte zu identifizieren. Markieren Sie sich Akteure und Begriffe, deren Bedeutung Sie vielleicht erst nachschlagen müssen. In der Proklamation werden der „Kaiser von Rußland" und der „König von Preußen" (3, 4) genannt. Wenn Sie nicht wissen, welche Personen diese Funktion zum fraglichen Zeitpunkt innehatten, schlagen Sie in einem historischen Nachschlagewerk (→ Nachschlagewerke) nach: Zar Alexander I. und Friedrich Wilhelm III.

Lesen Sie konzentriert, unterstreichen Sie die Leitgedanken der Darstellung und fassen Sie diese mit eigenen Worten zusammen. Bleiben Sie dabei eng am Text, die Kontextualisierung der Inhalte und die eigentliche Interpretation erfolgt erst zu einem späteren Zeitpunkt. Die Trennung der Arbeitsschritte zwischen der schriftlichen Fixierung des Quelleninhaltes einerseits und der Quelleninterpretation andererseits soll verhindern, dass Sie Inhalte in die Quelle hineininterpretieren, die möglicherweise gar nicht enthalten sind.

Inhaltsangabe bei der Quelleninterpretation (Beispiel)

Titelangabe	Proklamation von Kalisch („Proclamation an die Deutschen") vom 25.03.1813
Inhaltsangabe	Fürst Kutusow-Smolenskoi kündigt den deutschen Fürsten und Völkern die Befreiung von Napoleon und die Wiedererrichtung des Heiligen Römischen Reiches an (Absätze 1, 2). Er fordert alle Deutschen (Adel und Volk) zur Unterstützung der Koalitionsheere gegen Napoleon und für die Beseitigung des Rheinbundes auf. Sich widersetzenden deutschen Fürsten droht er die Vernichtung an (Absätze 3, 4, 5). Den deutschen Territorien sichert er Nichteinmischung in ihre hoheitlichen Rechte und die Gestaltung der Reichsverfassung zu (Absätze 6, 7). Frankreich fordert er auf, seine Expansionsbestrebungen zu beenden und sich auf die Innenpolitik zu beschränken. Dabei wird Frankreich die staatliche Existenz in den rechtmäßigen Grenzen zugesichert (Absätze 8, 9).

Bei der **quellenkritischen Arbeit** haben sich die so genannten „W-Fragen" als praktikabel erwiesen.

W-Fragen für die Quellenkritik

▪ Wer hat die Quelle produziert?	▪ Wo wurde sie verfasst?
▪ Was für eine Quellenart liegt vor?	▪ An wen richtet sie sich?
▪ Wie ist die Quelle überliefert?	▪ Warum wurde sie verfasst?

Jede Frage kann wiederum eine Reihe von einzelnen Fragen umfassen: So steht hinter der Frage nach dem Produzenten (Wer?) einer Quelle die mögliche Unterscheidung zwischen Urheber und Verfasser. Die Proklamation ist unterzeichnet von Fürst Kutusow-Smolenskoi (51). Da er im Namen des russischen Zaren und des preußischen Königs spricht, könnte er im Auftrag beider Monarchen handeln (50), wahrscheinlich aber nur Alexanders I., für den er primär spricht (39). Ob er die Quelle selbst verfasst hat und wer sie ins Deutsche übertragen hat, geht aus dem Text nicht hervor. Die innere Textkritik (Sprachstil, komplexe ideelle Bezüge) deutet darauf hin, dass es sich bei Verfasser und Übersetzer um einen Vertreter der gebildeten Oberschicht handeln muss, es käme auch ein deutscher Berater als Verfasser in Frage.

Quellenkritik (Beispiel)

Fragen	äußere Quellenkritik	innere Quellenkritik
Wer?	General-Feldmarschall, Fürst Kutusow-Smolenskoi (51)	Auftraggeber: Zar Alexander I. (4, 39), Unterzeichner: Kutusow-Smolenskoi (51), Verfasser: unklar, Übersetzer: unklar
An wen?	die deutsche Bevölkerung (1)	deutsche Bevölkerung (1, 15), vor allem Rheinbund (25), Fürsten (21) und Volk (16), Männer (17), eigene Armee (3), Koalitionspartner (39f.), Frankreich (43-48), indirekt ganz Europa (37)

Wann?	13./25. März 1813 (49)	nach Russlandfeldzug (3, 19), nach Konvention von Tauroggen 30.12.1812 (3, 39), aber vor Sommer / Herbst 1813: Beitritt Österreichs / Völkerschlacht
Wo?	Kalisch (49)	Stadt im Herzogtum Warschau, Hauptquartier der russischen Armee
Wie?	in deutscher Sprache, Transkription, ergänzt um 2 Passagen (Datum, Unterzeichnung), entnommen aus: Deutsche Geschichte in Quellen und Darstellung, Bd. 6, hg. von Walter Demel / Uwe Puschner, Stuttgart: Reclam 1995, S. 62-64	orthographisch / grammatikalisch korrekt, dennoch zeitgenössisch: Gränzen (45), seyn (22), viele Metaphern: schmachvolles Joch (13), religiöse Bezüge: Gott (12), Napoleon als Allentzweyender (25) → Teufel, Rhetorik der Befreiungskriegspublizistik: Ehre und Freiheit (14f.), lyrischer Charakter der Diktion: Gut und Blut (17f.), Krieger (3), Leib und Leben (18)
Was?	Aufruf	Flugblatt, eventuell auch Zeitung
Warum?	Beeinflussung der öffentlichen Meinung	primär: Mobilisierung des Widerstandes gegen Napoleon, vor allem Rheinbundstaaten

sekundär: Zerstreuung von Hegemoniebedenken bei anderen Staaten (u.a. Frankreich), Stabilisierung des russisch-preußischen Bündnisses |

Auch bei den Adressaten einer Quelle (An wen?) lassen sich oft mehrere Ebenen unterscheiden, die bei der Quellenanalyse zu berücksichtigen sind. Die vorliegende Proklamation nennt ihre Adressaten in der Überschrift (1). Lesen Sie den Text jedoch genau, werden Sie feststellen, dass er sich darüber hinaus an eine ganze Reihe weiterer Personenkreise richtet, die im Text explizit oder auch implizit angesprochen werden.

Die Quelle ist datiert (49). Die angesprochenen Ereignisse deuten darauf hin, dass die angegebene Datierung den Tatsachen entspricht und der Text nicht etwa vor- oder rückdatiert wurde. Oft erweist sich die Datierung von Quellen in der Praxis des historischen Arbeitens jedoch als schwierig. Ist keine Datierung vorhanden, so gibt vielleicht ein in der Quelle berichtetes Ereignis einen Hinweis auf einen frühest möglichen Entstehungszeitpunkt (Terminus post quem). Die Proklamation nennt Russland und Preußen als Verbündete (39), damit ist die Quelle definitiv nach der Konvention von Tauroggen vom 30.12.1812 entstanden. Da keine weiteren Verbündeten genannt werden, lässt sich auch ein späterer Zeitpunkt (Terminus ante quem) definieren, denn im Sommer / Herbst 1813 traten außerdem Österreich und Bayern der Koalition bei.

Darüber hinaus können auch der Quellentypus (Was?) und die formale und materielle Beschaffenheit der Quelle (Wie?) auf den Entstehungszeitpunkt verweisen. Bei Textquellen geben Beschreibstoffe, Schreibmaterialien, Orthographie, Grammatik und Begrifflichkeiten Aufschluss darüber, aus welcher Zeit eine Quelle stammen könnte. Da die Quelle einer Edition entnommen ist, wird dieser Zugang allerdings erschwert. Bei Originalquellen wie etwa den Blockbüchern (in Holzschnitttechnik hergestellte Drucke) ist eine ungefähre Datierung schon aufgrund der Quellengattung möglich: Blockbücher entstanden nur zwischen etwa 1440 und 1530. Der Stand der Holzschnitttechnik und der Darstellungsstil ermöglichen eventuell eine weitere Einschränkung der Entstehungszeit.

Bei Originalquellen stellt sich häufig die Frage nach dem Status des Dokuments. Verfügen Sie beispielsweise nur über ein **Konzept** für einen Gesetzeserlass, so wissen Sie nicht, ob diese Rechtsnorm tatsächlich so in Kraft gesetzt oder ob sie nicht vielleicht im Nachhinein verändert wurde. Schon gar nichts wissen Sie darüber, in welchem Ausmaß die Rechtsnorm Wirkung entfaltete. Die Quelle gibt aber zumindest Auskunft über Reformbestrebungen auf diesem Gebiet. Vielleicht haben Sie aber kein **Original**, sondern lediglich eine **Abschrift** zur Verfügung, die zeitgleich oder später von einem Kanzleibeamten im Rahmen eines **Kopialbuches** erstellt wurde oder die Sie – wie im vorliegenden Beispiel – aus einer Quellenedition entnommen haben. In diesem Fall gibt es schon drei beteiligte Personen oder Gruppen, die in unterschiedlichem Ausmaß ihre ‚Handschrift‘ in der Quelle hinterlassen haben können. Da unser Text einer wissenschaftlich betreuten Quellenedition entnommen ist, können Sie davon ausgehen, dass er dem Text des Originals entspricht. Auch im Rahmen einer **Übersetzung** kann es zu inhaltlichen Veränderungen kommen.

Die Quelle ist ein Aufruf (Was?), der in antinapoleonischen Gebieten sehr wahrscheinlich als offizielle Verlautbarung an öffentlichen Plätzen angeschlagen oder vielleicht in Zeitungen publiziert, in französisch besetzten oder pronapoleonischen Gebieten möglicherweise inoffiziell als Flugblatt verteilt wurde. Wie der

Aufruf publiziert wurde, geht aus der vorliegenden Quellenedition allerdings nicht hervor. Das können Sie nur dann feststellen, wenn Sie aus anderen Quellen oder aus der Forschungsliteratur Informationen dazu oder zu Reaktionen auf den Aufruf entnehmen können (→ Wirkungsgeschichte).

Aus welchen Motiven (Warum?) heraus wurde der Text publiziert? Ein Aufruf eines russischen Heeresoberbefehlshabers an die deutsche Bevölkerung hatte sehr wahrscheinlich das Ziel, deren Denken und Handeln in seinem Sinn zu beeinflussen. Beim Blick auf die Motivationen müssen Sie unterscheiden nach solchen, die der Verfasser im Text selbst nennt – wie etwa den Gewinn weiterer Verbündeter für den Kampf gegen Napoleon (21) – und solchen, die Sie ihm aufgrund des Quelleninhaltes und des Wissens, das Sie sich aus anderen Kontexten angeeignet haben, unterstellen. Damit verlassen wir die reine Quellenkritik und beginnen mit der Quelleninterpretation.

Unter einer **Quelleninterpretation** versteht man die Deutung der Aussagen einer Quelle und die Feststellung des Erkenntnisgewinns im Hinblick auf eine gewählte Fragestellung. Dabei ist die bereits angesprochene Frage nach den Motivationen des Verfassers wichtig. In unserem Beispiel lassen sich primäre und sekundäre Motivationen unterscheiden. Berücksichtigen Sie dabei auch die Quellenart. Der Aufruf an die Bevölkerung ist eine Art ‚PR-Aktion‘, die für die Politik der russisch-preußischen Koalition wirbt. Der Text gibt also nicht die tatsächlichen Absichten und Meinungen des Verfassers und seiner Auftraggeber wieder, sondern solche Argumente, von denen der Verfasser angenommen hat, dass sie seine Adressaten überzeugen. Sie müssen deshalb bei der Quelleninterpretation zwischen den tatsächlichen Überzeugungen eines Autors und seinen Argumentationsstrategien unterscheiden.

Sachverhalte dieser Art finden Sie jedoch nur heraus, wenn Sie sich sowohl über den Verfasser als auch über den **historischen Kontext** der Quellenentstehung umfassend informieren. Hierzu müssen Sie historische Nachschlagewerke und die einschlägige Fachliteratur heranziehen. Welche politischen, sozialen, ökonomischen oder kulturellen **Rahmenbedingungen** haben auf Quellenproduzenten und Quellenadressaten eingewirkt? Die Proklamation gehört in den Kontext der Befreiungs- bzw. Freiheitskriege. Sie entstammt einer Phase, in der sich auch in den besetzten deutschen Gebieten Widerstand gegen die napoleonische Herrschaft formierte. Kurz zuvor war der Russlandfeldzug Napoleons gescheitert, darauf verweist schon die Eingangspassage der Quelle. Wenig später kam es zu einer Ausweitung des Bündnisses gegen Napoleon und zur Völkerschlacht von Leipzig, in der das französische Heer geschlagen wurde. Der Rheinbund wurde aufgelöst.

Das vorliegende Quellenbeispiel bietet sich besonders für eine **ideengeschichtliche** Einordnung an. Welche politischen Überzeugungen werden hier vertreten? Auf welche zeitgenössischen politischen und ideologischen Strömungen nimmt der Verfasser Bezug? Da er möglichst viele verschiedene Adressaten für seine Ziele gewinnen will, spricht er ganz unterschiedliche Interessengruppen an: So versucht er eher restaurativ eingestellte Kreise mit der Wiedererrichtung des Reiches zu ködern (7f.). Die direkte Ansprache aller Stände (15f.) und der Rekurs auf einen angeblich vorhandenen „Volkswunsch" (29) zielen dagegen auf das demokratische Lager. Es wird sogar – wenngleich diffus – das Thema Verfassung (32) und damit der Konstitutionalismus angesprochen. Mit seiner appellativen, moralisierend-pathetischen Sprache (14f., 21f.), die der Rhetorik der zeitgenössischen Publizistik entlehnt ist, bedient der Text aber auch patriotisch-national eingestellte Kreise, denen er ein einheitliches Deutschland in Aussicht stellt (37). Begriffe wie „Freiheit" oder die „Stammgüter der Völker" (7) rekurrieren auf die Menschen- bzw. Völkerrechte. Geschickt differenziert der Verfasser zwischen Napoleon, den er als „Allentzweyende(n)" (25) verteufelt, und Frankreich (43), um so innenpolitisch einen Keil zwischen Napoleon und die französische Bevölkerung zu treiben.

Schärfer wird Ihr analytisches Instrumentarium durch einen Vergleich der Quelle mit ähnlichen Quellen. Die grundlegende Arbeitsform aller historischen Quellenkritik ist der **Vergleich**. Wenn Sie die Quelle dem Aufruf Friedrich Wilhelms III. „An mein Volk" vom 17. März 1813 gegenüberstellen, mit dem der preußische König kurz zuvor seine Bevölkerung zur Unterstützung des preußisch-russischen Militärbündnisses gegen Napoleon aufgefordert hatte, bemerken Sie eine ganze Reihe wichtiger Unterschiede, die Sie in Ihrer Interpretation hinterfragen sollten. Während die Proklamation die Befreiung von Napoleon zum Beispiel nur als göttlich gewollte Mission verkaufte, stellte Friedrich Wilhelm III. sie sogar als ‚heiligen Krieg' dar. Anders als Alexander I., der nie ein Bündnis mit Napoleon eingegangen war, musste der preußische König zunächst seine pronapoleonische Politik in der Vergangenheit rechtfertigen. Während Friedrich Wilhelm III. seine Untertanen mit dem Argument des letzten entscheidenden Kampfes für die hohen Opfer zu motivieren versuchte, die der Feldzug für das preußische Volk mit sich bringen würde, argumentiert der Verfasser der Proklamation nur mit „dem schönen Zwecke der Befreiung" (40f.). Sie sehen, wie die Spezifika eines Textes oft erst vor dem Hintergrund eines Vergleichs mit anderen Quellen deutlich werden.

Darüber hinaus sollten Sie sich überlegen, für welche übergeordneten Entwicklungen die Quellenaussagen oder die Quelle als solche stehen. Bei unserem Beispiel könnten Sie danach fragen: Welche Bedeutung gewannen die Printmedien in der politischen Kultur dieser Phase? Wie wurden sie von der Obrigkeit eingesetzt, um die Öffentlichkeit in ihrem Sinn zu beeinflussen? Sie könnten darüber nachdenken, welche Leserschaft der Text zur damaligen Zeit überhaupt erreichen konnte. Allerdings sagt die Quelle über die **Wirkungsgeschichte** des Textes nichts aus. Oder Sie könnten danach fragen, welche Bedeutung die öffentliche Meinung für das Handeln der politischen Eliten im Untersuchungszeitraum besessen haben könnte. Die öffentliche Legitimation politischen Handelns ist in dieser Form ein neues Phänomen. Wieso kommt es dazu? Hier könnten Sie fragen, welche Inhalte der Verfasser von anderen Texten übernimmt und was er vielleicht gerade nicht sagt.

Die Ambivalenz der Quelleninhalte und ihre Deutungsoffenheit machen es unverzichtbar, sie mit einer zuvor formulierten Fragestellung auszuwerten. Im Hinblick auf diese müssten Sie abschließend den konkreten **Erkenntnisgehalt** der Quelle und deren Relevanz für Ihre Fragestellung bestimmen. Quellenaussagen sind deshalb nicht im schlichten Sinn wahr oder falsch, sie sind vielmehr gebunden an ein subjektives Erkenntnisinteresse.

4.2.4 Quellenverarbeitung

Die Art und Weise, wie Sie Quellen für Ihre Untersuchung aufbereiten, hängt entscheidend von der Fragestellung und der Methode ab, die Sie für Ihre Untersuchung gewählt haben. Generell kann man zwischen qualitativen und quantitativen Verfahren unterscheiden.

Qualitative Analysen ermöglichen die tiefer gehende Untersuchung komplexer historischer Phänomene, die sich nicht oder nur schwer in ein Kategoriensystem und in ein einfaches Verhältnis von Zahlen übersetzen lassen. Untersuchen Sie zum Beispiel die Formen der staatlich gelenkten Festkultur, mit denen die DDR-Führung Loyalität und Regimeakzeptanz der Bevölkerung sicherstellen wollte, so könnten Sie einen Festtypus (zum Beispiel Sportfeste) auswählen und anhand von Bildquellen, Festprogrammen oder Einsatzplänen untersuchen, welche Rollen die einzelnen Akteure übernahmen. Sie könnten danach fragen, welche Strategien der medialen Inszenierung (Printmedien, Radio, TV) die SED-Führung einsetzte und wie sie dabei konkret vorging. Wie stark solche Aktivitäten staatlich initiiert oder kontrolliert waren, darüber geben vielleicht die Protokolle von Redaktionssitzungen in den Zeitungsverlagen Auskunft. Dagegen erfahren Sie aus den Sitzungsprotokollen von beteiligten Regierungsbehörden, welche Ziele von der politischen Führung im Vorfeld solcher Ereignisse definiert wurden. Diese Zielvorstellungen könnten Sie mit der Wirkung solcher Inszenierungen vergleichen, indem Sie ihnen die in Selbstzeugnissen überlieferten Wahrnehmungen der beteiligten Akteure gegenüberstellen.

Qualitative Zugänge werden darüber hinaus dann gewählt, wenn die Quellenlage so disparat ist, dass Sie kein ausreichendes Quellensample für eine quantitativ ausgerichtete Analyse vorfinden. Dies passiert umso häufiger, je weiter Sie Ihren Untersuchungszeitraum zurückverlegen. Deshalb überwiegen bei früheren Epochen qualitative Verfahren oder es werden nur sehr einfache quantitative Analysen durchgeführt, die es zwar erlauben, punktuelle Aussagen über einen bestimmten Zustand zu treffen, aber keine längerfristigen Tendenzen festzustellen.

Ab der Frühen Neuzeit nimmt das Ausmaß an überlieferten **seriellen Quellen** aufgrund wichtiger Entwicklungsprozesse wie der Verschriftlichung, der Bürokratisierung oder dem übergeordneten Prozess der Staatsbildung zu. Sie haben weit öfter Zugriff auf lückenlos oder nur mit wenigen Lücken überlieferte Quellenserien wie zum Beispiel Protokolle von Regierungsbehörden, Steuerlisten oder Kirchenbücher, deren Inhalte Sie über einen längeren Zeitraum erfassen und auswerten könnten. Für solche Quellenarten bieten sich für bestimmte Fragestellungen **quantitative Verfahren** der Auswertung an. Generell kann man zwischen sehr einfachen und komplexen quantitativen Analysen unterscheiden. Wollen Sie zum Beispiel die Entwicklung des englischen Pressewesens im Ersten Weltkrieg auch im Hinblick darauf untersuchen, wie sich der Seitenumfang bestimmter Zeitungen während des Krieges entwickelte, so könnten Sie etwa für ausgewählte Zeitungen die Seiten pro Ausgabe für die Jahre von 1914 bis 1918 zählen und tabellarisch erfassen. Für diese vergleichsweise einfache quantitative Analyse benötigen Sie nicht unbedingt technische Hilfsmittel. Wollen Sie hingegen die Entwicklung der Zeitschrifteninhalte untersuchen, müssen Sie eine komplexere quantitative Analyse durchführen. So wäre es sinnvoll, nach einer stichproben- und überblickshaften Lektüre zunächst inhaltliche Kategorien zu bilden, denen Sie die einzelnen Artikel / Texte zuordnen könnten: überregionale Nachrichten, regionale Nachrichten, Werbung, etc. Innerhalb dieser müssten Sie weiter differenzieren nach einzelnen Themen wie etwa Front, Heimat, Frauen, Wirtschaft, etc. Bei der praktischen Durchführung würden Sie feststellen, dass die Zuordnung von Texten unter die festgelegten Kategorien oft schwierig ist. Es sollte Ihnen deshalb klar sein, dass Sie im Rahmen einer solchen quantitativen Analyse die Komplexität historischer Phänomene notgedrungen vereinfachen. Sie könnten darüber hinaus Kriterien definieren, an denen Sie die Bedeutung der Texte innerhalb einer Ausgabe festmachen wollen wie die Platzierung des Textes innerhalb der Zeitung oder seine Länge. Diese müssten Sie zusätzlich in Ihre Datenbank aufnehmen. Derart komplexe und umfangreiche quantitative Verfahren werden heute computergestützt durchgeführt. Es gibt inzwischen eine Vielzahl von Softwareprogrammen zur Erfassung quantitativer Daten, die Sie allerdings wenn überhaupt frühestens bei der Examensarbeit einsetzen sollten. Wichtig ist, dass Sie sich intensiv mit den inhaltlichen Konsequenzen der von Ihnen erstellten Masken für die Datenerfassung auseinander setzen. Wenn Sie

erst während der Dateneingabe feststellen, dass Sie wichtige Untersuchungskategorien bislang entweder nicht oder nicht präzise genug, weil vielleicht zu grob-
rastrig, erfasst haben, müssen Sie unter Umständen noch einmal von vorn beginnen. Deshalb empfiehlt es sich, die Form der Datenerfassung mit Ihren Betreuern
zu diskutieren, bevor Sie mit der Eingabe von Inhalten beginnen.

Wenn der französische Historiker Emmanuel Le Roy Ladurie (*1929) 1973
programmatisch feststellte, dass der Historiker der Zukunft entweder ein Pro-
grammierer sein oder überhaupt nicht mehr existieren werde, so ist die Faszina-
tion ob der Möglichkeiten EDV-gestützter Geschichtswissenschaft inzwischen
einer gewissen Ernüchterung gewichen. Tatsächlich veröffentlichte derselbe
Historiker nur zwei Jahre später mit seinem Buch „Montaillou" ein Paradebei-
spiel einer qualitativen Analyse. Diese Entwicklung wurde unter anderem dadurch gefördert, dass die Softwareprogramme, die einige Historiker (die so genannten Kliometriker) zur Analyse entwickelten, mitunter so komplex waren,
dass eine Nachprüfung ihres Verfahrens nur durch Historiker mit hochgradig
spezialisierter EDV-Fachkompetenz möglich war. EDV-gestützte Analysen bedeuten einen hohen Aufwand, nicht nur wegen der zeitintensiven Datenerfassung, sondern weil Sie sich auch in die Bedienung der Software einarbeiten müssen.

Je nach Umfang der Überlieferung kann es deshalb sinnvoll sein, die Menge
der erfassten Quellen zu reduzieren. Bei unserem Beispiel der Inhaltsanalyse
einer Tageszeitung könnten Sie beispielsweise für die untersuchten vier Jahre
einen **Erhebungszeitraum definieren**, für den Sie Daten aufnehmen. So könnten Sie jeweils zwei Monate pro Jahr in einer Datenbank erfassen. Die Entscheidung für bestimmte Zeiträume müssen Sie begründen können. Wählen Sie zum
Beispiel den Januar eines jeden Jahres, so fällt der erste Untersuchungszeitraum
im Jahr 1914 im Gegensatz zu den folgenden Jahren noch in die Friedenszeit,
nehmen Sie August, so brach 1914 genau in diesem Monat der Krieg aus. Diese
politischen Rahmenbedingungen beeinflussen Ihre Analyse entscheidend.

Das Raster, mit dem Sie bislang die Zeitungsinhalte in Ihrer Datenbank aufgenommen haben, könnten Sie exemplarisch für ein bestimmtes Thema weiter
differenzieren. So wäre es möglich, die Darstellung des militärischen Gegners zu
analysieren. Wie wurde das Deutsche Reich (militärische Führung, Bevölkerung,
Kultur etc.) in den Artikeln dargestellt? Hier könnten Sie spezielle Verfahren zur
Textanalyse einsetzen. So könnten Sie qualitativ danach fragen, welche Begriffe
mit welchen Bedeutungsgehalten in welchen Kontexten auftauchen und quantitativ die Leitbegriffe der Argumentationen erfassen. Die technischen Möglichkeiten der Textanalyse (Textanalyse Software, Texterkennung) sind vielfältig, sie
entwickeln sich immer weiter. Prüfen Sie deshalb zunächst, welche technischen
Mittel für Ihre Untersuchung am sinnvollsten sind. Nicht immer ist das neueste

und komplexeste Programm unbedingt dasjenige, was für Ihre Analyse geeignet ist. Lassen Sie sich am besten von einem darauf spezialisierten Mitarbeiter des Rechenzentrums und von Ihren Betreuerinnen beraten.

Das Beispiel macht deutlich, wie Sie qualitative und quantitative Verfahren koppeln können. Tatsächlich gehen viele Historiker genau so vor: Sie richten bestimmte Teile ihrer Analyse qualitativ, andere quantitativ aus. Die Entscheidung zwischen qualitativen und quantitativen Analyseverfahren für bestimmte Teilfragestellungen wirkt sich auch auf die Darstellungsform aus, in der Sie am Ende die Ergebnisse Ihrer Untersuchung präsentieren (→ Darstellungsarten).

Literatur

Beck, Friedrich / Henning, Eckart (Hgg.): Die archivalischen Quellen. Mit einer Einführung in die historischen Hilfswissenschaften, 4., durchges. Aufl., Köln: UTB-Böhlau 2004.

Biste, Bärbel / Hohls, Rüdiger (Hgg.): Fachinformation und EDV-Arbeitstechniken für Historiker. Einführung und Arbeitsbuch, Köln: Zentrum für Historische Sozialforschung 2000 (HSR Suppl. 12).

Borowsky, Peter / Vogel, Barbara / Wunder, Heide: Einführung in die Geschichtswissenschaft. Grundprobleme, Arbeitsorganisation, Hilfsmittel, 5., überarb. und aktual. Aufl., Opladen: Westdeutscher Verlag 1989.

Klingenstein, Grete / Fellner, Fritz / Hye, Hans Peter (Hgg.): Umgang mit Quellen heute: zur Problematik neuzeitlicher Quelleneditionen vom 16. Jahrhundert bis zur Gegenwart, Wien: Verlag der Österreichischen Akademie der Wissenschaften 2003 (Fontes rerum Austriacarum : 2. Abteilung, Diplomataria et Acta; Bd. 92).

Maurer, Michael (Hg.): Aufriß der historischen Wissenschaften, 7 Bde., Bd. 4: Quellen, Stuttgart: Reclam 2002.

Opgenoorth, Ernst / Schulz, Günther: Einführung in das Studium der Neueren Geschichte, 6., vollst. überarb. Aufl., Paderborn u.a.: Schöningh 2001.

4.3 Präsentationsformen

Die Ansprüche an Präsentationen von Studierenden im Fach Geschichte sind an den deutschen Universitäten sehr unterschiedlich; sie können auch von Dozent zu Dozentin variieren. Klären Sie am besten vorher ab, was von Ihnen für eine Hausarbeit oder ein Referat erwartet wird. Sichern Sie sich rechtzeitig die Literatur für Ihr Thema, sonst müssen Sie vielleicht Arbeiten heranziehen, die sich für die Vorbereitung weniger gut eignen. Als **Vorbereitungszeit** für eine Präsentation – mit Ausnahme eines Kurzreferates – sollten Sie nicht weniger als drei Wochen veranschlagen (→ Zeitplan Hausarbeit). Dabei können Sie etwa je eine

Woche für die Informationsrecherche, die Aufbereitung der Informationen und für die Texterstellung bzw. das Lernen veranschlagen. Nach jeder Präsentation sollten Sie eine differenzierte **Kritik** vom Lehrpersonal und von Ihren Kommilitonen erbitten.

4.3.1 Referat

Referate werden in sehr unterschiedlichen Formen gehalten: Man kann zwischen längeren Referaten zum Thema einer Sitzung und Kurzreferaten – etwa einer Buchvorstellung – unterscheiden, aber auch zwischen Einzel- und Gruppenreferaten. Mitunter dürfen Sie sogar eine ganze Sitzung moderieren. Nutzen Sie die Chance zur mündlichen Präsentation, so oft Sie es mit Ihrem Studienplan vereinbaren können, denn beinahe in jedem Beruf müssen Sie irgendwann ein Thema mündlich vor mehreren Zuhörern vorstellen. Bevor auf die verschiedenen Referatsformen eingegangen wird, sollen zunächst am Beispiel des **Einzelreferats** einige Grundlagen besprochen werden, die mehr oder weniger für alle Formen gelten.

Bevor Sie beginnen, Ihr Referat zu erarbeiten, sollten Sie in jedem Fall einige **Vorüberlegungen** anstellen. Dabei können Sie sich an den folgenden Fragen orientieren:

Fragen zur Vorbereitung eines Referates

- Was sind meine Stärken und Schwächen? Wie möchte ich auf meine Zuhörer wirken? Was will ich mit meinem Referat erreichen?
- Wer sind meine Zuhörer? Welches Vorwissen bringen sie mit? Welche Informationsmenge und welches Sprachniveau kann ich ihnen zumuten?
- Welche Arten und welches Ausmaß an Informationen sind nötig, um das Thema in der vorgegebenen Zeit angemessen darzustellen?

Nur wenn Sie in der Lage sind, über Ihre Stärken und Schwächen zu reflektieren, können Sie auch gezielt an sich selbst arbeiten. Dabei sollten Sie unterscheiden, welche Ziele Sie langfristig erreichen wollen und was Sie vielleicht schon in den ersten Referaten umsetzen können. Sie sollten im Laufe des Studiums Ihren eigenen Vortragsstil finden. Wichtig ist dabei, dass Sie authentisch wirken. Da Sie das Referat nicht nur für die Dozentin oder sich selbst halten, sondern auch für Ihre Kommilitonen, denken Sie darüber nach, welches Vorwissen bei diesen vorhanden sein könnte. Die bisherige Studienerfahrung und der bisherige Veranstaltungsverlauf können Ihnen einige Anhaltspunkte dafür geben. Je nachdem müssen Sie entweder mehr oder weniger Grundlagenwissen zu einem Thema vermitteln oder können Forschungsfragen sowie methodische Zugänge zur Diskussion stellen.

Eine zentrale Voraussetzung für ein gutes Referat ist eine sinnvolle und logisch nachvollziehbare **Gliederung**. Wenn Sie die Redezeit für die einzelnen Teile vorher festlegen, können Sie während des Referats kontrollieren, ob Sie die Zeit einhalten. Eine Referatsgliederung für ein zwanzigminütiges Referat über den Wiener Kongress in einem Repetitorium zur Geschichte des 19. Jahrhunderts könnte zum Beispiel so aussehen:

Gliederung für ein Kurzreferat zum Wiener Kongress (Beispiel)

	Einleitung	(2 min.)
1.	Voraussetzungen des Wiener Kongresses	(5 min.)
2.	Festlegung der Kongressakte	(3 min.)
3.	Auswirkungen des Wiener Kongresses	(5 min.)
	Zusammenfassung	(3 min.)
	(Zeitpuffer)	(2 min.)

Eine Gliederung nach Voraussetzungen, Ablauf und Folgen ist zwar nicht sonderlich originell, aber jenseits von Referaten zu reinen Theoriethemen im geschichtswissenschaftlichen Grundstudium auch selten verkehrt.

Bei einem Referat in einem Proseminar, dessen Thema in der Regel spezieller ausgerichtet ist, sollte die **Fragestellung** stärker eingegrenzt werden (→ Fragestellung). Je mehr Mut zur Lücke Sie zeigen, desto präziser und analytisch überzeugender können Sie Ihr Thema präsentieren. Welche Eingrenzung sinnvoll ist, sollten Sie am besten in der Sprechstunde mit Ihren Dozentinnen klären. Halten Sie zum Beispiel ein Referat über die Rheinbundreformen, könnten Sie sich auf die Verwaltungsreform konzentrieren und dabei eventuell zwei Territorien miteinander vergleichen.

In der **Einleitung** sollten Sie Ihr Thema nennen und den von Ihnen gewählten Zugang begründen („Mein Thema sind die Rheinbundreformen ... Ich konzentriere mich auf die Verwaltungsreform, weil ...", „Der Vergleich zwischen Württemberg und Bayern verspricht ...") und in das Gesamtphänomen einordnen („Die Verwaltungsreform ist nur ein Teilbereich des Reformprozesses, der ...").
Referieren Sie Ihre Fragestellung („Welche Rolle spielt die Verwaltungsreform

für die Staatsbildung in den napoleonisch besetzten Territorien?") und klären Sie grundlegende Begriffe möglichst zu Beginn („Unter Staatsbildung verstehe ich im Anschluss an ..."). Stellen Sie Ihre Gliederung vor, damit Ihre Zuhörer wissen, was sie erwartet. Sie sollten außerdem kurz den Forschungsstand und die Literaturgrundlage Ihrer Darstellung umreißen: Welche Leitfragen und Interpretationen haben die Forschung in den letzten Jahren bestimmt und welche Rolle spielen diese für Ihr Referat? Sie können auch Gegenwartsbezüge Ihres Themas ansprechen, um Ihre Zuhörer auf das Thema neugierig zu machen.

Der anschließende **Hauptteil** umfasst die eigentliche Argumentation. Im Hauptteil Ihres Referates sollten Sie in mehreren Argumentationsschritten Ihren Gegenstand darstellen und Ihre Thesen zur gewählten Fragestellung entwickeln. Der ‚rote Faden' zwischen den Gliederungspunkten sollte dabei für Ihre Zuhörer klar erkennbar sein. Wenn Sie sich während des Sprechens auf Ihre Gliederung beziehen („Jetzt komme ich zum zweiten Punkt ..."), kann sich Ihr Publikum während des Referates besser orientieren.

Ein gutes Referat schließt mit einer **Zusammenfassung.** In dieser sollten Sie die in der Einleitung formulierte Fragestellung wieder aufgreifen und beantworten, indem Sie die wichtigsten Inhalte und Ihre Schlussfolgerungen thesenartig zuspitzen („Die Verwaltungsreform verstärkte die Prozesse der Bürokratisierung und Professionalisierung, indem sie ...", „Damit förderte sie die Staatsbildung, weil ..."). Dabei sollten Sie wortwörtliche Wiederholungen vermeiden und vielmehr versuchen, das Thema auf eine höhere Abstraktionsebene zu heben („Reform als Revolution von oben"). Sie können außerdem auf offene Fragen verweisen und damit eine gute Überleitung zur Diskussion schaffen.

Die anschließende **Diskussion** gibt Ihnen die Möglichkeit, jenes Wissen zu präsentieren, welches Sie in das Referat vielleicht aus Zeitgründen nicht aufnehmen konnten. Diese Chance sollten Sie nutzen. Überlegen Sie sich möglichst vor dem Referat, was Sie in der Diskussion gefragt werden könnten und entwerfen Sie potenzielle Antworten. Fragen und Kommentare des Publikums sind zwar nicht immer planbar, aber selten völlig überraschend. Informieren Sie sich deshalb über Ihre Akteure, wichtige Begriffe und den historischen Hintergrund, soweit dieser für Ihr Thema wichtig ist.

Frageraster bei Referatsdiskussionen

Frageart	Beispiele
Informations- fragen	• Welche Fraktionen waren in der Paulskirche noch vertreten? • Wie hoch war das durchschnittliche Einkommen eines Arbeiters vor dem 1. Weltkrieg?

Verständnis- fragen	▪ Was versteht man unter Gravamina? ▪ Was war nochmal der Unterschied zwischen Territori- alisierung und Staatsbildung?
methodische Fragen	▪ Auf welcher Quellengrundlage argumentieren deine Autoren? ▪ Wieweit gelten die herausgestellten Entwicklungen für den gesamten Untersuchungszeitraum?
Korrekturen, Kritik	▪ Zuerst hast du behauptet, dass ..., danach aber ... ▪ Unter dem Begriff ... versteht man meines Wissens etwas anderes.

Mit Ihren Antworten können Sie den Ablauf der Diskussion steuern, sich also aus inhaltlichen Untiefen, in denen Sie sich weniger gut auskennen, wieder in vertraute Gewässer begeben. Treten Sie den Diskutantinnen offen und sachlich gegenüber, auch bei Ihrer Ansicht nach unqualifizierten Fragen. Haben Sie eine Frage nicht verstanden oder können Sie diese nicht beantworten, geben Sie das am besten zu und fragen Sie eventuell das Auditorium. Fallen Sie den Diskutanten nicht ins Wort und bedanken Sie sich für Anregungen. Fragen, die über Ihr Untersuchungsgebiet oder Ihren Untersuchungszeitraum hinausgehen („Wie war es eigentlich in Polen?"), müssen Sie nicht unbedingt beantworten können, genauso wenig wie Fragen zu unwichtigen Details. Auf keinen Fall sollten Sie kritische Nachfragen persönlich nehmen. Mitunter stellen Ihnen die Zuhörer gleich mehrere Fragen, deshalb sollten Sie in Stichworten mitschreiben. Die so festgehaltenen inhaltlichen Anregungen können Sie nachher umso besser in Ihre schriftliche Ausarbeitung einfließen lassen.

Es kommt aber nicht nur auf den Inhalt, sondern auch auf die **Form des Referates** an. Überlegen Sie zunächst, ob Sie eher frei sprechen oder lieber vom ausformulierten Manuskript ablesen wollen. Wenn es Ihnen gelingt, sich während des Sprechens vom Manuskript zu lösen, können Sie auf Ihre Zuhörer reagieren, wenn eine Formulierung Widerspruch auslöst. Die zumeist geringere inhaltliche und formale Komplexität frei gesprochener Passagen erhöht die Verständlichkeit. Genau dieser Sachverhalt kann aber auch zum Problem werden. Um denselben Aussagegehalt in freier Rede zu entwickeln, brauchen die meisten Menschen erheblich länger, als wenn Sie einen ausformulierten Text ablesen. Die Gefahr mangelnder Präzision oder inhaltlicher Abschweifungen ist erheblich größer. Deshalb empfiehlt sich im Grundstudium in der Regel ein Kompromiss zwischen beiden Präsentationsformen: Schwierige Passagen des Referates, in denen es auf hohe Präzision ankommt wie etwa Zitate, Definitionen, Thesen oder Zusammenfassungen, lesen Sie besser ab. Sprechen Sie dabei langsam und betont. Erläuternde Passagen oder solche, in denen Sie Beispiele oder Material präsentieren, könnten Sie dagegen frei sprechen.

Berücksichtigen Sie beim Schreiben Ihres Manuskriptes, dass sich **Schrift- und Sprechsprache** grundlegend voneinander unterscheiden. Ihre Zuhörer haben während Ihres Referates keine Möglichkeit im Text zurückzublättern, sondern müssen jeden Satz beim ersten Hören verstehen können. Formulieren Sie deshalb kurze und einfach strukturierte Sätze. Die Sprache der Wissenschaft, die Sie im Referat verwenden sollen, zeichnet sich durch Präzision und begriffliche Klarheit aus. Versuchen Sie deshalb Füllwörter und inhaltliche Verwischungen weitgehend zu vermeiden.

Benutzen Sie keine stark umgangssprachlichen Formulierungen (Populismen): Weder hatten die deutschen Soldaten im Ersten Weltkrieg vom Stellungskampf „den Kanal voll", noch „heizte" ihnen der französische Gegner mit Artilleriefeuer ein, dass ihnen „die Granaten nur so um die Ohren flogen". Vermeiden Sie unzutreffende Verallgemeinerungen wie etwa „wie wir alle wissen" (wir wissen es nämlich nicht), „bekanntlich" oder „nach herrschender Ansicht" und übernehmen Sie nicht die Sprache der Quellen oder der Forschungsliteratur, sondern finden Sie Ihre eigenen Formulierungen. Verwenden Sie möglichst nur dann Fremdwörter, wenn diese inhaltlich unbedingt notwendig sind und erklären Sie ihre Bedeutung, wenn Sie nicht sicher sind, dass alle Zuhörer diese kennen. Ein Wort zum Dialekt: Die Sprache der Wissenschaft in Deutschland ist Hochdeutsch. Wenn man Ihrer Artikulation Ihre Herkunft anmerkt, ist dies in der Regel kein Problem. Ein starker Dialekt bei Wortwahl und Aussprache dagegen kann nicht nur dazu führen, dass man Sie nicht versteht, vielmehr wirkt er auch unprofessionell.

Füllwörter, Verwischungen und Populismen (Beispiele)

äh, ähm	quasi	wie auch immer
eben	irgendwie	oder auch nicht
halt	eigentlich	natürlich
mal	in gewisser Weise	sowieso
und dann	im Großen und Ganzen	sozusagen

Bedenken Sie bei der Konzeption Ihres Referates, dass jeder Vortrag eine innere Dynamik aufweist, die Art und Weise seiner Rezeption beeinflusst. Sie entsteht durch den Wechsel von Darstellungsmedien (Ton, Schrift, Bild), Darstellungsformen (Betonung, Sprechgeschwindigkeit, Pausen, Gestik, Mimik) und Argumentationsebenen (Mikroperspektive versus Makroperspektive, konkretes Beispiel versus Abstraktion). Weist Ihr Referat keinen inneren Spannungsbogen auf, durch den Ihre Fragestellung, Fakten, Analysen und Thesen sinnvoll miteinander verknüpft werden, besteht die Gefahr, dass sich Ihre Zuhörer langweilen und Ihnen bald nicht mehr zuhören. Bauen Sie nur einen Höhepunkt während Ihres Vortrags ein, gelingt es Ihnen vielleicht kurzfristig, die Aufmerksamkeit Ihres Publikums zu gewinnen, aber wahrscheinlich schalten Ihre Zuhörer kurz danach wieder ab. Besser ist es deshalb, mehrere Höhepunkte einzubauen. Ein Höhepunkt kann zum Beispiel eine besonders prägnant formulierte These, ein überraschender Gegenwartsbezug oder eine humoristische Einlage sein. Letztere sollte sich aus dem Argumentationskontext ergeben und darüber hinaus nicht albern sein. Auf diese Weise können Sie zu Beginn das Interesse Ihrer Zuhörer wecken, 'füttern' es während des Vortrages etwas, um am Schluss noch einmal deutlich zu zeigen, was in Ihnen steckt.

Ein sinnvoller **Einsatz von Medien** erhöht nicht nur die Nachvollziehbarkeit Ihrer Darstellung, vielmehr kann er auch dafür sorgen, dass die vorgetragenen Inhalte besser haften bleiben. Überlegen Sie deshalb, welche Inhalte Sie visualisieren oder akustisch präsentieren können.

Medienarten bei Referaten (Auswahl)

▪ Bildbeispiele	▪ Diagramme
▪ Texte	▪ historische Karten
▪ Schaubilder	▪ Filme
▪ Tabellen	▪ Tonaufnahmen

Alle Medien sollten einen klaren Bezug zum Referatsthema aufweisen. Das Zeigen von Portraits historischer Persönlichkeiten („... und so sah sie übrigens aus") bedeutet noch keinen Gewinn für einen Vortrag. Besser ist es, wenn Sie längere Quellenzitate oder Definitionen als **Texte** auf Folie bringen. Verlaufsmuster oder Organisationsformen von Institutionen wie die im Zuge der Verwaltungsreform zu Beginn des 19. Jahrhunderts in Württemberg veränderten administrativen Strukturen können Sie in einem **Schaubild** visualisieren. Ökonomische oder demographische Entwicklungen wie der Bevölkerungsanstieg im 19.

Jahrhundert lassen sich in einer **Tabelle**, besser aber durch ein **Diagramm** (→ quantitative Analyse) verdeutlichen. Mit historischen **Karten** sind besonders gut die räumlichen Dimensionen historischer Abläufe wie zum Beispiel territoriale Veränderungen, Wanderungsströme oder wirtschaftliche Ballungszentren aufzuzeigen.

Beachten Sie bei allen Medien: Keine Tabelle, kein Zitat oder keine Abbildung „spricht für sich selbst". Deshalb müssen Sie die benutzten Medien erläutern und ihre Herkunft angeben, zum Beispiel mit einer bibliographischen Angabe unter der Darstellung. Jedes Medium sollten Sie so einsetzen, dass die Mehrheit Ihrer Zuhörer die wesentlichen Inhalte aufnehmen kann. Voraussetzungen dafür sind eine gute Qualität und eine begrenzte, gut aufbereitete Informationsmenge. Dies bedeutet: bei Folien Schriftgröße mindestens 14 Punkte, keine endlosen Zahlenkolonnen oder Fließtexte, kontrastreiche, ausreichend große Abbildungen sowie akustisch verständliche Tonaufnahmen. Sie können nur eine begrenzte Zahl von Medien in jedem Referat einsetzen. Kalkulieren Sie die dazu benötigte Zeit von vornherein in die Sprechzeit ein. **Film- und Tonaufnahmen**, die sich besonders für zeitgeschichtliche Themen eignen, kosten oft sehr viel Zeit, die von Ihrer Rededauer abgezogen wird.

Das gängige **technische Mittel** für den Medieneinsatz im Rahmen von Referaten ist der Overhead-Projektor. Zeigen Sie Gemälde oder Fotographien, sollten Sie besser Diaprojektoren einsetzen, da Farbigkeit und Schattierungstiefe durch Folien stark verfälscht werden. Für Powerpoint-Präsentationen müssen Sie möglicherweise rechtzeitig einen Beamer vorbestellen. Wenn Sie eine Präsentation mit Powerpoint erarbeiten, sollten Sie mit den Vor- und Nachteilen dieser Software vertraut sein. Sie bietet Ihnen die Möglichkeit, wichtige Inhalte in geeigneter Form zu visualisieren oder auch hochwertiges Bildmaterial aus dem Internet in Ihren Vortrag einzubauen. Auf der anderen Seite kann das Programm dazu verführen, komplexe Inhalte zu banalisieren und sich statt mit dem Inhalt vor allem mit der Form der Präsentation auseinander zu setzen. Generell gilt: Alle verwendeten Geräte müssen Sie technisch beherrschen – machen Sie sich also bereits vor dem Vortrag damit vertraut. Passen Sie während des Vortrages darauf auf, dass Sie nicht vor dem Bild stehen oder Ihrem Publikum den Rücken zuwenden, während Sie etwas am Bild erklären.

Auch Ihre **Körperhaltung, Mimik und Gestik** übertragen während des Referates Informationen an Ihre Zuhörer. Achten Sie deshalb darauf, dass es wirklich jene Informationen sind, die Sie auch übertragen wollen. Eine aufrechte, offene und auf Ihr Publikum ausgerichtete Körperhaltung signalisiert Sicherheit. Stehen Sie möglichst nicht mit verschränkten Armen oder gebeugt da, als wollten Sie sich schützen oder als wären Sie lieber woanders. Knipsende Kugelschreiber, Haare zurückstreifende Hände, wippende Beine oder unkoordinierte, hektische Bewegungen melden eher Unsicherheit. Völlige Bewegungslosigkeit ermüdet Ihre Zuhörer allerdings auch. Bauen Sie also von Beginn an Blickkontakt zu Ihrem Publikum auf und passen Sie Ihre Sprechgeschwindigkeit der Komplexität Ihrer Inhalte an, damit man Ihnen auch folgen kann. Wenn Sie deutlich und mit wechselnder Betonung artikulieren, werden Sie Ihre Zuhörer eher fesseln. Dazu sollten Sie am besten während des Referates stehen und Ihre Materialien auf einem ausreichend hohen Redepult deponieren. Bedenken Sie außerdem, dass eine eher tiefe Stimmlage den meisten Menschen nicht nur angenehmer in den Ohren klingt, sondern auch deren Bereitschaft erhöht, die vorgetragenen Inhalte zu akzeptieren.

Eine wichtige Voraussetzung für einen inhaltlich und formal überzeugenden Vortrag stellt die **Gestaltung des Manuskriptes** dar, das übersichtlich und gut leserlich sein sollte.

Vorschläge zur Manuskriptgestaltung für Referate (Auswahl)

- Schriftwahl: Arial oder Times New Roman, 13-14 Punkt
- Absatzgestaltung: 1,5-2zeilig, Absatzabstand 6-12 Punkte
- Seitenformatierung: Absatzende entspricht dem Seitenende, Flattersatz, großer Seitenrand unten, Seitennummerierung
- Einfügen von Textmarkierungen: zum Beispiel bei Pausen, Medieneinsatz [Folie 2], Betonung, Aussagenart: [Zitat] oder [Zitatende].

Ob Sie das Manuskript als Fließtext erstellen oder nur mit Stichworten arbeiten, bleibt Ihnen überlassen. Möglich ist auch eine Mischform zwischen ausformulierten Fließtextpassagen und Stichworten oder ein Fließtext, in dem Sie Stichworte farbig markieren. Dann können Sie sich schneller im Text orientieren und zwischen Ablesen und Freisprechen wechseln. Wenn Sie unten einen großen Rand lassen, brauchen Sie den Kopf weniger stark zu beugen. Textmarkierungen sollten Sie deutlich vom Text absetzen, zum Beispiel durch eckige Klammern oder Farben.

Bevor Sie vor Ihr Auditorium treten, sollten Sie sich den Vortrag mehrfach durchgelesen und sich selbst oder auch Freunden oder Kommilitonen gehalten haben. Gerade bei Stichpunkten ist es unverzichtbar, dass Sie Ihre Gedanken mindestens einmal zuvor laut artikuliert haben, damit Sie nicht während des Referates nach Formulierungen suchen müssen. Außerdem können Sie nur so testen, ob Sie die Zeit einhalten. Unmittelbar vor dem Vortrag sollten Sie prüfen, ob Sie auch alle benötigten Materialien dabei haben.

Materialien für den Vortrag

▪ vollständiges, geordnetes Manuskript	▪ funktionstüchtige technische Geräte
▪ Referatspapier in ausreichender Kopienanzahl	▪ Zeigestab oder Pointer
▪ Medien in der richtigen Reihenfolge	▪ Sprechpult (Uhr darauf ablegen)
	▪ bei trockenem Hals Wasser
	▪ Papier und Stift

Es ist für alle Beteiligten ärgerlich, wenn Ihnen zwischendurch eine Manuskriptseite fehlt, Sie nach dem richtigen Dia suchen müssen, die Glühlampe des Projektors durchgebrannt ist oder Sie erst nach dem dritten Folienauflegen herausfinden, wie die Seite richtig an die Wand projiziert wird. Pleiten dieser Art lassen sich durch eine gute Organisation im Vorfeld vermeiden. Bei einem großen Abstand zwischen Redepult und technischen Geräten können Sie den Medieneinsatz auch versierten Kommilitonen übertragen. Dann können Sie sich ganz auf den Vortrag konzentrieren.

In der Regel müssen Sie für ein Referat ein **Referatspapier** (Handout) erstellen. Welche konkreten formalen Richtlinien einzuhalten sind, sollten Sie mit Ihrer Veranstaltungsleiterin klären. Sollen Sie sich auf die wichtigen Thesen beschränken (Thesenpapier) oder alle wichtigen Inhalte in Kurzform darstellen? Folgende Inhalte bieten sich für eine Wiedergabe auf dem Handout an.

Inhalt eines Referatspapiers (Auswahl)

- technische Angaben: Proseminar, Veranstaltungsleiter, Semester, Autor, Referatsdatum, Thema des Referats
- Fragestellung
- Angaben zum Forschungsstand
- Definitionen, Modelle
- nummerierte Gliederung des Referates mit zentralen Aussagen je Gliederungspunkt
- Zusammenfassung mit These
- Literaturgrundlage (3-4 einschlägige Titel mit vollständigen bibliographischen Angaben)
- evtl. Anhang mit Abbildungen, Karten, Quellen, Statistiken, Graphen

Alle Angaben mit Ausnahme von Zusammenfassung oder zentralen Thesen und Definitionen sollten in Stichworten erfolgen. Ein Referatspapier sollte außerdem zwei Textseiten nicht überschreiten. Setzen Sie die einzelnen Abschnitte optisch voneinander ab und verwenden Sie dabei ein einheitliches System der Nummerierung bzw. Aufzählung (Spiegelstriche oder Punkte). Wenn Sie das Referatspapier dem Veranstaltungsleiter vor der Sitzung vorlegen, können Sie meist sicher sein, dass keine falschen Inhalte darin stehen.

Referatspapier (Beispiel, gekürzt)

PS Geschichte: Geistliche Staaten

Dr. Werauchimmer

Universität Trier, WS 2003/04, Sitzung vom 24.12.2003, Referent: Friedrich Ranke

Die Säkularisation geistlicher Herrschaften im Rheinland

1. Fragestellung

Welche Rolle spielte die Säkularisation beim Prozess der Staatsbildung im Rheinland?

2. Definitionen

Säkularisation   ⇒ Akt der Aufhebung kirchlicher Rechtstitel

Herrschaftssäk. ⇒ Aufhebung der Hoheitsrechte

Eigentumssäk. ⇒ Aufhebung der Eigentumsrechte

Säkularisierung ⇒ Prozess der Verweltlichung (übergreifender Prozess)

3. Vorgeschichte der Säkularisation

- im Kontext der Reformation im 16. Jahrhundert ...
- Versuche nach dem Dreißigjährigen Krieg ...
- Klösteraufhebung in Österreich unter Josef II.
- zeitgenössische Diskussion über die geistlichen Staaten ...

4. Ablauf der Säkularisation in den linken Rheinlanden

1794: endgültige Rheinlandbesetzung, Militärverwaltung durch Frankreich

1797: Einrichtung der vier rheinischen Departements → Herrschaftssäkularisation

1801: Frieden v. Lunéville: Rheinland formal Teil des frz. Staatsgebietes

1802: Aufhebung der geistlichen Institutionen → Eigentumssäkularisation ...

---

5. Bewertung der Folgen in der Forschung

Forschungskontexte:
- Wirtschafts- und Sozialgeschichte der Säkularisation ab 1980er
- Aktueller Forschungsschwerpunkt geistliche Herrschaften
- Jubiläum Reichsdeputationshauptschluß
Autor 1 mit These: ...(dafür bibliographischer Nachweis)
Autorin 2 mit These: ...(dafür bibliographischer Nachweis)
Autorin 3 mit These: ...(dafür bibliographischer Nachweis)

Zusammenfassung
- Erhöhung der territorialen Finanzkraft
- Zerschlagung von traditionellen Herrschafts- und Verwaltungsstrukturen
- Mobilisierung des Grundeigentums, Umschichtung der Besitzverhältnisse
⇒ Zentrale Voraussetzung für nachfolgende Reformprozesse

Literatur
Crusius, Irene (Hg.): Zur Säkularisation geistlicher Institutionen im 16. und 18. Jahrhundert, Göttingen: Vandenhoeck & Ruprecht 1996 (Forschungen zur deutschen Sozialgeschichte; Bd. 4); Decot, Rolf (Hg.): Säkularisation der Reichskirche 1803: Aspekte kirchlichen Umbruchs, Mainz: Philipp von Zabern 2002; Mölich, Georg (Hg.): Klosterkultur und Säkularisation im Rheinland, Essen: Klartext 2002.

Sie werden aber im Verlauf Ihres Studiums nicht nur Einzel-, sondern sehr wahrscheinlich auch **Gruppenreferate** halten. Gruppenreferate sind keine Einzelreferate von zwei oder mehr Teilnehmerinnen hintereinander. Vielmehr sollten Sie gemeinsam mit Ihren Kommilitonen eine Gesamtkonzeption erarbeiten, innerhalb welcher jeder eine Teilleistung in möglichst ähnlichem Umfang übernimmt. Nutzen Sie die Chance zur Arbeit im Team: In einer Kleingruppe können Sie ohne Scheu jede Frage stellen und vom Wissen der anderen Studierenden profitieren. Auch das Referatspapier sollte möglichst gemeinsam konzipiert und höchstens in den Unterkapiteln von den Referenten allein gestaltet werden.

In der **Einleitung** des Gruppenreferates sollten Sie die spezifischen Beiträge der einzelnen Kommilitonen vorstellen und im Gesamtthema verorten. Überlegen Sie sich möglichst einen für die Zuhörer gut verständlichen Ablaufplan, bei dem sich die Referentinnen abwechseln. Legen Sie die Redezeiten der einzelnen Abschnitte genau fest, denn vor allem bei Gruppenreferaten wird oft die Zeit überzogen. Hilfreich ist, wenn Sie einem Kommilitonen die Verantwortung für den Ablaufplan übertragen. In der **Zusammenfassung** sollten die Inhalte aller Teile aufgenommen, gleichzeitig aber auch auf die höhere Ebene des Gesamtthemas und der Fragestellung gehoben werden. Der Diskussionsleiter moderiert die gesamte Diskussion, sollte sie aber zu Beginn eventuell etwas vorstrukturie-

ren oder selbst auf offene Fragen verweisen, wenn nicht sofort Redebeiträge aus
dem Auditorium kommen.

Ablaufplan eines Gruppenreferates (Beispiel)

Referent 1:	Einleitung	(3 min.)
Referent 2:	Voraussetzungen des Wiener Kongresses	(7 min.)
Referent 3:	Ablauf und Festlegung	(8 min.)
Referent 1:	Auswirkungen des Wiener Kongresses	(7 min.)
Referent 2:	Zusammenfassung	(3 min.)
Referent 3:	Diskussionsleitung	(2 min.)

In Absprache mit den Dozentinnen können Sie als Einzelreferentin oder gemeinsam mit einer Referatsgruppe auch eine **Sitzungsmoderation** übernehmen und
so einmal in die Rolle des Veranstaltungsleiters schlüpfen. Die Sitzungsmoderation ist die anspruchsvollste Form der mündlichen Präsentation, denn nun sind
Sie dafür verantwortlich, dass in der Sitzung ein konkretes Lernziel erreicht
wird. Dieses Lernziel sollten Sie zuvor mit Ihren Dozentinnen abstimmen. Überlegen Sie sich, welche didaktischen Mittel Sie einsetzen können, um Ihr Lernziel
zu erreichen. Sinnvoll ist es, Ihre Kommilitonen aktiv in die Erarbeitung der
Inhalte einzubeziehen, indem Sie Fragen stellen oder Aufgaben verteilen. Dazu
geben Sie am besten eine Woche vor der Sitzung einen Literaturhinweis oder
teilen Sie eine Quelle aus, so dass sich alle Teilnehmer vorbereiten und ihr Vorwissen in die Sitzung einbringen können. Überlegen Sie zuvor, welche Medien
Sie einsetzen und welche Inhalte Sie gemeinsam mit Ihren Kommilitonen in
Tafelbildern oder Folien so entwickeln können, damit diese nicht nur verstanden,
sondern auch abgespeichert werden können. Sorgen Sie dafür, dass Sie alle Ihre
Lehrmaterialien in der Sitzung zur Verfügung haben. Bei einer Sitzungslänge
von eineinhalb Stunden haben Sie eine Vielzahl von Möglichkeiten, wie Sie die
Zeit ausfüllen können.

Sie sollten auf jeden Fall einen Zeitpuffer einbauen. Gerade Lehrformen
wie Gruppenarbeit nehmen zumeist mehr Zeit in Anspruch, als zuvor vermutet.
Vielleicht kommt die Diskussion auch nur schleppend in Gang. Wichtig ist, dass
Sie bei Fragen in das Publikum auch das Schweigen aushalten bis die ersten

Wortmeldungen kommen. Beantworten Sie also Ihre Fragen nicht selbst. Alternativ können Sie die Frage noch einmal anders formulieren oder auch einen bestimmten Kommilitonen um die Beantwortung bitten. Um zukünftige Wortmeldungen nicht auszubremsen, sollten Sie wenig hilfreiche Antworten in Ihrer Antwort weiterentwickeln und Fehler ohne Wertung richtig stellen. Am Ende sollten Sie die Sitzung zusammenfassen und danach Ihren Kommilitonen noch einmal Gelegenheit zum Fragen geben. So können Sie prüfen, ob das Lernziel erreicht worden ist und wichtige Inhalte hängen geblieben sind.

Ablaufplan einer Sitzungsmoderation bei drei Referenten (Beispiel)

Referent 1	Einführung in das Thema	(5 min.)
(alle)	Quellendiskussion in Gruppenarbeit	(10 min.)
Referent 2	Quelleninterpretation Gruppenpräsentation	(15 min.)
Referent 3	Erarbeitung Hauptteil unter Verwendung eines vorbereiteten Textes	(20 min.)
Referent 2	Erarbeitung eines Schaubildes	(10 min.)
Referent 1	Zusammenfassung mit Diskussion	(15 min.)
	Zeitpuffer	(15 min.)

4.3.2 Hausarbeit

In der Regel müssen Sie im Rahmen eines Proseminars / Grundkurses eine Hausarbeit verfassen. Durch das Schreiben von Hausarbeiten lernen Sie, Wissen in systematischer, logischer und argumentativ überzeugender Form zu präsentieren. Zugleich dienen Hausarbeiten dazu, Routinen bei der selbstständigen Erarbeitung von Themen zu entwickeln – Routinen, die Sie für die Abschlussarbeit ebenso brauchen werden wie im späteren Berufsalltag. Im Unterschied zum Referat behandeln Sie in der Hausarbeit oft eine präzisere Fragestellung und ein spezielleres Thema. Zugleich gelten für die Hausarbeit relative strikte Normen, wie Sie sich mit Ihrem Thema auseinander setzen und wie Sie Ihre Überlegungen vorbringen sollen. Sie werden so auch mit den formalen Regeln der Wissenspräsentation unseres Faches vertraut gemacht.

Im Folgenden schlagen wir Ihnen eine **Vorgehensweise** vor, welche Schritte Sie in welcher Reihenfolge für das Schreiben einer Hausarbeit vollziehen können:

Vorgehensweise bei der Ausarbeitung einer Hausarbeit

- Thema festlegen
- Fragestellung entwickeln
- Hypothesen bilden
- Thema, Fragestellung und gegebenenfalls Hypothesenbildung mit der Dozentin absprechen
- Zeitplan erstellen
- vorläufige Gliederung erstellen
- nach Literatur zu Thema und Fragestellung recherchieren
- wesentliche Literatur lesen und bearbeiten
- Gliederung überarbeiten
- erarbeitete Inhalte entlang der Gliederung einsortieren
- Niederschrift des Manuskriptes
- eventuell ergänzende Lektüre einarbeiten
- sprachlich und formal überarbeiten
- Korrekturlesen lassen
- Endüberarbeitung
- Arbeit fristgerecht abgeben

Höchstwahrscheinlich werden Sie in der Hausarbeit ein Thema behandeln, das in Zusammenhang mit dem Generalthema der von Ihnen besuchten Lehrveranstaltung steht. Es bedeutet meist eine sinnvolle Arbeitsersparnis, wenn Sie Ihr Referat zu einer Hausarbeit ausbauen. Die **Themenwahl** ist zum einen von Ihren Interessen abhängig, zum anderen aber auch von der Literaturlage – es ist nicht zweckmäßig, ein Thema zu behandeln, zu dem es keine adäquate Forschungsliteratur gibt. Außerdem sollte das Thema so zugeschnitten sein, dass es sich auf der vorgegebenen Seitenzahl sinnvoll abhandeln lässt – also weder zu umfangreich noch zu speziell. Meist neigen Studierende dazu, sich zu große Themen auszuwählen wie etwa „Armut in der Antike". Spezifizieren Sie Ihren Untersuchungsgegenstand also lieber, sonst besteht die Gefahr, dass Sie komplexe historische Sachverhalte wegen des zu knappen Raumes banalisieren.

Es gibt mehrere Möglichkeiten für eine **Themeneingrenzung**: Sie können den Untersuchungszeitraum begrenzen oder sich auf einen bestimmten geographischen Raum konzentrieren. Oder Sie nehmen eine sachliche Spezifikation vor, beispielsweise indem Sie für Ihre Untersuchung eine Institution auswählen, die Sie exemplarisch bearbeiten. Oder Sie konzentrieren sich auf ein bestimmtes Quellenkorpus, um das Thema zu behandeln (beispielsweise auf eine Auswahl verschiedener Tageszeitungen, die Sie untersuchen wollen).

Eine Arbeit kommt nicht ohne **Fragestellung** und ohne **Hypothesenbildung** aus. Eine Hausarbeit mit dem Titel „Leben und Werk Hans Delbrücks" weckt den Verdacht, dass sich dahinter eine rein deskriptive (beschreibende) Darstellung verbirgt, wann Delbrück wo was sagte und schrieb. Viele Dozenten halten eine solche Herangehensweise nicht für ausreichend wissenschaftlich. Beschreiben Sie in Ihrem Text nicht lediglich, erzählen Sie nicht einfach vergangene Ereignisse nach. Versuchen Sie vielmehr zu erklären, warum etwas passierte; zeigen Sie die Zusammenhänge auf und beantworten Sie Fragen.

Das Formulieren von Fragen ist auch deshalb sinnvoll, weil es Ihnen hilft, aus der Masse der historischen Sachverhalte relevante Fakten auszuwählen. Die Tatsache, dass sich der Arbeiter Walter P. aus Duisburg am 17.4.1882 wie jeden Morgen die Zähne putzte, wird erst dann erzählenswert, wenn Sie eine Frage stellen, für die diese Tatsache aufschlussreich ist, etwa „Wann, wie und warum setzten sich bürgerliche Hygienevorstellungen in proletarischen Schichten durch?" Dann wird das Zähneputzen des Walter P. relevant.

Fragestellungen entwickeln Sie im Alltag ständig: Sie sind ein Liebhaber von Actionfilmen und lesen in einer Kinozeitschrift, dass der neue Film mit Sylvester Stallone auf nur geringes Publikumsinteresse gestoßen ist. Schon entwickeln Sie die Fragestellung: Warum ist der Film wohl durchgefallen? Und sogleich fallen Ihnen Hypothesen ein: Vielleicht weil für den Film nicht genug Werbung gemacht wurde? Oder weil zeitgleich „Lethal Weapon 7" anlief, so dass Liebhaber von Actionfilmen auf Stallone zugunsten von Mel Gibson und Danny Glover verzichteten?

Im wissenschaftlichen Arbeiten funktioniert das Aufstellen von Fragestellungen und Hypothesen ähnlich. Für unser Beispiel des Historikers Hans Delbrück bedeutet das, dass Sie nicht das gesamte Leben und Werk von Hans Delbrück auf 15 Seiten abhandeln können und sollen. Vielmehr müssen Sie sich auf einen Teilaspekt beschränken. Sie interessieren sich zum Beispiel für die Schriften, die Delbrück während der Weimarer Republik verfasste, weil Sie im Seminar erfahren haben, Delbrück sei einer der wenigen ‚Vernunftrepublikaner' unter den sonst eher antidemokratischen und antirepublikanischen deutschen Historikern gewesen. Ihre Fragestellung könnte also lauten: Wie spiegeln sich die republikanischen Überzeugungen Delbrücks in seinen Schriften nach 1918 wider?

Da dies immer noch ein zu umfangreiches Thema für eine Hausarbeit ist, schränken Sie Ihr Thema weiter auf einen Teilaspekt ein: Die Verbreitung der

Dolchstoßlegende durch antirepublikanische Kräfte hat viel zum Untergang der Weimarer Republik beigetragen. Denn in ihr wurde behauptet, die republikanischen und demokratischen Bevölkerungsteile seien in der Revolution von 1918/19 der eigentlich siegreichen Armee in den Rücken gefallen. Ohne die Revolution hätte Deutschland den Krieg gewonnen (und den Kaiser behalten). Nach kursorischer Lektüre von Delbrücks Schriften wissen Sie, dass er sich gegen diese Dolchstoßlegende gewandt hat. Somit haben Sie Ihre genauere Fragestellung gefunden: Wie hat Delbrück die Geschichte des Ersten Weltkrieges dargestellt, um die Dolchstoßlegende zu widerlegen und damit die Republik zu verteidigen?

Hierzu können Sie eine Hypothese entwickeln, also eine noch nicht belegte Annahme formulieren: Delbrück hat seine Fachkompetenz als Historiker benutzt, um sachlich argumentierend die Behauptungen der Vertreter der Dolchstoßlegende zu widerlegen. Diese Hypothese ist so formuliert, dass sie falsifizierbar (widerlegbar) ist: Unter Umständen finden Sie während der Lektüre ja auch heraus, dass er genauso polemisch und unwissenschaftlich vorgegangen ist wie seine Gegner. Dann wäre Ihre Hypothese durch Ihre eigene empirische Arbeit widerlegt und Sie könnten dann in der Schlussbemerkung eine Gegenthese entwickeln.

Thema und Fragestellung, unter Umständen auch die Hypothesenbildung sollten Sie mit Ihrer Seminarleiterin absprechen. Diese kann Sie darauf aufmerksam machen, dass Ihr Thema für eine Hausarbeit noch zu umfangreich ist und bei der Präzisierung Ihrer Fragestellung helfen. Sie könnte Ihnen gegebenenfalls noch Lektüretipps geben … hoffen Sie aber nicht, dass Ihnen Ihre Dozenten die Mühe des Bibliographierens ersparen können und wollen. Bei dieser Gelegenheit sollten Sie zugleich – falls dies nicht schon im Unterricht geschehen ist – das Abgabedatum, den erwarteten Seitenumfang des Manuskriptes und die Formalia der Hausarbeit abklären.

Bevor Sie mit der Arbeit beginnen, ist es sinnvoll einen **Zeitplan** aufzustellen, bis wann Sie welchen Arbeitsschritt erledigt haben wollen. Zählen Sie die Tage, die Sie bis zur Abgabe der Arbeit haben und notieren Sie hinter jedem Arbeitsschritt, wie viele Tage Sie für diesen ansetzen. Kalkulieren Sie auch jene Tage ein, an denen Sie aller Voraussicht nach nicht an Ihrer Hausarbeit arbeiten können oder wollen.

Berücksichtigen Sie dabei, dass ,Denken' Zeit kostet. Außerdem könnte es Ihnen passieren, dass Sie beim Schreiben die Notwendigkeit erkennen, Ihr ursprüngliches Konzept umstellen zu müssen. Beginnen Sie daher auf jeden Fall rechtzeitig, damit Sie einen Zeitpuffer haben. So vermeiden Sie, dass die Arbeit wegen Zeitmangels vor der Abgabe und damit wegen grammatikalischer Fehler, nicht beachteter Formalia oder unzureichender Lektürearbeit schlechter wird, als sie sein könnte.

Zeitplan für eine Hausarbeit bei 22 Arbeitstagen + 4 freien Sonntagen (Beispiel)

vorläufige Gliederung erstellen, Literaturrecherche	2	30.-31.07.2004
Lektüre / Bearbeitung der Literatur	9	02.-11.08.2004
Gliederung überarbeiten, Einsortieren der Inhalte	2	12.-13.08.2004
Niederschrift des Manuskriptes	4	14.-18.08.2004
evtl. Einarbeitung ergänzender Lektüre, Zeitpuffer	2	19.-20.08.2004
sprachliche und formale Überarbeitung	1	21.08.2004
Korrekturlesen lassen	1	23.08.2004
Endüberarbeitung	1	24.08.2004
fristgerechte Abgabe der Arbeit		25.08.2004

Zu Beginn der Arbeit sollten Sie eine **vorläufige Gliederung** erstellen. Überlegen Sie sich, welches die Hauptaspekte Ihres Themas sein könnten, die dann die Kapitel im Hauptteil bilden. Nach welcher inneren Logik wollen Sie den Text aufbauen? In geschichtswissenschaftlichen Arbeiten ist das chronologische Prinzip oft nahe liegend. Allerdings verführt dieses häufig dazu, doch einfach nur zu beschreiben, ,wie es eigentlich gewesen ist', anstatt zu erklären, ,warum es eigentlich so geworden' ist. Deshalb empfiehlt sich in vielen Fällen ein systematischer Zugriff, in dem das Thema entlang von Problemstellungen entwickelt wird. Natürlich lassen sich auch chronologische mit systematischen Bestandteilen kombinieren wie in folgendem Beispiel:

Gliederung einer Hausarbeit (Beispiel)

Inhaltsverzeichnis	
Einleitung	S. 1
1. Die Dolchstoßlegende in der öffentlichen Debatte	S. 4
1.1. Die Entstehung der Dolchstoßlegende am Ende des Ersten Weltkrieges	S. 4
1.2. Die öffentliche Debatte über die Dolchstoßthese in der Weimarer Republik	S. 5
2. Die Dolchstoßlegende in Delbrücks Schriften	S. 7

Nachdem Sie die **Literaturrecherche** (→ Bibliographieren) absolviert und die für Ihr Thema wesentliche Literatur bearbeitet haben (→ Lesetechniken, Literaturbearbeitung), sollten Sie Ihre Gliederung auf der Basis Ihres nun vertieften Wissens überarbeiten und dabei festlegen, wie viele Seiten Sie pro Gliederungspunkt schreiben wollen. Achten Sie darauf, dass die Kapitel hinsichtlich ihrer Seitenzahl in einem ausgewogenen Verhältnis zueinander stehen. Beginnen Sie den Schreibprozess nie, ohne zuvor eine Gliederung erstellt zu haben.

Nun können Sie die erarbeiteten Inhalte in Ihre Gliederung einsortieren. Entscheiden Sie auf der Basis Ihrer Dateien und Exzerpte, welche Aspekte Ihres Themas Sie in welchem Kapitel behandeln wollen. Nun würde sich rächen, wenn Sie das schriftliche Informationsmanagement vernachlässigt hätten oder unbedacht angegangen wären. Haben Sie aber Exzerpte der relevanten Schriften Delbrücks angefertigt und Dateien zu biographischen Daten, politischen Überzeugungen, wissenschaftlichem Werk, Dolchstoßlegende, Auseinandersetzungen mit Fachkollegen und zum Forschungsstand eingerichtet, können Sie diese durchgehen und die relevanten Inhalte in Form von Stichpunkten unter die jeweiligen Kapitelüberschriften schreiben. Bringen Sie Ihre Stichpunkte anschließend in eine logische Reihenfolge und arrangieren Sie diese zu einem erzählbaren ‚Plot'. Die Logik und Reihenfolge Ihrer Darlegung sollte nachvollziehbar sein, die einzelnen Argumente aufeinander aufbauen. Formulieren Sie nun die von Ihnen in die Gliederung eingetragenen Stichpunkte aus.

Die **Niederschrift** Ihres Textes beginnen Sie am besten mit der ersten Fassung der **Einleitung**.

Inhalte einer Hausarbeitseinleitung

- Untersuchungsgegenstand, -raum und -zeit
- Fragestellung
- Relevanz der Arbeit / Erkenntnisinteresse
- eventuell Hypothese(n)
- Gliederung / Aufbau der Arbeit
- eigene Quellenbasis
- Forschungsstand und -diskussion
- Methode, Definitionen, theoretischer Ansatz

Wichtig ist der Einstieg in die Arbeit: Der **erste Satz** soll die Leser für das Thema interessieren, sie neugierig machen, ihre Aufmerksamkeit fesseln. Also nicht: „Hans Delbrück wurde 1848 in Bergen auf Rügen geboren", sondern: „Gibt es Historiker, die gegen den Strom ihrer Zeit schwimmen?" oder etwas weniger reißerisch: „Delbrück war einer der wenigen Vernunftrepublikaner unter den Historikern während der Weimarer Republik." Umreißen Sie in wenigen Sätzen das Thema Ihrer Arbeit und begründen Sie falls notwendig Ihre geographische Schwerpunktsetzung bzw. Ihre zeitliche Eingrenzung. Nennen Sie dabei sachlogische Gründe und nicht sachferne Begründungen wie etwa: „Zu anderen Aspekten habe ich keine Literatur in unserer Bibliothek gefunden."

Legen Sie anschließend Ihre Fragestellung dar und gehen Sie dabei auf die Relevanz von Thema und Fragestellung ein: Warum haben Sie sich für dieses Thema entschieden, welches Erkenntnisinteresse verfolgen Sie? Kann man das Thema eventuell auf aktuelle Gegenwartsprobleme beziehen? Oder gibt es eine Forschungskontroverse, in die Sie sich mit Ihrer Arbeit einklinken wollen?

An welcher Stelle Sie Ihre Hypothese(n) formulieren, bleibt Ihnen überlassen. Vielleicht ist die Lektüre einer Arbeit spannender, wenn in der Einleitung eine Hypothese als Frage formuliert wird, für deren Beantwortung im Hauptteil Schritt für Schritt das Material zusammengetragen wird, ehe sie in der Schlussbemerkung pointiert beantwortet wird.

In der Einleitung sollte darüber hinaus der Aufbau der Arbeit knapp dargestellt und begründet werden. Außerdem sollten Sie auf die von Ihnen ausgewählten Quellen, Ihre Materialbasis, kurz eingehen, in unserem Fall also auf die Texte Delbrücks. Ein Abschnitt über die Forschungslage zu Ihrem Thema und eventuelle Forschungsdiskussionen sollte ebenfalls nicht fehlen: Welche Autoren haben sich schon mit Ihrem Thema oder mit ähnlichen Gegenstandsbereichen beschäftigt? Welche Methode haben sie angewendet und zu welchen Ergebnissen sind sie gekommen? Welche Einwände wurden erhoben und wie wurden diese begründet? Wo sind die Forschungslücken? Wollen Sie eventuell eine dieser Forschungslücken schließen? Hier können Sie auch erörtern, mit welcher Methode Sie Ihr Thema angegangen sind und die zentralen Begriffe definieren, mit denen Sie arbeiten.

Beachten Sie, dass Sie in der Regel nach dem Verfassen des Hauptteils und der Schlussbemerkung die Einleitung nochmals überarbeiten müssen, weil sich normalerweise im Schreibprozess noch Änderungen etwa bei der Gliederung oder der Hypothesenformulierung ergeben.

Der **Hauptteil** umfasst die eigentliche Argumentation: Was geschah, wer sagte oder tat was? Und vor allem: Warum geschah es, warum sagte oder tat wer was? Somit geht es um die Darlegung der Fakten vor dem Hintergrund der eigenen Fragestellung und der Forschungsdiskussion. Welche Inhalte Sie im Hauptteil erwähnen, ergibt sich aus der Fragestellung, die relevante von irrelevanten Fakten trennt: Für unser Beispiel Delbrück können Sie auf die für das Thema relevanten Schriften dieses Historikers eingehen und seine Auseinandersetzungen mit seinen Kollegen über die Dolchstoßlegende erörtern. Es ist aber nicht nötig, viele Lebensdaten – wie etwa wann er wen heiratete – zu nennen, denn diese sind für Ihre Fragestellung nicht relevant und brauchen daher auch nicht erwähnt zu werden.

Die **Art der Darstellung** richtet sich zumindest teilweise nach ihrem Gegenstand. So sind **qualitative Analysen** (→ Quellenverarbeitung) meist stärker durch so genannten Fließtext geprägt als quantitative Analysen. Wenn Sie beispielsweise einen religiösen Ritus wie etwa eine Priesterweihe in Ihrer Arbeit darstellen wollen, geschieht das meist in der Form eines Fließtextes. Die Sprechakte des Rituals sowie besonders aussagekräftige Passagen aus zeitgenössischen Beschreibungen werden Sie wahrscheinlich als sprechende Zitate oder in Ihren eigenen Worten formuliert in Ihren Text übernehmen. Möglicherweise visualisieren Sie die konkreten Formen sozialer Beziehungen zwischen den Teilnehmern des Ritus durch ein Schaubild, das sich ebenfalls für die Darstellung hierarchischer Strukturen aller Art (Behördenaufbau, soziale Schichtung o.ä.) eignet. Oder Sie dokumentieren die räumlichen Bezüge – zum Beispiel das Einzugsgebiet der Akteure – in einer historischen Karte. Dennoch wird der Text die Darstellung sehr stark dominieren.

Bei **quantitativen Analysen** (→ Quellenverarbeitung) ist es hingegen sinnvoll, Ihre‐ Forschungsergebnisse nicht nur durch Text, sondern in **Tabellen**, **Graphen** oder **Diagrammen** wiederzugeben. Eine solche optische Aufbereitung des Materials erleichtert Ihren Lesern ganz wesentlich die Aufnahme der Ergebnisse und den Vergleich mit anderen. Die inhaltlichen und formalen Probleme der optischen Umsetzung von Analyseergebnissen können an dieser Stelle nicht im Einzelnen besprochen werden. Entscheidend ist, dass Sie geeignete Formen der Darstellung wählen. So könnten Sie zum Beispiel die zahlenmäßige Entwicklung der Rezensionen von deutschsprachigen Werken in der Zeitschrift Francia zwischen 1992 und 1999 als Balkendiagramm darstellen, den Anteil der Rezensionen von Werken zu den einzelnen Epochen während des gesamten Untersuchungszeitraumes hingegen in einem Tortendiagramm.

Jährliche Anzahl der Rezensionen deutschsprachiger Werke in der Zeitschrift Francia in den Jahren 1992-1998

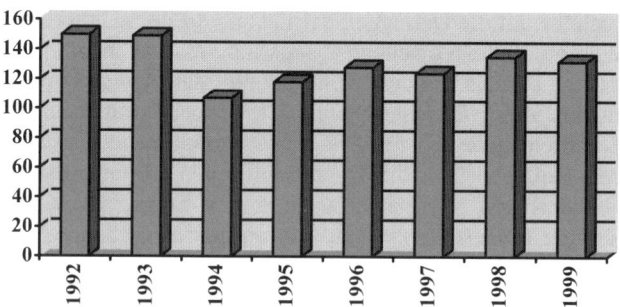

Mithilfe solcher Balkendiagramme lassen sich besonders gut Entwicklungen im Zeitverlauf visualisieren. Tortendiagramme verdeutlichen in besonderer Weise relationale Verhältnisse.

Rezensionen deutschsprachiger Werke in der Zeitschrift Francia 1992-1999, aufgeteilt nach Epochen

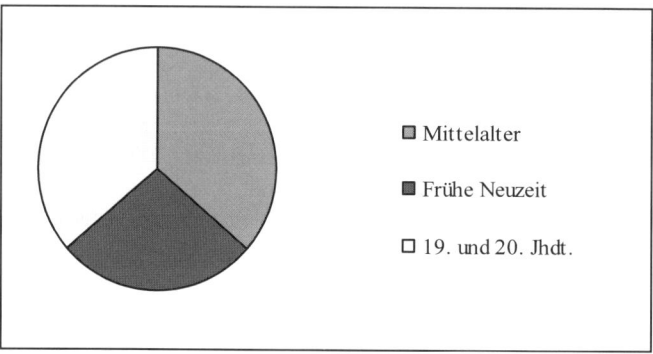

Komplexere quantitative Entwicklungen mit mehreren Untersuchungskategorien pro Zeiteinheit können Sie als Tabelle wiedergeben.

Rezensionen deutschsprachiger Werke pro Jahr in der Zeitschrift Francia 1992-1999, aufgeteilt nach Epochen

	1992	*1993*	*1994*	*1995*	*1996*	*1997*	*1998*	*1999*
Mittelalter	39	36	32	25	44	29	47	31
FNZ	65	53	29	37	41	43	29	30
19./20. Jhdt.	46	60	46	56	43	52	59	71
Summe	150	149	107	118	128	124	135	132

Quelle: Gabriele Lingelbach: Geringe Wahrnehmung als Tradition. Transfer von Deutschland nach Frankreich, in: Fritz Nies (Hg.): Spiel ohne Grenzen? Zum deutsch-französischen Transfer in den Geistes- und Sozialwissenschaften, Tübingen: Narr 2002, S. 142.

Generell gilt: Zu jedem Graph und jeder Tabelle gehört ein Titel, der den Darstellungsinhalt und den gewählten Untersuchungszeitraum präzise bezeichnet.

Bei der Platzierung von Tabellen und Graphen im Text gibt es zwei Möglichkeiten: entweder an der Stelle, an der die Thematik im Text besprochen wird, oder gesammelt im Anhang der Arbeit. Aus produktionsspezifischen Gründen überwiegt das zweite Verfahren, wenngleich das Nachschlagen während der Lektüre mitunter lästig ist. Haben Sie nur wenige Tabellen, können Sie versuchen, diese in den Text zu integrieren. Überlegen Sie, welche Inhalte Sie überhaupt visualisieren wollen, denn der formale Aufwand muss inhaltlich gerechtfertigt sein. Die optische Umsetzung quantifizierender Verfahren darf zudem die inhaltliche Aussage nicht verfälschen oder unangemessen überzeichnen. Sie kennen sicher Darstellungen aus der Tagespresse, bei denen eine Entwicklung viel dramatischer dargestellt wird, als sie eigentlich ist, indem die vertikale Achse mit einer Mengen- oder Prozenteinteilung nicht bei 0 beginnt. Ein derartiges Verfahren ist unseriös.

Diejenigen Inhalte Ihrer Analyse, die Sie optisch umgesetzt haben, sollten Sie im Fließtext nicht nochmals im Einzelnen wiederholen. Vielmehr geht es darum, die Graphen und Tabellen zu problematisieren und zu bewerten. Weisen Sie deshalb nur auf allgemeine Tendenzen, Spezifika wie extreme Abweichungen oder erwartete, aber gerade nicht eingetroffene Entwicklungen hin und ver-

suchen Sie, deren Auftreten vor dem Hintergrund der zeitgenössischen Rahmenbedingungen zu erklären. In unserem Beispiel könnten Sie zusammenfassen,
dass die Zahl der Rezensionen deutschsprachiger Werke in der Francia zwischen
1993 und 1994 um mehr als ein Viertel zurückging und danach nur langsam
wieder anstieg. Dies lässt sich, wie aus der Tabelle hervorgeht, unter anderem
auf den Rückgang der Rezensionen von Büchern über die Frühe Neuzeit zurückführen. Erklären könnten Sie dies damit, dass der Rezensent, der bis 1993 regelmäßig deutsche Werke über diese Epoche in der Francia besprach, 1993 aus dem
Kreis der Mitarbeiter ausschied.

Auf **Exkurse** sollten Sie in Hausarbeiten verzichten. Exkurse sind längere
Textpassagen, die den normalen Argumentationsgang unterbrechen, indem intensiv auf einen Seitenaspekt eingegangen wird. Sind Sie der Meinung, dass
dieser so wichtig für Ihr Thema ist, dass Sie auf seine Darstellung nicht verzichten können, dann sollten Sie ihn in Ihre Argumentation integrieren und gegebenenfalls die Gliederung umstellen. Wenn die Informationen eher nebensächlich
sind, dann kürzen Sie den Exkurs und verbannen ihn in eine Fußnote (→ Fußnoten). Ziel sollte eine stringente Darstellung sein: Achten Sie darauf, dass Ihre
Argumente aufeinander aufbauen, dass Sie Übergänge zwischen Textabschnitten
einfügen und dass Ihre Leser Ihre Schlussfolgerungen wirklich nachvollziehen
können.

Sie brauchen den Hauptteil nicht sofort in eine endgültige Fassung zu bringen. Vielmehr erleichtert es den Schreibprozess, wenn Sie zunächst den Rohtext
verfassen und sich lediglich notieren, wo Sie beispielsweise noch Fakten nachprüfen müssen oder an welcher Stelle Sie sich abermals mit der Gegenposition
einer anderen Forscherin auseinander setzen sollten. Es reicht, für diesen Zweck
zwischen bestimmte Zeichenkombinationen Anweisungen an sich selbst zu
schreiben, zum Beispiel ***Zitat überprüfen*** oder ***Benutzt Meier wirklich
dieses Argument? Nachprüfen!***. Überarbeiten Sie das Manuskript, können
Sie gezielt nach den Zeichenkombinationen suchen und die noch zu klärenden
Dinge abarbeiten.

In der **Schlussbemerkung** sollten Sie Ihre eingangs formulierte Fragestellung aufgreifen und auf der Basis der im Hauptteil zusammengestellten Tatsachen pointiert beantworten. Stellen Sie also eine **These** auf, das heißt eine durch
Fakten belegte Behauptung. Dabei sollten Sie die wichtigsten Ergebnisse Ihrer
Forschung zusammenfassen, nicht aber im Einzelnen wiederholen oder etwa
neue Fakten erwähnen. Vielmehr sollten Sie Ihre Erörterungen auf ein höheres
Abstraktionsniveau bringen, indem Sie sich zum Beispiel mit den in der Forschung vertretenen Meinungen auseinander setzen: Diskutieren Sie, warum Sie
welche Thesenbildung eines bestimmten Historikers ablehnen und der eines
anderen – unter eventueller Abänderung – eher zustimmen. In diesem Zusam-

menhang können Sie außerdem erwähnen, wo noch Forschungslücken bezüglich Ihres Themas bestehen.

Lesen Sie nun Ihr gesamtes Manuskript durch und ergänzen Sie die Ihnen auffallenden Lücken durch die Einarbeitung weiterer Forschungsliteratur. Streichen Sie Wiederholungen und straffen Sie den Text, wo dies möglich ist. Danach folgt die sprachliche und formale **Überarbeitung** (→ sprachliche Gestaltung), wobei Sie unter anderem darauf achten sollten, ob Sie sämtliche Zitate nachgewiesen, die bibliographischen Angaben korrekt gestaltet haben usw. Das fertige Manuskript lassen Sie am besten von einem Kommilitonen lesen, der Sie fachlich überzeugt und von dem Sie wissen, dass er Ihnen seine Kritikpunkte offen sagen wird. Vielleicht weist er Sie auch auf jene Abschnitte hin, die er nicht nachvollziehen konnte – hier sollten Sie versuchen, die entsprechenden Teile mit dem Ziel der Klarheit umzuschreiben. Im Rahmen der **Endüberarbeitung** arbeiten Sie dessen Korrekturen ein.

Abschließend können Sie den **Titel** Ihrer Arbeit festlegen. Er sollte dem Leser bereits eine Idee von dem geben, was ihn erwartet, entweder, indem er das Thema präzise wiedergibt („Die Dolchstoßlegende in den Schriften Delbrücks") oder Ihre These oder Fragestellung bereits anklingen lässt („Geschichtsschreibung zur Verteidigung der Republik? Die Dolchstoßlegende in den Schriften Hans Delbrücks").

Unseres Erachtens ist dies die einfachste, schnellste und ‚wissenschaftlichste' Form des Verfassens von Hausarbeiten. Aber wir wissen auch, dass diese Vorgehensweise nicht allen Studierenden liegt. Es gibt unterschiedliche Schreibstile – finden Sie im Laufe des Studiums Ihren eigenen. Haben Sie Probleme beim Schreiben wie etwa Schreibblockaden, können Sie eine **Schreibwerkstatt** besuchen, in der man das Schreiben wissenschaftlicher Texte übt.

Auch bei der Hausarbeit gelten die Regeln wissenschaftlicher Arbeit (→ Regeln wissenschaftlichen Arbeitens). Dies wirkt sich auf die **sprachliche Gestaltung** Ihrer Hausarbeit aus, in der Sie sich um Verständlichkeit und Präzision bemühen müssen. Wenn Sie bestimmte Sprachmittel vermeiden, kommen Sie diesem Ziel schon um einiges näher.

Zu vermeidende Sprachmittel in Hausarbeiten

▪ Schachtelsätze	▪ Wiederholungen
▪ Fremdwörterhäufungen	▪ Nominalstil
▪ verfehlte Metaphern	▪ Genitivreihungen
▪ Umgangssprache	▪ Passivkonstruktionen
▪ überflüssige Füllwörter	▪ unmotivierte Tempuswechsel

Kurze Sätze erhöhen die Verständlichkeit. Verfassen Sie, selbst wenn Sie der Meinung sind, es sei unbedingt notwendig, weil das, was Sie erläutern wollen, außerordentlich komplex ist, und weil Ihnen ein solcher Schreibstil auch bei renommierten Autoren schon begegnet ist, keine – auch nicht in Ausnahmefällen – derartigen Schachtelsätze, wie den Satz, den Sie gerade mehr oder weniger aufmerksam lesen. So umgehen Sie zudem unnötige Grammatikfehler.

Der Gebrauch von Fremdwörtern ist sicherlich Geschmackssache – wir ziehen die deutschen Gegenstücke vor, denn hinter so manchem „Diskurs" versteckt sich nur ein allgemeines „Gerede". Benutzen Sie fachspezifische Fremdwörter wie etwa „Sozialdisziplinierung", dann sollten Sie kurz definieren, was Sie darunter verstehen. Bei der Wahl der Metaphern sollten Sie ebenfalls Vorsicht walten lassen: Lassen Sie eine Oppositionspartei bei einer parlamentarischen Abstimmung „wie Strohhalme umknicken", so trägt dies nicht zur inhaltlichen Präzisierung des Vorgangs bei und folgt zudem nicht der Forderung nach werturteilsfreier Darstellung. Vermeiden Sie umgangssprachliche Formulierungen: „Daraufhin laberte Delbrück etwas über den Super-GAU der deutschen Front im Westen ...", unnötige Anglizismen und Füllwörter (→ Füllwörter). Der schriftliche Ausdruck unterscheidet sich vom mündlichen mithin durch einen höheren Grad an Präzision. Dazu gehört, dass Sie bereits Erwähntes nicht wenige Seiten später wiederholen.

Einem gut lesbaren Stil kommen Sie zudem näher, wenn Sie Passivkonstruktionen („Passivkonstruktionen werden zu häufig benutzt") und Formulierungen in der ‚Man'-Form („Man war die Entbehrungen des Krieges leid") vermeiden. Dies ist nicht nur eine Frage des Sprachstils, vielmehr geht es auch um Exaktheit („Wer genau war die Entbehrungen des Krieges leid?"). Verzichten Sie des Weiteren auf den Nominalstil („Das Aufstellen einer These ermöglicht das Bearbeiten eines Zusammenhanges"). Genitivreihungen („Die Korrektur des Manuskriptes der Hausarbeit des Studierenden ...") tragen ebenfalls nicht zum Lesevergnügen bei. Historische Darstellungen werden in der Regel in der Vergangenheitsform geschrieben – daher sollten Sie das Präsens nur benutzen, wenn Sie Sachverhalte beschreiben, die sich auf die Gegenwart beziehen, zum Beispiel wenn Sie auf aktuelle Forschungsdebatten eingehen.

Die Person des Autors tritt im deutschsprachigen Bereich beim wissenschaftlichen Schreiben weitgehend in den Hintergrund: Viele Dozenten empfehlen daher, die erste Person Singular allenfalls dann zu benutzen, wenn Sie eine dezidierte Meinung vertreten oder Ihre Fragestellung und Ihr Erkenntnisinteresse erläutern. Das früher übliche „Wir" („Wir kritisieren den Standpunkt von Meier …") als Ersatz für die erste Person Singular wirkt mittlerweile deplatziert.

Auch die **formale Gestaltung** ist wichtig. Jede Hausarbeit besteht aus vier bis sechs Teilen, an die jeweils eigene formale Ansprüche gestellt werden:

Teile einer Hausarbeit

- Titelblatt
- Inhaltsverzeichnis
- Text mit Argumentation
- Quellen- und Literaturverzeichnis
- gegebenenfalls Abkürzungsverzeichnis
- gegebenenfalls Anhang

Das **Titelblatt** einer Hausarbeit muss enthalten:

Bestandteile des Titelblattes

- Ihren Namen, Ihre Anschrift, Ihre E-Mail-Adresse
- Titel und Untertitel der Arbeit
- Rahmen der Hausarbeit: Universität, Art und Thema der besuchten Veranstaltung, Name der Veranstaltungsleiterin, Semester

Titelblatt einer Hausarbeit (Beispiel)

Petra Schlau
Karlstraße 1
54286 Trier
Tel.: 0651/987654
E-Mail: PeSchl@uni-trier.de

Geschichtsschreibung zur Verteidigung der Republik?

Die Dolchstoßlegende in den Schriften Hans Delbrücks

Universität Trier
Fachbereich III – Neueste Geschichte
Proseminar „Politische Publizistik in der Weimarer Republik"
Dozentin: Dr. Werauchimmer
Wintersemester 2003/2004

Das **Inhaltsverzeichnis** erlaubt einen ersten Überblick, wie Sie das Thema aufgefasst, bearbeitet und dargestellt haben. Die Gliederung sollte in sich logisch und kohärent sein, nicht zu oberflächlich, aber auch nicht zu detailliert. Die **Kapitelüberschriften** sollten aussagekräftig und passend sein und mit jenen im Haupttext übereinstimmen. Dies gilt ebenfalls für die **Kapitelnummerierung**, die konsequent gestaltet sein muss. Entweder Sie entscheiden sich wie im Gliederungsbeispiel oben für das Dezimalsystem: Hauptkapitel: 1; Unterkapitel: 1.1.; Unter-Unterkapitel: 1.1.1. Oder Sie verwenden für die Hauptkapitel römische Ziffern (I.), für die Unterkapitel arabische (1.) und für die Unter-Unterkapitel Buchstaben (a.). Unterteilen Sie ein Kapitel, muss dieses mindestens zwei Unterkapitel haben (also nicht: 4. Kapitel, 4.1. Unterkapitel, 5. Kapitel; sondern: 4. Kapitel, 4.1. Unterkapitel, 4.2. Unterkapitel).

Die **formale Textgestaltung** unterliegt dem Gebot der Einheitlichkeit: Haben Sie sich entschlossen, Ihren Text in der neuen Rechtschreibung zu schreiben, bleiben Sie konsequent bei dieser. Wollen Sie Begriffe, die Sie ironisch verwenden oder von denen Sie sich distanzieren, in einfache ‚Gänsefüßchen' (‚') setzen, dann sollten Sie dies immer tun. Außerdem sollten Schriftgröße und -type nicht wechseln.

Vorschlag für die formale Textgestaltung einer Hausarbeit

- Schrifttype: Arial oder Times New Roman
- Schriftgröße Haupttext: 12 Punkt
- Schriftgröße Fußnoten: 10 Punkt
- Schriftschnitt Kapitelüberschriften: Fett
- Zeilenabstand: 1,5
- Absatzgestaltung: Blocksatz
- Korrekturrand: links 2, rechts 3 cm
- Seitenzahlen: rechts oder mittig (beginnend mit der Einleitung)

Auf diese oder ähnliche Formatierungen bezieht sich auch die Angabe, die Sie im Seminar bezüglich der Seitenzahl der Hausarbeit erhalten.

Der Gestaltung von **Absätzen** sollten Sie einige Aufmerksamkeit widmen: Absätze sind Sinneinheiten, die den Text für die Leser strukturieren. Dies bedeutet, dass Sie nicht hinter jedem Satz einen Absatz machen sollten, sondern dann, wenn Sie einen Gedankengang oder einen Sinnabschnitt beendet haben und zu einem neuen übergehen. Mithin sind seitenlange Absätze ebenfalls nicht sinnvoll, zumal sie das Lesen erschweren.

Bei der Verwendung von **Zitaten** sind einige Regeln zu beachten: Zitieren können Sie entweder prägnante Aussagen aus den Quellen, die eine von Ihnen aufgestellte Behauptung belegen. Oder Sie zitieren aus der Forschungsliteratur eine besonders treffende Formulierung einer These, also eine dezidierte Meinungsäußerung eines Autors, mit der Sie sich auseinander setzen. Die intellektuelle Redlichkeit (→ Regeln wissenschaftlichen Arbeitens) verlangt, dass Sie die Ressourcen, die Sie für Ihre Arbeit benutzt haben, offen legen. Keinesfalls dürfen Sie ganze Sätze oder Passagen wortwörtlich oder sinngemäß aus der Literatur abschreiben, ohne dies in Ihren Fußnoten kenntlich gemacht zu haben. Feststellungen bekannter Tatsachen etwa in der Art: „79 nach Christus brach der Vesuv aus und verschüttete Pompeji" sollten Sie hingegen nicht in Form von Zitaten vorbringen. Zu viele und zu umfangreiche Zitate wecken den Verdacht, dass Sie nicht in der Lage sind, ein Thema selbstständig zu erfassen und analytisch zu durchdringen.

Zitate sollten immer zwischen doppelten Anführungsstrichen („") stehen. Außerdem muss direkt hinter jedes Zitat ein **Fußnotenzeichen** gesetzt werden, das auf die Fußnote verweist, in der die Herkunft des Zitats mit den vollständigen bibliographischen Angaben zu Ihrer Quelle inklusive der Seitenangabe nachgewiesen wird. Manipulieren Sie ein Zitat für die Wiedergabe, sollten Sie dies kenntlich machen. Haben Sie zum Beispiel einen Teil des Zitates weggekürzt, dann müssen Sie die Auslassung durch eckige Klammern und drei Punkte ([...]) verdeutlichen. Im Original vorhandene Hervorhebungen wie etwa unterstrichene oder kursiv gesetzte Textpassagen übernehmen Sie. Haben Sie Hervorhebungen hinzugefügt, dann sollten Sie dies in der Fußnote durch den Zusatz „Hervorhebung durch den Verfasser" kenntlich machen.

Zitieren Sie eine Passage aus einem Buch, die bereits ein Zitat enthält, dann sollten Sie dieses innerhalb des Zitats durch einfache Anführungsstriche kennzeichnen. Zitieren Sie aus der Forschungsliteratur etwas, was bereits dort ein Zitat war (= **Sekundärzitat**), machen Sie dies durch ein „z.n." oder „zitiert nach" vor der bibliographischen Angabe in der Fußnote kenntlich wie im folgenden Beispiel.

Verwendung und Nachweis von Zitaten (Beispiel)

Sie finden auf der Seite 230 eines Textes, dessen Verfasser Alexandre Escudier ist, ein Zitat von Hegel, das Sie gekürzt in Ihrer Hausarbeit selber zitieren. In diesem Fall leiten Sie das Zitat mit einem Hinweis auf den Autoren ein und schreiben beispielsweise:

Wiedergabe als Zitat:

Schon Hegel kritisierte: „Die Engländer und Franzosen wissen im allgemeinen, wie man Geschichte schreiben müsse; [...] bei uns klügelt sich jeder etwas Eigentümliches aus. Die

Engländer und Franzosen haben daher vortreffliche Geschichtsschreiber; bei uns [...] findet [man], dass beinahe jede Rezension mit einer eigenen Theorie über die Art, wie Geschichte geschrieben werden soll, anfängt, einer Theorie, die der Rezensent der Theorie des Geschichtsschreibers entgegenstellt."[1]

Indirekte Wiedergabe (gekürzt):
Laut Escudier stellte schon Hegel fest, dass Engländer und Franzosen bessere Geschichtsschreiber seien, weil sie nicht wie die Deutschen bei jeder Gelegenheit versuchten, Theorien zur Historiographie aufzustellen.[2]

In den Fußnoten erscheint:
[1] Georg Friedrich Wilhelm Hegel: Die Behandlungsarten der Geschichte; zitiert nach Alexandre Escudier: Die historische Darstellung als theoretisches Problem in Frankreich und Deutschland im 19. Jahrhundert, in: Christoph Conrad / Sebastian Conrad (Hgg.): Die Nation schreiben. Geschichtswissenschaft im internationalen Vergleich, Göttingen: Vandenhoeck & Ruprecht 2002, S. 209-235, hier S. 230.

[2] Alexandre Escudier: Die historische Darstellung als theoretisches Problem in Frankreich und Deutschland im 19. Jahrhundert, in: Christoph Conrad / Sebastian Conrad (Hgg.): Die Nation schreiben. Geschichtswissenschaft im internationalen Vergleich, Göttingen: Vandenhoeck & Ruprecht 2002, S. 209-235, hier S. 230.

Die hochgestellte Fußnotenzahl erscheint im Text hinter der Interpunktion, also hinter dem Punkt oder dem Komma bzw. Semikolon. Nur bei Zahlenangaben wird sie wie bei Zitaten direkt hinter die Angabe gesetzt. Die Fußnote selbst steht am unteren Seitenrand, beginnt immer mit Großschreibung und endet mit einem Punkt. Die Fußnotenzählung ist durchlaufend, beginnen Sie also nicht auf jeder Seite oder in jedem Kapitel wieder mit Fußnote 1. Nennen Sie eine Literaturangabe zum ersten Mal in einer Fußnote, so müssen Sie die vollständige und **korrekte Titelangabe** (→ Korrekte Titelangabe) anführen. Der Lesbarkeit halber ist es angebracht, bei Literaturangaben in Fußnoten anders bei jenen in der Bibliographie zuerst den Vornamen und dann den Nachnamen von Autoren oder Herausgebern zu nennen. Bei einer erneuten Nennung des Werkes reicht der **Kurztitel**: Nachname des Autors, erstes Sinn gebendes Substantiv unter Auslassung von Artikeln (zum Beispiel Escudier: Darstellung, S. 230). Ein „Ebd." kann gesetzt werden, wenn in der Fußnote auf denselben Titel verwiesen wird wie in der vorangegangenen bibliographischen Angabe.

Beispiel für Titelangaben in Fußnoten

```
------------------------------------------------------------------
```

[1] Lutz Raphael: Geschichtswissenschaft im Zeitalter der Extreme. Theorien, Methoden, Tendenzen von 1900 bis zur Gegenwart, München: Beck 2003, S. 98-127, hier S. 101f.

[2] Ebd., S. 154.

[3] Ders.: Die Erben von Bloch und Febvre: ‚Annales'-Geschichtsschreibung und ‚nouvelle histoire' in Frankreich 1945-1980, Stuttgart: Klett-Cotta 1994, S. 105-110.

Eine Reihe von Abkürzungen kommt in Fußnoten häufig vor:

Abkürzungen in Fußnoten

a.a.O.	am angegebenen Ort. Bedeutet, dass der Autor irgendwann vorher schon einmal die Titelangaben genannt hat.
Aufl.	Auflage. Wird gegebenenfalls ergänzt durch aktual. (aktualisierte), erw. (erweiterte), korr. (korrigierte) oder überarb. (überarbeitete).
Bd.	Band
ders.	derselbe Verfasser
dies.	dieselbe Verfasserin oder dieselben Verfasser
Diss.	Dissertation. Wird gebraucht, wenn die Arbeit nur maschinenschriftlich vorliegt. In diesem Fall muss noch der Universitätsort und das Jahr der Einreichung der Doktorarbeit angegeben werden.
ebd.	ebenda. Bezieht sich auf die zuletzt in derselben oder der vorangegangenen Fußnote genannte bibliographische Angabe.
et al.	et alii. Steht für „und weitere", beispielsweise weitere Autoren.
f.	diese und die folgende Seite sind gemeint
ff.	diese und die folgenden Seiten sind gemeint. Unpräzise, deshalb nicht mehr gebräuchliche Angabe.
Hg. (auch Hrsg.)	Herausgeber (bei mehreren Herausgebern: Hgg.).
hg.v.	herausgegeben von

passim	Der Autor geht auf diesen Sachverhalt an verschiedenen Stellen in seinem Buch ein.
S.	Seite; auch „Siehe".
vgl.	vergleiche. Bedeutet „anders bei N.N.", bei einigen Autoren auch „so schon bei N.N.".
z.n.	zitiert nach

Das **Quellen- und Literaturverzeichnis** der meisten geschichtswissenschaftlichen Hausarbeiten setzt sich aus zwei Teilen zusammen: Zunächst führen Sie
alle Quellen auf, die Sie für Ihre Hausarbeit verwendet haben. Benutzten Sie
einzelne Quellen aus einer Edition, dann reicht es aus, die Quellenedition zu
nennen, Sie müssen nicht all jene Quellen, die Sie innerhalb der Edition angesehen haben, einzeln aufführen (in Fußnoten müssen Sie hingegen das Quellen-
stück nennen inklusive der Seite, auf der sich dieses in der Quellenedition befindet). Der zweite Teil des Literaturverzeichnisses beinhaltet jene Forschungsliteratur, die Sie intensiv benutzt haben.

Quellen- und Literaturverzeichnis (Beispiel)

Quellen- und Literaturverzeichnis

1. Quellen
Allgemeiner Kongreß der Arbeiter- und Soldatenräte Deutschlands vom 16. bis 21.
Dezember 1918 im Abgeordnetenhaus zu Berlin: Stenographische Berichte (1919),
ND Glashütten: Auvermann 1973.
Engel, Gerhard (Hg.): Groß-Berliner Arbeiter- und Soldatenräte in der Revolution
1918/19. Dokumente der Vollversammlungen und des Vollzugsrates, vom 1.
Reichsrätekongreß bis zum Generalstreikbeschluß am 3. März 1919, Berlin:
Akademie-Verlag 1997
Huber, Ernst Rudolf (Hg.): Dokumente zur deutschen Verfassungsgeschichte, Bd.
4: Deutsche Verfassungsdokumente 1919-1933, 3., bearb. Aufl., Stuttgart u.a.:
Kohlhammer 1991.
2. Literatur
Flemming, Jens: Parlamentarische Kontrolle in der Novemberrevolution.
Zur Rolle und Politik des Zentralrats zwischen erstem und zweitem Rätekongreß
(Dezember 1918 bis April 1919), in: Archiv für Sozialgeschichte 11 (1971), S. 69-
139.

Kolb, Eberhard: Die Arbeiterräte in der deutschen Innenpolitik 1918-1919, 2., erw.
Aufl., Frankfurt/M. u.a.: Ullstein 1978.
Roß, Sabine: Revolution ohne Revolutionäre? Kollektive Biographie der
Delegierten der deutschen Reichsrätekongresse 1918/19, in: Historical Social
Research 23 (1998) Heft 3, S. 38-57.
....

Alle Titel, die Sie in den Fußnoten erwähnt haben, müssen in das Verzeichnis
aufgenommen werden. Bei einem Quellen- und Literaturverzeichnis handelt es
sich nicht um eine Bibliographie zu Ihrem Thema, sondern um eine Auflistung
der tatsächlich von Ihnen ganz oder teilweise gelesenen Werke. Keinesfalls sollten Sie Titel aufführen, deren Inhalt Ihnen nicht vertraut ist, die Sie nur einmal
oberflächlich durchgeblättert oder unter Umständen gar nicht in der Hand gehabt
haben. Wie umfangreich das Literaturverzeichnis ist, kommt auf die Intensität
Ihrer Literaturbearbeitung an. Sie sollten nicht so wenig Literatur aufführen, dass
Ihnen Ihre Dozentin Faulheit unterstellen könnte, aber auch nicht zu viel, so dass
der Verdacht entstehen könnte, Sie hätten mehr Literatur aufgelistet, als Sie in
Wahrheit verwendet haben. Beachten Sie aber auf jeden Fall, dass Sie die in der
Forschung als zentral definierten Standardwerke zu Ihrem Thema bearbeitet und
aufgenommen haben. Außerdem sollten Sie vor allem auf neuere Literatur zu
Ihrem Thema rekurriert und nur die qualitativ höher stehenden Werke intensiv
genutzt haben (→ Qualitätsbewertung).

Beiträge aus Nachschlagewerken sind im Literaturverzeichnis nur zu nennen, wenn Sie Ihre Darstellung wesentlich auf diese stützen: Haben Sie beispielsweise in Ihrer Arbeit über die Wahlen zur Nationalversammlung in Weimar
1919 im dtv-Atlas nur nachgeschlagen, an welchem Tag diese Wahl genau statt-
fand, dann brauchen Sie den dtv-Atlas nicht aufzuführen. Haben Sie aber aus
dem Artikel über Friedrich Ebert in der Neuen Deutschen Biographie zentrale
Informationen über dessen Rolle bei der Vorbereitung der Wahlen gezogen,
müssen Sie diesen Artikel in Ihr Literaturverzeichnis mit vollständigen bibliographischen Angaben aufnehmen.

Am obigen Beispiel können Sie sehen, dass sowohl die Quellen als auch die
Forschungsliteratur alphabetisch geordnet werden, dass Autoren- und Herausge-
bernamen dabei gleich behandelt werden und dass die korrekte und vollständige
Titelangabe wiedergegeben wird.

Mitunter ist es sinnvoll, der Hausarbeit ein **Abkürzungsverzeichnis** hinzu-
zufügen. Hierin brauchen Sie nicht die allgemein üblichen Abkürzungen wie
„z.B.", „ebd.", „Aufl." aufzuführen, sondern nur solche, die nicht landläufig

bekannt sind. Wollen Sie beispielsweise in einer Hausarbeit über den Vollzugsrat des Arbeiter- und Soldatenrates Groß-Berlin diesen nicht immer ausschreiben, sondern mit VR abkürzen, dann müssen Sie die Abkürzung VR im Abkürzungs-verzeichnis auflösen.

Ein **Anhang** beinhaltet keinen von Ihnen geschriebenen Text mehr, sondern Material, das Ihre Argumentation belegt: Statistiken, zentrale Quellen oder Ab-bildungen. Am besten, Sie nummerieren die einzelnen Bestandteile des Anhan-ges und erstellen ein Verzeichnis. Auf die Nummern dieses Anhanges können Sie sich im Haupttext beziehen.

Überprüfen Sie vor der Abgabe der Arbeit, ob Sie wirklich alle Formalia berücksichtigt haben. Dozenten freuen sich über eine konsequente Textgestal-tung und korrekte Behandlung der Fußnoten ebenso wie über einen stilsicher geschriebenen Text ohne Rechtschreibungs- oder Grammatikfehler, aber mit der richtigen Verwendung der indirekten Rede. Lässt sich Ihre Arbeit flüssig lesen und haben Sie die Aussagen so klar formuliert, dass Ihrem Leser sofort deutlich wird, was Sie aussagen wollen, werden Sie sicherlich viel Lob erhalten.

4.3.3 Seminarklausur

Viele Lehrveranstaltungen schließen mit schriftlichen Klausuren ab. Die Techni-ken zum erfolgreichen Bestehen dieser Prüfungen zu erlernen, wird immer wich-tiger: Durch die Einführung der B.A./M.A.-Studiengänge wird sich die Zahl der während des Studiums zu absolvierenden Klausuren in den meisten Fächern erhöhen. Die erzielten Noten werden für die Abschlussnote relevant.

Es gibt verschiedene **Klausurformen**, die von den Dozenten in einer Klau-sur auch kombiniert werden können:

Formen schriftlicher Klausuren

- Multiple-Choice-Tests (in der Geschichtswissenschaft eher selten)
- mehrere kürzer zu beantwortende Fragen (beispielsweise zur Propädeutik)
- eine oder einige wenige übergreifende Fragen
- Quelleninterpretation

Fragen Sie Ihre Seminarleiterin, welche Prüfungsform Sie erwartet, denn je nach Art der Klausur müssen Sie sich anders vorbereiten: Je mehr Fragen gestellt werden, desto faktologischer und punktueller müssen Ihre Antworten und dem-entsprechend Ihre gelernten Wissenseinheiten sein. Im Folgenden werden die

beiden häufigsten Klausurenformen behandelt: die Beantwortung einer übergreifenden Frage und die Quelleninterpretation.

Für die **inhaltliche Vorbereitung** solcher Prüfungen ist das (am besten am
PC zu erledigende) Erstellen von **Karteikarten** die sinnvollste Lernmethode.
Auf die Karteikarten schreiben Sie vorne zentrale Begriffe, Namen oder Daten,
zu denen Sie Fragen in der Klausur erwarten bzw. von denen Sie glauben, dass
Sie bei ihnen Informationen unterbringen könnten. Auf der Rückseite notieren
Sie jene Inhalte, die Sie zu diesem Thema lernen wollen. Als Beispiel dient ein
Lernmodul zum Aufstand in der DDR am 17. Juni 1953.

Zentral ist die Entscheidung, welche Daten oder Stichworte Sie auswählen,
um das Thema der Lehrveranstaltung in Form von Karteikarten abzudecken.
Dabei können Sie sich an einem Handbuch oder einer Überblicksdarstellung
orientieren und die dort angegebenen Überschriften von Unterkapiteln oder die
am Rand stehenden Stichworte übernehmen, gegebenenfalls auch aus Zeitleisten
die zentralen chronologischen Daten als Ausgangspunkt nehmen, um das Semi-
narthema in Unterthemen aufzugliedern und diese als **Karteikartenüberschrif-
ten** zu verwenden. Vergleichen Sie Ihre Schlagwortliste zudem mit dem Sit-
zungsplan und Ihren Aufzeichnungen aus der Lehrveranstaltung, um die thematischen Schwerpunktsetzungen Ihrer Dozentin ebenfalls zu berücksichtigen.

Karteikarte mit Lernmodul zum 17. Juni 1953 (Beispiel)

Aufstand in der DDR gegen das SED-Regime

17. Juni 1953

Anlass: Beschluss des Politbüros zum ‚Neuen Kurs'
(→ Karteikarte ‚Neuer Kurs')

Verlauf: Streiks der Bauarbeiter, Streikwelle, Demonstratio-
nen mit wirtschaftlichen, später auch politischen Forderungen, Befreiung politischer Gefangener; Sowjetische Truppen
schlagen Aufstand nieder

Folgen: Verhaftungswelle, Standgerichte, Auswanderungs-
welle; SED schwenkt auf langsameren Transformationskurs
um; ‚Reinigung' des Parteiapparates

Forschungsdiskussionen: a.) Arbeiteraufstand (Staritz) oder
Volksaufstand (Fulbrook)? b.) gescheiterte Revolution (Mit-
ter) oder nur Aufstand (Diedrich)?

Sie sollten dabei nicht zu viele Karteikarten anlegen, denn sonst überschneiden
sich diese thematisch. So böte sich zum Beispiel bei der Vorbereitung auf die

Klausur zum Proseminar „Die Innenpolitik der DDR bis 1971" folgende Stich-
wortgebung an:

Innenpolitik der DDR bis 1971 – Lernmodule (Auswahl)

Chronologisch	Systematisch	Biographisch
Entstehung der SBZ	Bildungssystem	Otto Grotewohl
Gründung der DDR (1949)	Blockparteien	Rudolf Herrnstadt / Wilhelm Zaisser
‚Neuer Kurs' (1953)	Flucht aus der DDR	Erich Honecker
17. Juni 1953	große Forschungskontroversen	Wilhelm Pieck
Mauerbau (1961)	ideologische Grundlagen des SED-Regimes	Karl Schirdewan / Ernst Wollweber / Gerhart Ziller
Verkündung ‚NÖSPL' (1963)	Kollektivierung der Landwirtschaft	Willi Stoph
‚Neues Ökonomisches System' (1965)	Massenorganisationen	Walter Ulbricht
VII. Parteitag der SED (1967)	Ministerium für Staatssicherheit	...
Machtwechsel von Ulbricht zu Honecker (1971)	Opposition, außerparteilich	
...		

Die Rückseiten der Karteikarten füllen Sie anhand Ihrer Aufzeichnungen aus
dem Seminar, der dort ausgegebenen Referatspapiere, Ihrer Exzerpte und Datei-
en aus Ihrer bisherigen Lesearbeit sowie ergänzender Lektüre. Dabei sollten Sie
keine Fließtexte schreiben, sondern wie im Beispiel zum 17. Juni 1953 **systematisch angeordnete Stichworte**, mit deren Hilfe Sie in der Prüfung dann einen
zusammenhängenden Text formulieren können.

Für die Erstellung von Lernmodulen ist die Arbeit in **Lerngruppen** sehr
sinnvoll: In diesen können Sie Ihre Aufzeichnungen und Systematisierungen mit
jenen Ihrer Kommilitonen vergleichen und vielleicht ergänzen. Um sich auf

Überblicksfragen vorzubereiten, die mehr als nur ein Lernmodul umfassen, soll-
ten Sie sich im Vorfeld solche umfassenderen Fragen selbst stellen oder in Ihrer
Arbeitsgruppe von Kommilitonen stellen lassen. Spielen Sie dann Antwortstrate-
gien durch. Welche Lernmodule oder Teile von Lernmodulen können Sie in der
Klausur unterbringen, wenn die Prüfungsfrage auf einen bestimmten größeren
Zusammenhang zielt? So könnte die Aufgabe in der Klausur zur Innenpolitik der
DDR beispielsweise lauten: „Diskutieren Sie die in der Forschung aufgestellte
These, die DDR sei eine in besonderem Maße ‚durchherrschte Gesellschaft'
gewesen." Reflektieren Sie zunächst die These, die hinter der Aufgabenstellung
steht: In der DDR habe der herrschaftliche Apparat tief in alle gesellschaftlichen
Systeme eingegriffen, so dass sich soziale Prozesse in erster Linie über politische
Entwicklungen erklären lassen. Gehen Sie die Liste Ihrer Lernmodule auf die
Inhalte hin durch, welche sich besonders für die Auseinandersetzung mit dieser
These eignen. Suchen Sie nach Argumenten für und gegen diese These etwa in
den Lernmodulen zum Bildungssystem, zur Kollektivierung, zu den Massenor-
ganisationen, zum Wirtschaftssystem / Planwirtschaft, NÖSPL, zur Opposition
und natürlich zu den großen Forschungskontroversen. Überlegen Sie, wie Sie das
dort gespeicherte Wissen in der Klausur argumentativ verknüpfen könnten.

Für die Vorbereitung auf Klausuren sollten Sie sich **Lernstrategien** aneignen, die Ihnen zugleich einen langfristigen Lernerfolg ermöglichen. Diese können Sie auch für die Vorbereitung auf mündliche Prüfungen anwenden. Wichtig
ist, dass Sie Ihren **eigenen Lernstil** entwickeln – nicht alle Menschen lernen
gleich. Lernen Sie beispielsweise dort, wo Sie sich wohl fühlen – in der Bibliothek, zu Hause am Schreibtisch oder im Park: An dem Ort, wo Sie erfahrungsgemäß die besten Ergebnisse erzielen, sollten Sie lernen.

Die Konzentrationsfähigkeit des Menschen ist begrenzt: Machen Sie zwischendurch **Pausen** und belohnen Sie sich, wenn Sie einen Lernabschnitt geschafft haben, zum Beispiel eine der Karteikarten mehrmals hintereinander vollständig und stockungsfrei repetieren konnten. Am besten stellen Sie sich beim
Lernen Teilaufgaben – etwa das Lernmodul zum Thema „Hochschulsystem der
DDR" verfassen sowie die bereits geschriebenen zu Erich Honecker und Willi
Stoph fehlerfrei repetieren – um nach erfolgreicher Erledigung der Teilaufgabe
einen Tee zu kochen oder die Blumen zu gießen. Haben Sie drei oder vier Stunden intensiv gelernt, sollten Sie eine Stunde pausieren und etwas völlig anderes
tun. Innerhalb eines solchen Lernblocks können Sie sich ebenfalls zwei oder drei
kürzere Kaffee- oder Bewegungspausen gönnen, aber eben auch nicht mehr:
Beobachten Sie, ob Sie Vermeidungsstrategien benutzen, sich nur allzu gerne
ablenken lassen. Machen Sie zu häufig oder zu lange Arbeitspausen, sollten Sie
die potenziellen Ablenkungsmöglichkeiten in Ihrer Umgebung reduzieren: Stellen Sie das Telefon leise, hängen Sie einen Zettel an Ihre Zimmertür, dass Sie

von Ihren WG-Mitbewohnern jetzt nicht gestört werden wollen, verlagern Sie Ihren Arbeitsplatz in die Bibliothek (➔ Arbeitsort).

Lernen lebt vom **Wiederholen**: Nur das, was Sie mehrfach repetieren, bleibt auch hängen. Deshalb sollten Sie jede der Karteikarten in gewissen Abständen wieder zur Hand nehmen. Jene Lernmodule, die Sie mehrfach gut wiederholen konnten, können Sie eine Weile beiseite legen, jene, mit denen Sie Schwierigkeiten hatten, sollten Sie auf einen Stapel legen, den Sie in regelmäßigen Abständen wiederholen, bis Sie den Inhalt beherrschen. Oder machen Sie ‚Reiterchen' auf jene Karteikarten, die Sie noch nicht auswendig konnten und daher bald wieder ansehen sollten. Memorieren Sie die Rückseiten der Karteikarten am besten laut: So prägt sich der Inhalt besser ein, außerdem merken Sie so am ehesten, wo Sie noch unsicher sind. Diese Teile sollten Sie dann nochmals genauer lesen und wiederholen.

Sinnvoll ist es darüber hinaus, sich durch eine Kommilitonin abfragen zu lassen – besonders für mündliche Prüfungen ist dies eine gute Vorbereitung, simuliert es doch die Prüfungssituation und gibt Ihnen Sicherheit. Entwickelt die Kommilitonin eigene Fragestellungen, trainieren Sie dabei gleichzeitig, Ihr Wissen neu zu arrangieren, Ihre Lernmodule argumentativ überzeugend zu verknüpfen. Es empfiehlt sich zudem, am Prüfungstag nicht mehr zu lernen – das nächtliche ‚Büffeln' vor der Klausur bringt in der Regel ebenfalls nichts: Wer rechtzeitig anfängt zu lernen, kann auch rechtzeitig damit aufhören und ruhig und ausgeschlafen in die Prüfung gehen.

Nehmen Sie zur **Klausur** ausreichend Schreibpapier mit Korrekturrand und gut funktionierende Stifte mit. Außerdem sollten Sie Ihre Uhr nicht vergessen, denn Sie müssen die Zeit gut einteilen. Insgesamt müssen Sie fünf Arbeitsschritte bewältigen:

Arbeitsschritte während der Klausur

- Lesen und Analysieren der Aufgabenstellung
- Gliederung der Antwort erstellen
- Zeit festlegen, die pro Antwortteil höchstens gebraucht werden darf
- Klausurtext schreiben
- Korrekturlesen

Jeder dieser Arbeitsschritte erfordert Zeit – es gibt keine festen Regeln, aber für das Schreiben des Textes sollten Sie mindestens zwei Drittel der gesamten Klausurzeit reservieren.

Lesen Sie zunächst aufmerksam und intensiv die **Aufgabenstellung**. Am besten Sie versuchen, die Aufgabe in eigenen Worten für sich zusammen zu fassen, um sich zu vergewissern, dass Sie sie auch wirklich verstanden haben. Machen Sie sich klar, welches Thema im Mittelpunkt steht, wodurch es begrenzt ist, und welche Anweisungen in der Fragestellung enthalten sind. Eine Aufgabe wie: „Diskutieren Sie die Ursachen der 1848er-Revolution in Frankreich" nennt Ihnen das Thema (die Revolution von 1848) und dessen Begrenzung (es geht um die Ursachen der Revolution und nicht um ihren Verlauf oder die Folgen; es geht um die Revolution in Frankreich und nicht um die in Deutschland). Das Wort „Diskutieren" verweist darauf, dass Sie die unterschiedlichen Ursachen nicht nur nennen sollen, sondern darüber hinaus unter Rückgriff auf die verschiedenen Forschungsmeinungen abwägen sollen, welche Ihrer Ansicht nach aus welchen Gründen relevanter waren als andere. Auch Formulierungen wie „Beschreiben Sie ...", „Nehmen Sie Stellung ...", „Vergleichen Sie ..." geben Ihnen vor, wie Sie Ihr Thema behandeln und Ihre Arbeit gliedern sollten.

Der zweite Schritt besteht darin, die Verbindung zwischen der Frage und den von Ihnen entworfenen Lernmodulen herzustellen. Gehen Sie in Gedanken die Vorderseiten Ihrer Karteikarten durch und entscheiden Sie, auf welche Stichpunkte in der Frage angespielt wird, welche thematischen Schwerpunkte Sie in Ihrer Antwort dementsprechend abarbeiten sollten. Unterscheiden Sie bei der Zusammenstellung der Stichpunkte zwischen den zentral angesprochenen und denen, die nur gestreift werden. Entwerfen Sie dabei auf einem separaten Blatt eine **Gliederung** Ihrer Antwort: Notieren Sie die Stichworte, die für die Beantwortung der Frage von Bedeutung sind und legen Sie dann mithilfe von Verbindungspfeilen oder Nummerierungen die Reihenfolge der Stichworte fest, anhand derer Sie Ihre Argumentation entfalten wollen.

Beim Erstellen der Gliederung sollten Sie notieren, wie viel **Zeit** Sie für die Niederschrift Ihrer Überlegungen pro Gliederungspunkt ansetzen. Kennzeichnen Sie diejenigen Unterthemen, die bei Zeitknappheit notfalls wegfallen können, so dass für die zentralen Argumentationselemente ausreichend Zeit bleibt. Kalkulieren Sie ein, dass Sie am Ende noch fünf bis zehn Minuten haben sollten, um die Arbeit durchzulesen, Grammatikfehler zu korrigieren und Begriffe zu präzisieren o.ä.

Dann beginnen Sie mit dem Schreiben (achten Sie dabei auf eine leserliche Handschrift). In Ihrer Einleitung sollten Sie das Thema aufgreifen, dessen Relevanz aufzeigen und kurz vorstellen, wie Sie Ihre Darstellung gliedern werden. Arbeiten Sie nun den erlernten Stoff anhand der zuvor erstellten Gliederung ab. Am Ende Ihrer Klausur sollten Sie Ihre Darstellung auf ein höheres Abstraktionsniveau bringen, indem Sie beispielsweise die Forschungskontroversen zu dem angesprochenen Thema darstellen bzw. das Für und Wider einer bestimmten These darstellen und zu einer Schlussfolgerung gelangen. Schauen Sie zwischendurch auf die Uhr: Sind Sie nicht mehr im aufgestellten Zeitplan, sollten Sie im Hauptteil einige Stichworte nicht erörtern – für die Schlussfolgerung sollten Sie auf jeden Fall ausreichend Zeit übrig haben.

Einige Dozenten stellen bei der Klausur keine Frage, sondern geben Ihnen eine **Quelle**, die Sie schriftlich **interpretieren** müssen (→ Quelleninterpretation). Es kann aber auch vorkommen, dass beide Formen kombiniert werden, indem zu der Quelle eine Frage gestellt wird. Dann sollten Sie beachten, wirklich nur jene Teile der Quelle intensiver zu interpretieren, die sich auf die Frage beziehen lassen.

Bei einer Klausur in Form einer Quelleninterpretation müssen Sie zunächst die Ihnen vorgelegte Quelle sehr genau lesen. Machen Sie sich dabei bereits Notizen, unterstreichen Sie die wesentlichen Textpassagen, schreiben Sie Schlagwörter an den Rand. Arbeiten Sie dann die zentralen Bestandteile der Quellenkritik (→ Quellenkritik) kurz ab: Nennen Sie die Art der Quelle (Liegt Ihnen ein Brief vor? Oder ein Ausschnitt aus einem Tagebuch?) und halten Sie fest, wann sie wo verfasst wurde. Zur Quellenkritik gehört zudem, den oder die Verfasser und den bzw. die Adressaten der Quelle zu bestimmen. Problematisieren Sie darüber hinaus, mit welcher Intention die Quelle verfasst wurde: Was wollte der Autor erreichen? Welche Ziele verfolgte er? Schreiben Sie außerdem ein kurzes Regest (Inhaltsangabe), in welchem Sie in eigenen Worten die Hauptaussagen der Quelle zusammenfassen. Dieser erste, handwerkliche Teil der Quelleninterpretation sollte nicht mehr als ein Drittel der gesamten Klausurzeit in Anspruch nehmen. Je anspruchvoller die Quelle allerdings ist, beispielsweise, weil sie auf Latein formuliert ist oder viele ungebräuchliche Begriffe enthält, die Sie erläutern müssen, desto mehr Zeit sollten Sie für die Quellenkritik verwenden.

Im zweiten Teil der Quelleninterpretation müssen Sie die Quelle in ihren historischen Zusammenhang einbetten, das heißt das historische Umfeld darlegen. Hierzu können Sie dieselben Strategien benutzen wie bei der Beantwortung einer Frage: Entscheiden Sie, welche Themenkomplexe in der Quelle hauptsächlich angesprochen werden, entwerfen Sie eine Gliederung Ihrer Argumentation, indem Sie Ihre Lernmodule aktivieren, und breiten Sie strukturiert argumentierend Ihr Wissen aus. Dabei sollten Sie immer wieder auf die Quelle Bezug nehmen und ihre zentralen Begriffe und Sachverhalte erklären. Gehen Sie in Ihrer Darlegung aber auch auf Forschungsmeinungen bzw. -kontroversen ein: Wer hat in der Forschung zu den in der Quelle angesprochenen Themenkomplexen welche Meinung vertreten? Wer hat ihm mit welchen Argumenten widersprochen? Versuchen Sie, am besten am Ende der Klausur, selber Position zu beziehen, eine These zu formulieren, und diskutieren Sie, inwieweit die vorliegende Quelle diese These stützt.

4.3.4 Mündliche Prüfungen im grundständigen Studium

Die wichtigen formalen Rahmendingungen mündlicher Prüfungen werden durch die jeweiligen Prüfungsordnungen (→ Prüfungsordnungen) geregelt, die Sie rechtzeitig konsultieren sollten. Zumeist bewegt sich die Prüfungszeit zwischen 20 Minuten und einer halben Stunde.

Wenn Sie Ihren **Prüfer** wählen können, liegt es nahe, eine Person zu nehmen, bei der Sie bereits eine Veranstaltung absolviert haben. In diesem Fall kennen Sie die inhaltlichen und methodischen Vorlieben und auch die Art und Weise, Fragen zu stellen. Manche Prüfer fragen vor allem nach den großen Linien, manche nach dem Detail. Andere legen wiederum sehr viel Wert auf methodische Fragen oder wollen präzise Angaben zum Forschungsstand. Versuchen Sie im **Vorgespräch** schon in etwa zu ermitteln, in welche Richtung die Fragen gehen könnten, um sich so ganz gezielt vorbereiten zu können.

Das Prinzip der Vertrautheit gilt auch für die Wahl des **Themas**, wenn Ihnen diese freisteht. So bietet sich beispielsweise ein Thema aus einer Lehrveranstaltung an, die Sie besucht haben. Dann kennen Sie bereits die wichtige Forschungsliteratur und haben sich vertieft zu einer Frage Wissen erarbeitet und es präsentiert. Denken Sie aber daran, dass seit dem Ende der Lehrveranstaltung auch neue Literatur erschienen sein kann, die Sie berücksichtigen sollten. Sprechen Sie vor der Prüfung eine **Literaturliste** mit Ihrer Prüferin ab, damit Sie möglichst nicht zu Forschungsliteratur befragt werden, die Sie gar nicht kennen.

Bei der **Vorbereitung** der mündlichen Prüfung können Sie dieselben Lerntechniken einsetzen wie bei der Seminarklausur (→ Lerntechniken). Ganz wichtig ist: Sie sollten mögliche Antworten laut geübt und nicht nur im Geist formuliert haben. Erst wenn Sie einen Inhalt laut vortragen müssen, merken Sie, ob Sie ihn zur Gänze verstanden und behalten haben. Als Test können Sie auch einen Kommilitonen den Prüfer simulieren lassen.

Für den **Ablauf der Prüfung** gilt: Sie sprechen die meiste Zeit und nicht etwa die Prüfer, denn alles, was Sie nicht gesagt haben – aber vielleicht wussten – fließt nicht in die Bewertung ein. Auch bei redegewaltigen Prüfern sollten Sie sich mit vorsichtiger Penetranz zu Wort melden. Antworten Sie vor allem strukturiert: Skizzieren Sie erst den großen Rahmen und gehen Sie dann ins Detail. Lautet Ihr Prüfungsthema beispielsweise „Armenfürsorge im 19. Jahrhundert" und Sie werden nach der Definition des Begriffes ‚Disziplinierung' gefragt, so weisen Sie zunächst darauf hin, dass es hier unterschiedliche Vorstellungen gibt.

Eine Antwort, die mit dem Satz: „Da muss man zwischen unterschiedlichen Konzepten differenzieren, ich möchte hier drei anführen..." beginnt, ist in einem solchen Kontext fast immer richtig. Damit bringen Sie zum Ausdruck, dass Sie das Gesamtproblem überschauen. Wenn Sie dagegen erst ausführlich auf ein bestimmtes Konzept eingehen, besteht die Gefahr, dass der Prüfer Sie unterbricht und Sie nicht mehr dazu kommen, die anderen Konzepte zu nennen. Machen Sie deutlich, dass es auf viele Fragen der Forschung keine alleinverbindlichen Antworten gibt und argumentieren Sie mit den Autoren der Forschungsliteratur: „Müller interpretiert dieses Phänomen als ..., Maier sieht darin eher ... Für Müllers These spricht ... Für Maiers These spricht...". Dabei können Sie auch selbst Stellung beziehen, wenn Sie Ihre Ansicht begründen können: „Mir scheinen beide Thesen nicht ganz unproblematisch, weil ...".

In der mündlichen Prüfung gilt noch stärker als in der Referatsdiskussion: Sie können die Fragen selbst steuern. Reißen Sie also in Ihren Antworten möglichst keine Kontexte an, in denen Sie nicht sattelfest sind. Geben Sie weder einsilbige noch endlos lange Antworten, so dass genügend, aber nicht zu viele Fragen gestellt werden können. Vor allem: Antworten Sie auf die Fragen und reden Sie nicht am Thema vorbei. Merken Sie plötzlich, dass Sie auf eine vorherige Frage eine unzutreffende Antwort gegeben haben, sollten Sie diese auch danach noch korrigieren.

Zum Schluss noch ein Wort wider zwei studentische Befürchtungen: Ein **Prüfungsblackout** ist ausgesprochen selten: Sie sitzen in der Prüfung und bekommen kein Wort heraus. Wenn Sie die hier angegebenen Hinweise bei der Prüfungsvorbereitung berücksichtigen, ist die Wahrscheinlichkeit eines Blackouts gering. Rechnen Sie dennoch – vielleicht aufgrund eigener Erfahrungen – damit, dann sprechen Sie das Problem in der Vorbesprechung an. Auf Ihrer Seite vermindert das den Druck und auf der Seite des Prüfers führt es zumeist zu einem eher sensiblen Einstieg in das Prüfungsthema. Überhebliche Dozenten, die darauf aus sind, Ihnen Ihr Unwissen zu demonstrieren und Ihr Studium zu blockieren, sind die Ausnahme und dann auch als solche bekannt. In den meisten Fällen liegt den Dozenten genauso wie Ihnen viel daran, dass die Prüfung erfolgreich verläuft.

Wenn Sie aber nach einer Prüfung tatsächlich den Eindruck haben, ungerecht behandelt worden zu sein, oder wenn Sie formale Fehler feststellen, die den Verlauf der Prüfung negativ beeinflusst haben, gibt es die Möglichkeit, beim Vorsitzenden des Prüfungsausschusses **Einspruch** zu erheben. Befürchten Sie eine Benachteiligung aufgrund Ihres Geschlechtes, können Sie auf der Anwesenheit der Frauenbeauftragten während der Prüfung bestehen oder sich im Nachhinein auch von dieser beraten lassen. Wie sinnvoll solche Maßnahmen sind, kann nur im Einzelfall entschieden werden.

Literatur

Bünting, Karl-Dieter / Bitterlich, Axel / Pospiech, Ulrike: Schreiben im Studium. Ein Trainingsprogramm, Berlin: Cornelsen Scriptor 1996.

Franck, Norbert: Fit fürs Studium. Erfolgreich reden, lesen, schreiben, München: dtv [7]2004.

Franck, Norbert / Stary, Joachim: Die Technik wissenschaftlichen Arbeitens. Eine praktische Anleitung, 11., völlig neu bearbeitete Ausgabe, Paderborn: Schöningh 2003.

Pabst-Weinschenk, Marita: Reden im Studium. Ein Trainingsprogramm, Darmstadt: Wissenschaftliche Buchgesellschaft 2000.

Rost, Friedrich: Lern- und Arbeitstechniken für das Studium, 3., aktual. und erw. Aufl., Opladen: Leske + Budrich 2003.

Ueding, Gert: Rhetorik des Schreibens. Eine Einführung. Weinheim: Beltz Athenäum [4]1996.

Werder, Lutz von: Lehrbuch des wissenschaftlichen Schreibens. Ein Übungsbuch für die Praxis, Berlin: Schibri 1993.

Wild, Klaus P.: Lernstrategien im Studium. Strukturen und Bedingungen, München u.a.: Waxmann 2000.

4.4 Geschichte als Wissenschaft

Im Verlauf des ersten Studienabschnitts sollten Sie sich sowohl in den Lehrveranstaltungen als auch während des gezielten Selbststudiums mit den zentralen Prinzipien des wissenschaftlichen Arbeitens vertraut machen. Setzen Sie sich mit wichtigen Grundfragen der Geschichtswissenschaft wie etwa der Periodisierung oder der Unterscheidung zwischen Tatsache und Interpretation auseinander. Es ist darüber hinaus sinnvoll, sich im ersten Studienabschnitt einen Überblick über die verschiedenen Teilfächer der Geschichte zu verschaffen und die unterschiedlichen Forschungsansätze, mit denen die Vergangenheit untersucht werden kann, kennen zu lernen.

4.4.1 Regeln wissenschaftlichen Arbeitens

Fächerübergreifend gelten für das wissenschaftliche Arbeiten bestimmte Regeln. An diese haben sich alle Forscher, also auch alle Historiker, zu halten. Als Studierende der Geschichtswissenschaft sollten Sie sich mit diesen Normen frühzeitig vertraut machen.

Regeln wissenschaftlichen Arbeitens

Regeln	Zielvorstellung
Selbstreflexion	Die Wahl von Forschungsthema und Fragestellung ist das Ergebnis von Interessen und Überzeugungen, über die sich Wissenschaftler Rechenschaft ablegen müssen.
Begründung	Die wissenschaftliche Herangehensweise an ein Thema und die auf ihrer Grundlage getroffenen Aussagen sind zu begründen.
Beleg	Die einzelnen Schritte der wissenschaftlichen Argumentation müssen durch Quellen oder Forschungsliteratur bewiesen werden. Auf bloße Behauptungen ist zu verzichten.
Analyse	Wissenschaftliches Arbeiten zeichnet sich durch systematisches Vorgehen aus. Das gewählte methodische Instrumentarium muss konsequent angewandt werden.
Präzision	Begriffe und Modelle sowie die Sprache der Wissenschaft sollen ihren Gegenstand exakt und angemessen differenziert erfassen.
Redlichkeit	Es muss die Bereitschaft bestehen, die eigenen Thesen aufzugeben oder abzuändern, wenn die Quellenaussagen diesen widersprechen. Verwendete Forschungsleistungen anderer Wissenschaftler sind als deren geistiges Eigentum kenntlich zu machen.

Lange Zeit wurde auch für die Geschichtswissenschaft die Forderung nach **Objektivität** aufgestellt. Diese Forderung ging von der Vorstellung aus, es gäbe die eine, ‚wahre' Geschichte, die der Historiker nur zu ‚rekonstruieren' brauche. Diese Vorstellung ist mittlerweile überholt; vielmehr wird inzwischen anerkannt, dass zeittypische Weltdeutungen und subjektive Überzeugungen der Historiker ihre wissenschaftliche Tätigkeit beeinflussen. Ziel des historischen Arbeitens kann es deshalb nur sein, den jeweils gewählten individuellen Zugang zu ‚objektivieren'. Dies erfordert ein hohes Maß an **Selbstreflexion**: Verdeutlichen Sie sich Ihre eigenen Interessen und Überzeugungen, die Ihre Themen- und Methodenwahl sowie Ihre Vorliebe für bestimmte Erklärungsmuster mitbestimmen.

Dabei reicht es nicht, sich selbst zu sagen: „Ich bin halt Katholik und weiter geht's mit frommem Blick." Vielmehr sollten Sie gewillt sein, Ihr eigenes Vorgehen zu hinterfragen und notfalls Methodenwahl und Thesenbildung zu korrigieren.

Fragen für die Selbstreflexion

> - Welche politischen, ideologischen und religiösen Grundüberzeugungen besitze ich? Aus welchen Gründen habe ich mein Thema, meine Fragestellung und meinen Ansatz gewählt? Welche eigenen Lebenserfahrungen bringe ich in den Forschungsprozess ein?
> - Inwieweit beeinflusst mein soziales Umfeld mein wissenschaftliches Vorgehen? Welche gesellschaftlichen Rahmenbedingungen wie etwa das Zeitgeschehen oder aktuelle politische Debatten wirken auf mich ein?
> - Wie verorte ich mich innerhalb der bisherigen Forschung zu meinem Untersuchungsgegenstand? Was sind die Implikationen der Begriffe und theoretischen Modelle, mit denen ich arbeite?

Eigene Erlebnisse und Lebensumstände können den Forschungsprozess beeinflussen. Passionierte Reiter kommen wahrscheinlich eher als andere Wissenschaftler auf die Idee, die Geschichte der Pferdezucht zu untersuchen und diesem Untersuchungsgegenstand eine hohe gesellschaftliche Relevanz zuzuschreiben. Persönliche Erfahrungen korrespondieren mit **Werthaltungen**, die die wissenschaftliche Arbeit mitbestimmen, so etwa die Auswahl des Materials oder die Art und Weise, in der es für die Darstellung geordnet wird. Suchen Sie sich beispielsweise als Thema Ihrer Abschlussarbeit die Entwicklung des Sozialstaates in der Bundesrepublik aus und sind zugleich der Ansicht, in Deutschland sei dessen Ausbau zu weit gegangen, könnten Sie dazu neigen, vor allem jene Entscheidungsprozesse in der bundesrepublikanischen Entwicklung auszuwählen, die diese ,Fehlentwicklung' eingeleitet und weiter getrieben haben. Diese Tendenz könnten Sie belegen, indem Sie primär solches Material auswerten, das den so genannten Sozialmissbrauch dokumentiert. Die Ergebnisse Ihrer Analyse wären notgedrungen einseitig und würden wissenschaftlichen Ansprüchen nicht genügen.

Der völlige Verzicht auf Werturteile und Werthaltungen im historischen Arbeitsprozess stellt allerdings nur scheinbar einen Ausweg dar, denn er ist in der Praxis kaum möglich. Denn oft sind es erst Werthaltungen, die es Ihnen überhaupt ermöglichen, erkenntnisleitende Fragestellungen aufzustellen und relevante Methoden und Argumente für Ihre Untersuchung auszuwählen. Wissenschaftlichkeit verlangt deshalb nicht die Ausschaltung solcher Werthaltungen,

sondern dass Sie diese gegenüber sich selbst und Ihren Lesern offen legen und
der Einseitigkeit Ihrer Studie durch eine ausgewogene Quellen- und Methodenwahl entgegenwirken, sich also nicht, wie in unserem Beispiel, auf die Analyse
jener Quellen beschränken, die Ihre Überzeugung sehr wahrscheinlich stützen.
Vielmehr sollten Sie auch nach solchen Quellen suchen, die Ihr Urteil revidieren
könnten.

Wie gesellschaftliche Diskussionen und kollektive Überzeugungen auf den
Forschungsprozess einwirken, zeigt die zu Beginn des 21. Jahrhunderts feststell-
bare Konjunktur geschichtswissenschaftlicher Arbeiten, die sich mit muslimisch-
christlichen Kontakten und Konflikten beschäftigen. Das gesteigerte Interesse für
diese Themen lässt sich teilweise auf aktuelle Phänomene wie die Angst vor
islamistischem Terror oder die Diskussion über die Aufnahme der Türkei in die
EU zurückführen. Dieses Beispiel zeigt, dass gesellschaftliche Rahmenbedingungen dazu führen können, dass bestimmten Themen mehr oder weniger **Relevanz**
zugeschrieben wird. Eine solche Relevanzzuschreibung ist Ausdruck der **Standortgebundenheit** der Geschichtswissenschaft. Dass Forschung standortgebun-
den ist, trifft nicht nur für die Vergangenheit zu, sondern ist wissenschaftsimma-
nent. Standortgebundenheit ist nicht notwendig negativ zu bewerten, sondern
vermag den Erkenntnisfortschritt sogar zu fördern: Die sich ständig verändern-
den gesellschaftlichen Rahmenbedingungen der Forschung führen oft zur Entdeckung neuer Themen und Fragestellungen und somit zu neuen Ergebnissen.

Standortgebundenheit ist nicht zu verwechseln mit **Parteilichkeit**, die nicht
erst durch die Erfahrung der politischen Instrumentalisierung der Geschichtswissenschaft im Nationalsozialismus in Verruf geriet. Mit dem Problem der politischen Instrumentalisierung von Wissenschaft setzte sich bereits Max Weber
(1864-1920) auseinander. Angesichts der Kriegsagitation der Wissenschaftler
während des Ersten Weltkrieges forderte er, „Prophet[en]" und „Demagoge[n]"
aus den Hörsälen zu verbannen (Weber: Wissenschaft, 216). Auch in der aktuellen Tagespolitik werden Sie immer wieder Beispiele finden, in denen die Geschichtswissenschaft für die Verfolgung politischer, ideologischer oder religiöser
Zielsetzungen benutzt wird: Historische Ereignisse und Prozesse können in politischen Diskussionen für beinahe jede Meinung oder politische Forderung in-
strumentalisiert werden. Doch der Blick auf die Vergangenheit erlaubt lediglich,
die eigene Zeit kritisch zu beleuchten; er gibt aber keine eindeutigen Antworten
oder Handlungsanleitungen auf gegenwärtige Fragen. Wollen Sie als Historiker
mit einem Argument in einer öffentlichen Debatte ein bestimmtes politisches
Ziel erreichen, müssen Sie sich selbst und Ihrem Publikum klarmachen, dass Sie
an dieser Stelle nicht mehr als Wissenschaftler, sondern als Akteur in einer politischen Auseinandersetzung auftreten.

Eine wissenschaftliche Abhandlung verlangt eine explizite **Begründung**, warum Sie Thema, Fragestellung und Methoden für Ihre Untersuchung ausgewählt haben. Wollen Sie über den gesellschaftlichen Umgang mit Armut in Irland im 19. Jahrhundert arbeiten, sollten Sie durch die Forschungslage oder gesellschaftlich virulente Debatten begründen, warum dieses Thema relevant sein könnte. Sie könnten argumentieren, dass Armut als gesellschaftliches Phänomen derzeit intensiv diskutiert wird und sich deshalb ein Blick auf die Vergangenheit lohnen könnte. Ihr Thema ließe sich anhand der Überlieferung zu den Workhouses untersuchen, denn in diese Institutionen wurden jene Angehörigen der Unterschichten eingewiesen, für die keine andere Möglichkeit bestand, sich selbst zu erhalten. Konzentrieren Sie sich auf die Workhouses, müssen Sie sich und Ihren Lesern verdeutlichen, dass Sie mit Ihrer Auswahl jedoch nur einen bestimmten Teil des Armutsproblems erfassen. Beschränken Sie Ihre Untersuchung vor allem auf die Auswertung der Insassenlisten, sollten Sie begründen, warum Sie etwa keine Berichte des Personals an übergeordnete Instanzen heranziehen. Eine Begründung könnte sein, dass Sie primär interessiert, wie hoch der Anteil von Frauen in diesen Anstalten war. Auf diese Weise hätten Sie Ihre Herangehensweise an Ihr Thema für Ihre Leser nachvollziehbar gemacht.

Argumentieren Sie wissenschaftlich, müssen Sie Ihre Informationsquellen nachweisen und **Belege** anbringen: Ihre Leser müssen nachvollziehen können, auf der Grundlage welchen Materials Sie zu Ihren Forschungsergebnissen gekommen sind. Belegen Sie insbesondere jene Inhalte, deren Richtigkeit in Zweifel gezogen werden könnte oder die nicht zur Allgemeinbildung gehören. Welche Informationen jeweils dazu zählen, ist immer zeitgebunden. Die Tatsache, dass sich Frauen vor 1900 nicht an deutschen Universitäten immatrikulieren konnten, war den Zeitgenossen bekannt. Heute muss dieses Faktum entweder durch eine Quelle oder durch Hinweis auf die Forschungsliteratur in den Fußnoten Ihrer Arbeit belegt werden. Ebenso müssen Sie jede These, die Sie aufstellen, durch Quellen oder den Verweis auf Arbeiten anderer Wissenschaftler belegen. Bedenken Sie aber dabei, dass Verweise auf wissenschaftliche Autoritäten nicht per se eine ausreichende Begründung für eine These oder die Wahl einer Methode sind. Vielmehr sollten Sie zum methodischen Vorgehen oder zur Argumentationsweise Ihrer 'Kronzeugen' explizit Stellung beziehen.

Die **Analyse** historischer Phänomene verlangt ein methodisches Instrumentarium, das dem Untersuchungsgegenstand angemessen ist sowie systematisch und konsequent angewandt wird: Historikern steht ein breites Angebot an unterschiedlichen methodischen Vorgehensweisen zur Verfügung. So unterscheidet man beispielsweise quantifizierende von qualitativen Methoden ($\rightarrow$ Quellenverarbeitung). Wollen Sie etwa die Konkurrenzverhältnisse innerhalb einer Wirtschaftsbranche untersuchen, bevorzugen Sie wahrscheinlich **quantifizierende**

Methoden, indem Sie etwa jene Daten erfassen, aus denen Sie Rückschlüsse auf Gewinnentwicklung oder Marktanteile ziehen können. Fragen Sie dagegen nach der Bedeutung, die einer bestimmten Wirtschaftsbranche von Seiten staatlicher Instanzen in einer bestimmten Zeitspanne zugesprochen wurde, werden Sie auch **qualitative Methoden** heranziehen. So könnten Sie etwa die Korrespondenzen des Wirtschaftsministeriums mit Unternehmerverbänden auswerten.

Neben der unterschiedlichen Art und Weise Quellenmaterial auszuwerten, gibt es unterschiedliche Perspektiven, aus denen Sie Ihr Material betrachten können: Sie können induktiv oder deduktiv vorgehen. Bei der **Induktion** schließen Sie vom Besonderen auf das Allgemeine, von gleichartigen Details auf die Struktur des Ganzen. Ein Beispiel für eine solche Vorgehensweise wäre es, wenn Sie sich Ausbildungswege der Anbieter von medizinischen Leistungen in einer deutschen Kleinstadt von der Mitte des 18. Jahrhunderts bis zum Ende des 19. Jahrhunderts anschauen und dabei feststellen, dass im Zeitverlauf ein steigender Prozentsatz der medizinisch Tätigen eine universitäre Ausbildung absolviert hat. Auf dieser Grundlage könnten Sie induktiv argumentierend die Hypothese aufstellen, dass es im gesamten deutschsprachigen Raum in dieser Zeit zu einer Akademisierung des Arztberufes gekommen ist. Eine **deduktive Argumentation** verläuft genau umgekehrt: Das Allgemeine definiert das Besondere, die Struktur des Ganzen die Gestalt der Details. Sie gehen von der Professionalisierung aus, einem sozialwissenschaftlichen Modell, das folgende Elemente umfasst: die Entwicklung und Standardisierung einer akademischen Ausbildung mit spezifischen Prüfungen und Zertifikaten, die Institutionalisierung von Berufsverbänden, die Monopolisierung des Zugangs zu bestimmten Tätigkeitsbereichen oder der Kampf gegen die so genannten Amateure. Sie könnten nun danach fragen, ob und wenn wie Amateure unter den medizinisch Tätigen der von Ihnen gewählten Kleinstadt durch akademisch ausgebildete Ärzte verdrängt wurden.

Um solche Modelle wie das der Professionalisierung zu erstellen, verwenden Historiker oft das idealtypische Verfahren. Erstellt man einen **Idealtypus** eines Phänomens, wählt man bestimmte Elemente aus und spitzt sie zu. Er ist also kein Abbild der Realität, sondern ein Konstrukt, das Historiker verwenden können, um die eigenen Untersuchungsobjekte damit abzugleichen. Der Idealtypus der Professionalisierung hilft Ihnen in der Forschungspraxis die sehr verworrenen und unübersichtlichen Abläufe in der Entwicklung des Medizinerberufes schärfer zu erkennen. Sie können ein Frageraster für Ihren Untersuchungsgegenstand entwickeln, um diesen präzise zu beschreiben und gleichzeitig Abweichungen vom Idealtypus zu beobachten und zu erklären: Ab wann wurden Mediziner an Universitäten ausgebildet? Welche Examina mussten die angehenden Ärzte zu den verschiedenen Zeitpunkten bestehen? Wann entstanden Interessenverbände dieses Berufes?

Das Erstellen von Idealtypen ist eine Form der **Abstraktion**. Sie abstrahieren, wenn Sie in der Lage sind, gemeinsame Charakteristika unterschiedlicher Untersuchungsobjekte festzustellen und dann in einem übergeordneten Begriff zu erfassen. Ein einfaches Beispiel: Daumenschrauben und Streckbalken sind beides Instrumente, die im Rahmen der Folter eingesetzt wurden. Es sind daher Folterinstrumente – in der Wahrnehmung des vormodernen Justizpersonals waren es Instrumente der Wahrheitsfindung. Abstraktionen sind das Ergebnis **vergleichender Verfahren**. Die Geschichtswissenschaft arbeitet auf vielen verschiedenen Ebenen vergleichend: Historiker vergleichen Quellen untereinander. Sie vergleichen ihre Forschungsansätze und -ergebnisse mit denen ihrer Kollegen, denn erst die Feststellung von Gemeinsamkeiten und Unterschieden zu anderen Untersuchungen erlaubt letztlich die Bewertung und Einordnung der eigenen Ergebnisse. Historiker untersuchen gleichzeitig verschiedene Untersuchungsgegenstände, -räume oder -zeiten. So könnten Sie die Auswirkungen von Fremdherrschaft nach der ersten polnischen Teilung von 1772 in den österreichisch besetzten Gebieten mit jenen in den russisch besetzten Gebieten vergleichen und dadurch allgemeine Charakteristika des Herrschaftstypus Fremdherrschaft herauszuarbeiten versuchen. Auf diese Weise abstrahieren Sie von Ihren empirischen Beispielen, um allgemeine Aussagen zu treffen oder Modelle zu entwickeln, die anschließend von anderen Historikern an weiteren Untersuchungsgegenständen überprüft werden können.

Eine besondere und traditionsreiche Form der Auslegung und Deutung von historischen Quellen ist die **Hermeneutik**. Sie geht von der Feststellung aus, dass zunächst zwischen dem Historiker und seinen Quellen eine zeitliche, räumliche und kulturelle Distanz besteht. Um sein Untersuchungsmaterial analysieren und interpretieren zu können, muss er diese Distanz schrittweise abbauen. Dies geschieht dadurch, dass er sich anfangs mit dem ihm verfügbaren Vorverständnis seinen Quellen zuwendet. Durch die Beschäftigung mit dem Quellenmaterial verändert sich dieses Vorverständnis: Die Quellen vermitteln dem Historiker immer mehr und präzisere Kenntnisse über seinen Untersuchungsgegenstand. Mit diesem ‚verbesserten' Wissen analysiert er weitere Quellen, die er nun wiederum genauer und ‚besser' interpretieren kann. Dieser Erkenntnisprozess wird vielfach als **hermeneutischer Zirkel** beschrieben, treffender ist jedoch das Bild der Spirale, weil sich der Verständnishorizont des Historikers über die Interpretation der Quellen schrittweise dem Entstehungszusammenhang der Quellen annähert. Das hermeneutische Verfahren geht somit davon aus, dass sowohl die Kenntnis des Einzelnen die Vorstellung vom Ganzen erweitert, wie gleichzeitig die Vorstellung vom Ganzen auch dazu beiträgt, das Einzelne besser zu verstehen.

Eine weitere Anforderung an das wissenschaftliche Arbeiten ist **Präzision**. Um diese zu erreichen, sollten Sie sich mit den unterschiedlichen Bedeutungsgehalten wichtiger **Fachbegriffe** (Termini) vertraut machen. Setzen Sie sich in Ihren Texten mit diesen explizit auseinander. Machen Sie sich dabei klar, dass die Bedeutung solcher Fachbegriffe ganz erheblich von derjenigen im Alltagsgebrauch abweichen kann. Wenn Sie den Begriff Ritual hören, meinen Sie vielleicht, eine genaue Vorstellung davon zu haben, was dieser Ausdruck bedeutet. In der Wissenschaft gibt es aber ganz unterschiedliche Definitionen dieses Begriffes. Fachbegriffe und Modelle können zudem ihre Bedeutung im Zeitverlauf verändern. Sie müssen deshalb hinterfragt und gegebenenfalls durch andere ersetzt oder neu definiert werden. Fragen Sie sich darüber hinaus bei allen Ihren mündlichen und schriftlichen Präsentationen, wie treffend und genau die von Ihnen gewählten Formulierungen sind und ob sie tatsächlich präzise die Spezifika der Sachverhalte oder Entwicklungen beschreiben, die Sie darstellen wollen.

Die intellektuelle **Redlichkeit** ist in der Wissenschaft und damit auch im Rahmen des Studiums eine zentrale Anforderung. Sie meint im Wesentlichen drei Dinge: Täuschen Sie erstens nicht vor, Sie hätten einen Sachverhalt verstanden, wenn dem nicht so ist. Operieren Sie nicht mit Begriffen und Modellen, die Sie aus der Forschungsliteratur entnommen haben, deren präziser Bedeutungsgehalt Ihnen jedoch nicht klar geworden ist. Weisen Sie zweitens alle von anderen Wissenschaftlern übernommenen Forschungsergebnisse oder Thesen in Ihren eigenen Arbeiten nach, auch dann, wenn Sie diese nur sinngemäß verwendet haben. Machen Sie dabei immer den Status Ihrer Aussagen deutlich: Handelt es sich um Ihre eigene Ansicht, um eine sinngemäße Entlehnung oder um ein wörtliches Zitat (→ Zitat)? **Plagiate** sind in der Wissenschaft nicht akzeptabel und können zu schwerwiegenden Sanktionen führen: Geben Sie deshalb die Arbeitsergebnisse anderer Personen niemals als Ihre eigenen aus. Gerade im Zeitalter des Internets mag es Ihnen möglicherweise verlockend erscheinen, ganze Argumentationsabschnitte aus dem Netz herunter zu laden. Dieses Verfahren ist nicht nur geistiger Diebstahl, der Ihren Studienabschluss gefährden kann, vielmehr erwerben Sie auf diese Weise genau jene Fähigkeiten nicht, die Sie sich eigentlich im Studium aneignen wollen.

Verschweigen Sie drittens nicht solche Quellen, die gegen Ihre Hypothesen und bisherigen Analyseergebnisse sprechen. Dieses „Vetorecht der Quellen" müssen Sie respektieren. Auch mit derjenigen Forschungsliteratur, die Ihren Argumenten widerspricht, müssen Sie sich explizit auseinander setzen und sie nicht einfach stillschweigend ignorieren. Seien Sie grundsätzlich bereit, eigene Standpunkte und Verfahrensweisen zu revidieren, wenn Quellen oder die Forschung Ihr Vorgehen in Frage stellen. Daraus ergibt sich, dass Sie auch keine Quellen- oder Forschungsliteraturinhalte erfinden sowie inhaltlich oder formal

verfälschen dürfen, um Sie vielleicht für Ihre eigene Darstellung zurecht zu bie-
gen. Dies bedeutet zum Beispiel für das Zitieren, dass Sie nicht Zitate aus ihrem
Kontext herausreißen können, so dass sich ihre Bedeutung verändert. Ein klassisches Beispiel dafür ist die bekannte Absichtserklärung des Historikers Leopold
von Ranke (1795-1886), er wolle „bloß zeigen, wie es eigentlich gewesen"
(Ranke, Werke, Bd. 33/34, 7). Daraus wurde in der Folge abgeleitet, Ranke habe
gefordert, Vertreter unseres Faches sollten und könnten voraussetzungslos Vergangenheit beschreiben. Dabei war sich gerade Ranke der eigenen Standortgebundenheit durchaus bewusst und wandte sich in seinem Text lediglich gegen die
in seiner Zeit häufige parteiliche Instrumentalisierung der Geschichtsschreibung.
Dies zeigt der Kontext, aus dem die Passage entnommen wurde: „Man hat der
Historie das Amt, die Vergangenheit zu richten, die Mitwelt zum Nutzen zukünf-
tiger Jahre zu belehren, beigemessen: so hoher Aemter unterwindet sich gegenwärtiger Versuch nicht: er will bloß zeigen, wie es eigentlich gewesen."

4.4.2 Grundfragen der Geschichtswissenschaft

Die Ermittlung historischer Tatsachen (Fakten) galt spätestens seit dem Historismus in der ersten Hälfte des 19. Jahrhunderts als Hauptaufgabe der sich her-
ausbildenden Geschichtswissenschaft. Heute wird diese Ansicht von vielen Historikern als überholt betrachtet: Ihrer Ansicht nach besteht das Ziel historischen
Arbeitens nicht in der bloßen Darstellung und Aneignung von Ereignisreihen,
von reinen Daten und Fakten. Herauszufinden und auswendig zu lernen, wann,
wo und durch wen etwas stattgefunden hat, ist nicht Selbstzweck historischen
Arbeitens, sondern vor allem wichtig in Hinblick auf die Bedeutung, die diesen
Faktoren für die Interpretation eines Geschehens und seine Einordnung im Ge-
samtprozess zukommt. Historische Forschung bleibt nicht bei der Beschreibung
historischer Phänomene stehen, sondern fragt nach Ursachen und Folgen und
damit nach übergeordneten historischen Zusammenhängen. Dahinter steht die
Vorstellung, dass das vermeintlich ‚unverrückbare' Faktum oder die ‚nackte'
Tatsache für sich genommen keinen Aussagewert besitzen. Vielmehr ist es erst
die Kombination mit anderen historischen **Tatsachen** durch den Historiker, es ist
erst die Konstruktion eines historischen Zusammenhanges und mithin die eigentliche historische **Interpretation**, die einer einzelnen Tatsache Bedeutung ver-
leiht.
    Eine Art und Weise, in der Historiker historische Fakten miteinander ver-
knüpfen, besteht darin, Strukturen und Prozesse herauszuarbeiten. Zu den **Strukturen** zählt man etwa die soziale Schichtung, die Produktionsverhältnisse oder
Institutionen wie ein Sozialversicherungssystem. Strukturen und Ereignisse be-

dingen sich gegenseitig: Strukturen geben einerseits Handlungsspielräume vor, innerhalb derer Menschen agieren können, andererseits sind sie aber auch durch Handlungen und Ereignisse veränderbar. Während Strukturen eher als statisch beschrieben werden, rücken bei **Prozessen** die Veränderungen im Zeitablauf in den Vordergrund der Betrachtung. Eine Struktur stellt beispielsweise eine Stadt dar, dagegen bezeichnet der Begriff der Urbanisierung (Verstädterung) einen Prozess. Wie solche historischen Prozesse ablaufen und welche Bedeutung dabei Strukturen, Ereignissen und handelnden Individuen zukommt, ist ein zentrales Erkenntnisziel der Geschichtswissenschaft.

Eine weitere Grundfrage, welche die Geschichtswissenschaft lange Zeit beschäftigt hat, bezieht sich auf ihren Erkenntnisprozess und ihre Erkenntnisziele: Geht es darum, Vergangenes zu **verstehen** oder es zu **erklären**? Diese Frage wurde erstmals im Kontext der Verwissenschaftlichung des Faches Geschichte im 19. Jahrhundert intensiv diskutiert. Historiker wie Johann Gustav Droysen (1808-1886) behaupteten, der geisteswissenschaftliche Erkenntnisprozess sei durch das Verstehen gekennzeichnet, der naturwissenschaftliche hingegen durch das Erklären. Die Aufgabe der Historiker sei es, sich in die handelnden Personen der Vergangenheit empathisch hineinzuversetzen, um deren Handlungen auf diese Weise nachzuvollziehen – zu verstehen. Naturwissenschaftler sollten dagegen Ursache und Wirkung und damit die Kausalzusammenhänge natürlicher Phänomene aufdecken – also erklären. Während das geisteswissenschaftliche Erkenntnisinteresse vor allem auf das Einmalige, Besondere und Einzelne gerichtet sei, interessierten sich die Naturwissenschaften in erster Linie für das Allgemeine, für Gesetzmäßigkeiten und Abstraktion. Diese diametrale Gegenüberstellung zwischen Erklären und Verstehen wird heute kaum noch vertreten, denn beide Erkenntnisprozesse sind in der Forschungspraxis nicht völlig voneinander zu trennen. Historiker untersuchen sowohl das Besondere wie das Allgemeine und vor allem das Verhältnis zwischen beiden; sie wollen das Vergangene sowohl verstehen als auch erklären, wenngleich der Erklärungsanspruch zumeist überwiegt.

Ein zentrales Grundproblem der Geschichtswissenschaft ist die **Periodisierung** historischer Abläufe. Als vorwissenschaftliche Form der Periodisierung ist Ihnen die Einteilung nach Jahrhunderten vertraut, die fachübergreifend verwendet wird. Wissenschaftliche Formen von Periodisierung basieren auf der Grundlage zuvor definierter Merkmale, die für eine bestimmte Zeit als prägend und damit als epochenbildend angenommen werden. Welche Charakteristika dafür ausgesucht werden, hängt von der jeweiligen Perspektive der Wissenschaftler ab. Deshalb sind wissenschaftliche Periodisierungen häufig fachspezifisch: So unterteilen Kunsthistoriker oder Literaturwissenschaftler die Vergangenheit anders als

Historiker, da sie Epochen auf der Grundlage von Stilentwicklungen in Kunst bzw. Literatur konstruieren.

Aber auch innerhalb der Geschichtswissenschaft gibt es unterschiedliche Periodisierungsmodelle, da Historiker unterschiedliche Perspektiven einnehmen. Während eine Scheidung zwischen Mittelalter und Früher Neuzeit etwa im Hinblick auf die Erfindung des Buchdrucks und ihre Folgen zu überzeugen vermag, erscheint sie im Zusammenhang mit der Lebensweise der Landbevölkerung weit weniger sinnvoll, denn hier fanden keine so grundlegenden Wandlungsprozesse statt, dass eine Epochenzäsur gerechtfertigt wäre. Deshalb begreifen zum Beispiel marxistische Historiker diesen Zeitraum nicht als Epochengrenze, sondern rechnen ihn dem so genannten Feudalismus zu. Häufig werden Sie auf die Behauptung treffen, eine historische Epoche beginne mit einem bestimmten Datum. So finden Sie für die Frühe Neuzeit etwa das Jahr 1492 (‚Entdeckung' Amerikas); es werden aber auch die Jahre 1450 (Erfindung des Buchdrucks) oder 1517 (‚Thesenanschlag' Luthers) angeführt. Doch erst die Häufung solcher Daten, die jeweils stellvertretend für längerfristige Umbruchprozesse stehen, rechtfertigt es, von einer neuen Epoche zu sprechen. Die Zeitspanne zwischen diesen Daten markiert eine Übergangsphase, in der die schrittweise vorfallenden Veränderungen in eine neue Qualität umschlagen und damit die Wahrnehmung einer Zeitphase als neuer Epoche rechtfertigen. Machen Sie sich deshalb klar, dass auch historische Epochen keine Fakten, sondern immer Konstruktionen sind. Sie beruhen auf Konventionen, die der fachinternen Verständigung dienen.

4.4.3 Teilfächer und Forschungsansätze

Die Vergangenheit besteht aus einer Vielzahl von Geschichten, die durch verschiedene historische Teilfächer und mit unterschiedlichen Forschungsansätzen erforscht werden können. Am Ende des ersten Studienabschnittes kann es kaum darum gehen, sich mit all diesen Teilfächern und Forschungsansätzen vertraut gemacht zu haben; Sie sollten lediglich erkannt haben, dass es weder ‚die' Geschichte noch ‚den' einen, allseits akzeptierten Forschungsansatz gibt. Teilfächer können mit besonderen Forschungsansätzen verbunden sein, so dass die Übergänge zwischen den im folgenden getrennt behandelten Teilfächern und Forschungsansätzen der Geschichtswissenschaft durchaus fließend sein können.

Teilfächer der Geschichtswissenschaft (Auswahl)

Ideengeschichte	Rechtsgeschichte
Kirchengeschichte	Regionalgeschichte
Kulturgeschichte	Sozialgeschichte
Mediengeschichte	Technikgeschichte
Medizingeschichte	Umweltgeschichte
Militärgeschichte	Wirtschaftsgeschichte
Politikgeschichte	Wissenschaftsgeschichte

Die **Teilfächer der Geschichtswissenschaft** entstehen durch die unterschiedlichen inhaltlichen Schwerpunkte, die innerhalb der historischen Forschung gesetzt werden. Sie sind in der Regel nicht klar voneinander abzugrenzen. So beruht auch die Zuordnung eines bestimmten Untersuchungsgegenstandes zu einem Teilfach in der Regel auf Konventionen oder auf individuellen Erkenntnisinteressen. Die Entwicklung von Zeitungsverlagen im 19. Jahrhundert lässt sich zum Beispiel sowohl mit wirtschaftsgeschichtlichen Fragestellungen und Methoden als auch mit denen der Mediengeschichte untersuchen. Eine Analyse der ersten europäischen Verfassungen kann als Beitrag zur Rechtsgeschichte, aber auch zur Ideengeschichte verstanden werden.

Auch was unter den einzelnen Teilbereichen subsumiert wird, ist stark zeitbedingt. So wandeln sich Fragestellungen und Methoden mitunter so radikal, dass man von „alten" und „neuen" „Geschichten" spricht. Welche fundamentalen Blickwechsel damit verbunden sind, zeigt das Beispiel der Militärgeschichte. Während sich die traditionelle Militärgeschichte in erster Linie mit der Entwicklung militärischer Ränge, Waffengattungen oder mit Gefechtsabläufen beschäftigte, stehen bei der neuen Militärgeschichte etwa das Alltagsleben der Söldner oder Soldaten, das Verhältnis zwischen Militär- und Zivilbevölkerung oder jenes zwischen der Führungselite und den untergeordneten Dienstängen im Vordergrund.

Als Ergebnis des Wandels gesellschaftlicher Interessenlagen entwickeln sich aber auch ganz neue Teilfächer wie etwa in den 1980/90er Jahren die Um-

weltgeschichte. Es entstehen Forschungsschwerpunkte, die Methoden und Leitfragen mehrerer Teilfächer vereinen, wie zum Beispiel die Politische Kulturfor-
schung. Die zunehmende Vielfalt der historischen Teilfächer macht eine gesellschaftliche Übereinkunft darüber, welche Faktoren historisch bedeutsam sind
und welche nicht, unmöglich. Das gilt auch fachintern, wenngleich Sie im Laufe
Ihres Studiums möglicherweise auf akademische Lehrer treffen werden, die mit
großer Verve die mangelnde Relevanz bestimmter Zugänge geißeln oder aber die
fundamentale Bedeutung anderer hervorheben.

Neben den Teilfächern unterscheidet man auch **Forschungsansätze** der Geschichtswissenschaft, die sich nicht nur durch einen besonderen Blickwinkel auf
die Vergangenheit, sondern auch durch die Anwendung spezifischer Fachbegriffe und Modelle von anderen Forschungsansätzen abgrenzen. Neue Forschungsansätze entstehen zumeist aus der Kritik an herrschenden Denkstilen und Wahr-
nehmungsmodellen. So entstand die Geschlechtergeschichte in Abgrenzung zum
in- und außerhalb der historischen Zunft herrschenden Diktum: „Männer machen
Geschichte". Fragte die feministische Geschichtswissenschaft zunächst primär
danach, welchen Beitrag Frauen innerhalb historischer Entwicklungsprozesse
geleistet haben, geht es inzwischen um die übergeordnete Frage, inwiefern Ge-
schlechtszugehörigkeit und virulente Geschlechterstereotypen das Handeln historischer Akteure – Frauen und Männer – bestimmen. Diesen Forschungsansatz
kann man in sehr unterschiedlichen Teilfächern anwenden wie etwa der Medi-
zingeschichte oder der Militärgeschichte. Ein weiteres Beispiel für einen Forschungsansatz wäre die Mikrogeschichte, bei dem ein relativ kleiner Untersuchungsraum sehr genau analysiert wird. Mit einem mikrohistorischen Ansatz
könnten Sie etwa die Komplexität der sozialen Beziehungen in einem mittelalter-
lichen Dorf herausarbeiten oder die vielfältigen Wechselwirkungen zwischen
Mensch und natürlicher Umwelt beschreiben.

Es ist strittig, ob die Entwicklung neuer Teilfächer oder Forschungsansätze
mit **wissenschaftlichem Fortschritt** gleichgesetzt werden kann. Dagegen
spricht, dass Wissensbestände ganz oder teilweise in Vergessenheit geraten können, weil sich in einer bestimmten historischen Phase niemand für sie interessiert. Für die Annahme eines wissenschaftlichen Fortschritts spricht die Tatsache, dass Historiker immer neue Fragestellungen und Methoden entwickeln,
ständig neues Faktenwissen erarbeiten und neue, unbekannte Interpretationen
vorstellen. Dies bedeutet aber nicht notwendig, dass heutige Geschichtswissen-
schaftler ‚besser' über ‚die' Geschichte Bescheid wissen und sich ihr Wissen der
vermeintlichen ‚Realität' immer weiter annähern würde. Sie sind sich aber zumindest der Relativität aller historischen Ansätze bewusster als vorangegangene
Wissenschaftlergenerationen.

Wie sich der Erkenntnisprozess in einzelnen wissenschaftlichen Disziplinen im Zeitverlauf entwickelt, hat Thomas S. Kuhn (1922-1996) anhand naturwissenschaftlicher Beispiele darzustellen versucht. Er ging davon aus, dass bestimmte wissenschaftliche Denkmuster (**Paradigmen**) für eine gewisse Zeit Erkenntnisinteressen und Analyseinstrumente innerhalb eines Faches dominieren. Erst wenn die Menge und die Qualität der Gegenargumente und der nicht zu erklärenden Sachverhalte eine kritische Menge übersteigt, wird ein neues Paradigma propagiert, das verspricht, die aufgetauchten Widersprüche zu erklären und zu lösen. Dieses neue Paradigma wird nur von einem Teil der Wissenschaftler einer Disziplin übernommen, während andere am alten Paradigma festhalten und die Neuerer bekämpfen. Bei einem Paradigmenwechsel wie zum Beispiel bei der Ablösung des ptolemäischen durch das kopernikanische Weltbild setzen sich am Ende die neuen wissenschaftlichen Erklärungsmuster durch. Das Kuhn'sche Modell lässt sich auf die Geisteswissenschaften nur bedingt anwenden: Alte Paradigmen verschwinden in der Regel nicht, vielmehr treten sie in Konkurrenz zu neuen. Ob sich ein neues Paradigma etablieren kann, hängt in der Regel davon ab, wie schnell seine Vertreter es schaffen, sich mithilfe von Lehrstühlen, Forschungsinstituten oder Zeitschriftengründungen institutionell zu verankern.

Damit in Zusammenhang steht oft die Entwicklung von **historischen Schulen**, Forschergruppen, die ähnliche Fragestellungen mit ähnlichen Methoden verfolgen und über persönliche Netzwerke miteinander verbunden sind. Ein Beispiel dafür stellt die französische Schule der Annales dar, die in den 1920er Jahren von Marc Bloch (1886-1944) und Lucien Febvre (1878-1956) begründet wurde. Sie verstand sich als Gegenrichtung zur ihrer Ansicht nach vorherrschenden politischen Geschichtsschreibung, deren Perspektiven sie in Frage stellte. Nicht mehr das Ereignis sollte im Vordergrund stehen, sondern die Prägekraft langfristig wirkender Strukturen, nicht mehr die politische Gliederung sollte Untersuchungsräume definieren, sondern politische Grenzen übergreifende Kulturlandschaften. Im Zentrum standen nun Mentalitäten, vorbewusste mentale Grundmuster, welche die Wahrnehmung und Verarbeitung menschlicher Erfahrungen steuern und damit auch deren Handlungen mitbestimmen.

Die Breite der unterschiedlichen historischen Teilfächer und Forschungsansätze legt nahe, dass sich Historiker mit Arbeitsweisen und Forschungsansätzen anderer Sozial- und Geisteswissenschaften beschäftigen. Diese **interdisziplinäre Arbeitsweise** zeigt sich auch darin, dass historische Forschungsansätze immer wieder methodische Anleihen bei verwandten Fächern machen. Eine zentrale Bedeutung für die Geschichtswissenschaft kommt etwa der Soziologie zu. Soziologische Begriffe wie der Begriff des „Kapitals" von Pierre Bourdieu (1930-2002) übten und üben einen großen Einfluss auf die Geschichtswissenschaft aus, wie eine Vielzahl der geschichtswissenschaftlichen Studien belegt, die mit diesem Fachbegriff arbeiten. Sie sollten sich deshalb im Studium möglichst frühzeitig inhaltlich und methodisch auch über den Rahmen des eigenen Faches hinaus orientieren. Interessieren Sie sich beispielsweise für Rechtsgeschichte, sollten Sie sich mit Arbeitsweisen und Forschungskontexten des Faches Jura beschäftigen, indem Sie Forschungsliteratur lesen oder juristische Lehrveranstaltungen besuchen. Gerade in der Konfrontation mit dem eigenen Fach wird Ihnen die Besonderheit der Fachkulturen mit ihren jeweils eigenen Argumentationsmustern und Leitfragen besonders deutlich werden.

Literatur

Bloch, Marc: Aus der Werkstatt des Historikers. Zur Theorie und Praxis der Geschichtswissenschaft, hg. und mit einem Nachwort v. Peter Schöttler, Frankfurt/M. u.a.: Campus 2000.

Bourdieu, Pierre: Ökonomisches Kapital, Kulturelles Kapital, Soziales Kapital, in: Reinhard Kreckel (Hg.): Soziale Ungleichheiten, Göttingen 1983, S. 183-198.

Cornelißen, Christoph (Hg.): Geschichtswissenschaften. Eine Einführung, Frankfurt/M.: Fischer Taschenbuch 2000.

Droysen, Johann Gustav: Historik. Rekonstruktion der ersten vollständigen Fassung der Vorlesungen (1857); Grundriss der Historik in den ersten handschriftlichen (1857/1858) und in der letzten gedruckten Fassung (1882), hg. v. Peter Leyh, Stuttgart-Bad Cannstatt: Frommann-Holzboog 1977.

Jordan, Stefan (Hg.): Lexikon Geschichtswissenschaft. Hundert Grundbegriffe, Stuttgart: Reclam 2002.

Kuhn, Thomas S.: Die Struktur wissenschaftlicher Revolutionen, 2., rev. und um ein Postskriptum von 1969 erg. Aufl., Frankfurt/M.: Suhrkamp 1981.

Lorenz, Chris: Konstruktion der Vergangenheit: eine Einführung in die Geschichtstheorie, Köln u.a.: Böhlau 1997.

Ranke, Leopold von: Geschichte der romanischen und germanischen Völker von 1494-1535 (1824), in: ders.: Sämtliche Werke, Bd. 33/34, Leipzig: Duncker & Humblot 1885.

Schulze, Winfried: Einführung in die Neuere Geschichte, 4., überarb. und vollst. aktual. Aufl., Stuttgart: Ulmer 2002.

Sellin, Volker: Einführung in die Geschichtswissenschaft, 2., durchges. Aufl., Göttingen: Vandenhoeck & Ruprecht 2001.

Simon, Christian: Historiographiegeschichte. Eine Einführung, Stuttgart: Ulmer 1996.

Weber, Max: Wissenschaft als Beruf, in: Hardtwig, Wolfgang (Hg.): Über das Studium der Geschichte, München: dtv 1990, S. 195-227.

4.5 Evaluation des ersten Studienabschnittes

Nach der Zwischenprüfung im Magister- oder Lehramtsstudium oder vor Beginn des Masterstudiums sollten Sie Rückschau auf Ihre bisherigen Studienerfahrungen halten. Bei der Evaluation des ersten Studienabschnittes kann Ihnen das folgende Frageraster als Orientierung dienen:

Fragenkatalog am Ende des ersten Studienabschnittes

> - Will ich die gewählte Fächerkombination wirklich unverändert beibehalten?
> - Will ich an dieser Universität weiterstudieren oder sollte ich jetzt wechseln?
> - Welche inhaltlichen Schwerpunkte habe ich bis jetzt im Studium gesetzt?
> - Was hat mich dabei besonders interessiert und worauf möchte ich mich im weiteren Studienverlauf spezialisieren?
> - Welche Schlüsselkompetenzen habe ich bisher erworben, welche sollte ich noch ausbauen?
> - Welche Zusatzqualifikationen sollte ich eventuell erwerben?

Spätestens vor der Zwischenprüfung oder dem B.A. sollten Sie die gewählte **Fachkombination** nochmals hinterfragen (besser wäre es allerdings, wenn Sie dies schon im zweiten Semester getan hätten). Hierbei können sowohl veränderte eigene Interessen als auch veränderte gesellschaftliche Rahmenbedingungen etwa auf dem Arbeitsmarkt eine Rolle spielen. Spätere Fachwechsel empfehlen sich im Allgemeinen nicht. Der **Universitätswechsel** (→ Studienortwahl) ist auch zu einem späteren Zeitpunkt möglich, gerade nach der Zwischenprüfung / dem Bachelor verläuft er jedoch in der Regel ausgesprochen problemlos.

Auch im inhaltlich eher breit angelegten ersten Studienabschnitt haben Sie bedingt durch Ihre eigenen Interessen oder durch die begrenzte Auswahl bzw. Teilnahmemöglichkeit an Lehrveranstaltungen inhaltliche Schwerpunkte gesetzt. Vor diesem Hintergrund können Sie nun entscheiden, auf welche Bereiche Sie sich im folgenden Studienabschnitt konzentrieren wollen. Dabei sollten Sie gleichzeitig versuchen, inhaltliche Defizite abzubauen. Im Ergebnis des ersten Studienabschnittes sollten Sie sich ein zumindest grobes Raster an Wissensbeständen erarbeitet haben, in das Sie das im Folgenden zu erwerbende Wissen einsortieren können. Dieses Raster sollte sowohl wichtige historische Daten, Entwicklungsprozesse als auch Theorieangebote umfassen. Nur dann besteht eine realistische Chance, erarbeitetes Wissen über längere Zeiträume abrufbar zu machen und es gleichzeitig auch problematisieren zu können.

Ziel des Studiums der Geschichtswissenschaft ist es jedoch nicht, lediglich Fachkompetenz zu erwerben, vielmehr geht es auch darum, jene **Schlüsselkom-**

petenzen zu erwerben, die fachübergreifend als zentrale Qualifikationen für das Berufsleben gelten.

Unter dem Begriff **Selbstmanagement** lassen sich so unterschiedliche Kompetenzen wie Zeitmanagement, Leistungsbereitschaft, Zuverlässigkeit, Initiative und Stressresistenz fassen. Fragen Sie sich also, wie effizient Sie mit Ihrer Zeit im Studium umgehen: Wie viele Stunden verwenden Sie für die Sitzungsvorbereitung, wie viele Tage für die Vorbereitung von Referaten oder die Abfassung von Hausarbeiten? Wie viel Zeit investieren Sie überhaupt in Ihr Studium, wie viel in Freizeit- oder andere Aktivitäten? Haben Sie sich sinnvolle Lern- und Arbeitstechniken angeeignet? Wie viel Leistungsbereitschaft und Initiative zeigen Sie in den Lehrveranstaltungen? Lesen Sie Vorbereitungstexte, übernehmen Sie auch Aufgaben jenseits des Pflichtkanons? Hinterfragen Sie die von Lehrpersonal und Kommilitonen vorgetragenen Ansichten? Führen Sie begonnene Veranstaltungen zu Ende? Der Abbruch einer Lehrveranstaltung ist nur dann sinnvoll, wenn diese sich tatsächlich nicht als studienrelevant erweist. In diesem Fall sollte er bereits in den ersten Semesterwochen erfolgen und nicht erst kurz vor Referat oder Klausur.

Kernbereiche von Schlüsselkompetenzen

▪ Selbstmanagement	▪ Präsentation
▪ Informationsmanagement	▪ Teamarbeit
▪ Analyse	▪ Allgemeinbildung
▪ Konzeption	

Gerade im Zuge der Ausweitung der neuen Medien wird das **Informationsmanagement** immer wichtiger. Nach welchen Kriterien gehen Sie bei der Recherche vor? Kennen Sie die wesentlichen Formen und Medien der Informationsbeschaffung? Können Sie die unterschiedlichen Arten von Informationsquellen unter Anwendung des gelernten Instrumentariums der Quellenkritik und Literaturbearbeitung hinsichtlich ihres Aussagewertes beurteilen? Welche Relevanz besaßen die von Ihnen herangezogenen Informationsquellen für die Seminarthemen nach Ansicht des Lehrpersonals? Haben Sie Ihre Lernmaterialien so organisiert, dass Sie zu einem späteren Zeitpunkt ohne Probleme darauf zugreifen könnten?

Wie stark haben Sie bislang Ihre **analytischen und konzeptionellen Kompetenzen** trainieren können? Hierzu zählen das Problemerkennen und -lösen, das vernetzte Denken und die Fähigkeit zur Abstraktion. Waren Sie ohne größere Probleme in der Lage, das Referatsthema für die Hausarbeit auf eine sinnvolle Fragestellung einzugrenzen? Haben Sie Forschungsschwerpunkte bzw. Leitfragen der Forschung identifizieren und referieren können? Haben Sie sich kritisch mit Begriffen und theoretischen Modellen auseinandergesetzt und sie selbst erkenntnisleitend eingesetzt? Inwieweit haben Sie die Komplexität historischer Phänomene wahrnehmen, anschließend aber auch im Zuge der Problemlösung reduzieren können?

Wie gut gelang Ihnen die **Präsentation** des selbst erarbeiteten Wissens innerhalb der unterschiedlichen Dokumentationsformen Referat, Hausarbeit und Klausur? Wo gab es Verbesserungsbedarf? Haben Sie es beim Referieren geschafft, jene Inhalte tatsächlich Ihren Kommilitonen zu vermitteln, die Sie vermitteln wollten? Welche Medien haben Sie dabei eingesetzt und welche waren besonders erfolgreich? Welche Kritik haben Dozenten an Ihren Präsentationen geübt und haben Sie Ihre Fähigkeiten in diesen Punkten verbessern können?

Auch **Teamarbeit** lässt sich im Studium in unterschiedlichen Kontexten trainieren. Sie schult eine Vielzahl von sozialen Eigenschaften wie Integrations- und Kooperationsbereitschaft, Konflikt- und Kritikfähigkeit sowie Einfühlungsvermögen. Da der Lernerfolg bei Gruppenarbeit in der Regel höher als bei Frontalunterricht ist, sollten Sie auf diese Lehrform hinwirken, wenn sie nicht ohnehin angeboten wird. Auch hier können Sie die Initiative ergreifen. Aber auch zur Vorbereitung von Referaten und Klausuren sind Lerngruppen sinnvoll, weil Sie hier das Lerntempo selbst bestimmen können. Sie können sich geeignete Lernstrategien und Arbeitsweisen von Ihren Kommilitonen abschauen und von deren andersgearteten Perspektiven auf den Untersuchungsgegenstand profitieren. Nicht zuletzt bietet Gruppenarbeit den Vorteil, Argumente zunächst zu testen, ehe sie in größerem Kontext diskutiert werden.

Wahrscheinlich werden Sie nie wieder im Laufe Ihres Berufslebens soviel Zeit und Möglichkeiten haben, zusätzliche Qualifikationen zu erwerben wie im Verlauf Ihres Studiums. Die meisten universitären Angebote sind außerdem entweder kostenlos oder deutlich preiswerter als solche der außeruniversitären Weiterbildungsinstitute, auf die Sie in späteren Lebensabschnitten angewiesen sind. Fragen Sie sich deshalb auch, wie stark Sie die Angebote Ihrer Universität bislang genutzt haben und welche Sie in Zukunft nutzen könnten. Nach dem arbeitsintensiveren ersten Studienabschnitt bleibt häufig im zweiten Teil etwas mehr Zeit, diese Angebote in Anspruch zu nehmen. Zwei Weiterbildungsbereiche sollten Sie dabei besonders in Ihre Überlegungen einbeziehen: sprachliche und technische Qualifikationen. **Fremdsprachen** stellen heute ein zentrales Qualifikationsmerkmal für das Berufsleben dar. Deshalb kann es über die Sprachanforderungen des eigenen Studiengangs hinaus sinnvoll sein, zusätzliche Qualifikationen zu erwerben oder die vorhandenen Fähigkeiten zu vertiefen. Mit **technischen Qualifikationen** sind vor allem Softwarekompetenzen gemeint, die oft von den universitären Rechenzentren angeboten werden. Darüber hinaus könnten Sie bei Bedarf durch besondere Kurse (Schreib-, Rhetorikkurse, Bewerbertraining) Ihre Präsentationsfähigkeiten verbessern.

5 Der zweite Studienabschnitt

Die während der ersten Semester Ihres Studiums erworbenen Fähigkeiten und Einsichten in die Methoden unseres Faches werden Sie auch im zweiten Studienabschnitt – also nach der Zwischenprüfung im Magister- oder Lehramtsstudiengang bzw. nach dem Bachelor im M.A.-Studiengang – ständig anwenden. Im Laufe der kommenden Semester werden Sie diese Kenntnisse verfeinern und vertiefen. Daher geben wir Ihnen in den folgenden Kapiteln in erster Linie Informationen, die Sie erst im zweiten Studienabschnitt intensiver brauchen werden.

5.1 Spezifika des fortgeschrittenen Studiums

5.1.1 Spezialisierung, empirische Arbeit, Projektarbeit

Während Sie sich im grundständigen Studium einen Überblick über die thematische Vielfalt und die methodischen Ansätze in unserem Fach verschafft haben (→ Studienziele), geht es im zweiten Studienabschnitt darum, Ihr Wissen in einigen Gebieten zu vertiefen. Zwar sollten Sie weiterhin bemüht sein, Ihr erworbenes Überblickswissen zu erweitern und zu systematisieren, doch geht es nun darüber hinaus darum, inhaltliche Schwerpunkte zu bilden. Dies geschieht sowohl im Hinblick auf Ihr Examen und die Abschlussarbeit, wo Sie sich in einige Themen stärker einarbeiten müssen, als auch hinsichtlich Ihrer Wahl eines Berufes, auf den Sie sich im zweiten Studienabschnitt nun intensiver vorbereiten können.

Als B.A.-Absolvent können Sie Ihre **Spezialisierung** durch die Wahl eines entsprechenden **Masterabschlusses** ausdrücken. Während die meisten Universitäten allgemeine Master in Geschichte anbieten, haben einige Hochschulen zusätzlich spezialisierte M.A.-Studiengänge im Programm. So kann man etwa an der Universität Bochum einen Master in japanischer Geschichte absolvieren. Die Entscheidung für einen solch spezialisierten Abschluss will gut überlegt sein, denn sie schränkt die Berufsmöglichkeiten nach dem Studium stark ein. Wissen Sie aber zum Beispiel, dass Sie eine Stelle in einer Einrichtung anstreben, die sich dem deutsch-japanischen Kulturaustausch widmet, dann könnte die Wahl dieses Masterstudienganges durchaus sinnvoll sein. Sie können Ihre Qualifikation aber auch erweitern: Haben Sie beispielsweise einen Bachelor in Modern German History, dann könnten Sie etwa nun einen Master in European Studies erwerben und sich dadurch zusätzliche Wissensgebiete erschließen. Oder Sie können sich gezielt auf die Berufstätigkeit vorbereiten und einen Master in Kulturmanagement absolvieren. Über den „Hochschulkompass" der Hochschulrektorenkonferenz (http://www.hochschulkompass.hrk.de/) erfahren Sie, welche Masterstudiengänge an welcher Universität angeboten werden.

Die **Wahl Ihrer Lehrveranstaltungen** können Sie weiterhin von jenen Prinzipien leiten lassen, die schon im grundständigen Studium eine Rolle spielten (→ Studienplan). Es sollten aber auch strategische Gesichtspunkte beachtet werden: Überlegen Sie sich frühzeitig, für welche Themen Sie sich in den mündlichen und schriftlichen Prüfungen am Ende des zweiten Studienabschnittes entscheiden könnten und belegen Sie passende Lehrveranstaltungen. Dies gilt ebenso für den Gegenstand Ihrer Abschlussarbeit: Es erspart Ihnen Zeit und Arbeit, diesen aus dem Themenkreis eines Seminars zu wählen, in dem Ihnen bereits ein Überblick über das Gesamtphänomen vermittelt wurde.

Die Lehrveranstaltungen im zweiten Studienabschnitt unterscheiden sich von jenen des ersten durch ein höheres Niveau und eine intensivere Beschäftigung mit dem Stoff. Das propädeutische Wissen wird nun bereits vorausgesetzt: Das geschichtswissenschaftliche ‚Handwerkszeug' wie Quelleninterpretation und Literaturrecherche müssen Sie nun beherrschen. Zugleich werden die Ansprüche an die Eigenständigkeit und Originalität Ihrer Arbeit größer. Es geht darum, die Forschungsdiskussion und -lage zu einem historischen Gegenstand zu überblicken und in der Lage zu sein, eigenständige Positionen zu entwickeln und die erarbeiteten Wissensgebiete untereinander selbstständig zu vernetzen. In einigen Lehrveranstaltungen wird Ihnen darüber hinaus die Möglichkeit geboten, **eigene empirische Arbeit** zu leisten und dabei über das aus der Forschungsliteratur Bekannte hinauszugehen. Dies bereitet Sie auf jene Ansprüche vor, die in der Abschlussarbeit an Sie gestellt werden.

Eigenständiges wissenschaftliches Arbeiten und die Präsentation von Ergebnissen können Sie in einem **Projektseminar** (→ Lehrveranstaltungstypen) einüben. Indem Sie beispielsweise unter der Anleitung Ihrer Dozentin eine kleinere Ausstellung organisieren, ein gemeinsames Buchprojekt veröffentlichen oder eine Internetseite erstellen, trainieren Sie Ihre konzeptionellen und organisatorischen Fähigkeiten sowie Ihr Potenzial für Teamarbeit. Somit bereiten Projektseminare nicht nur auf die Abschlussarbeit vor, vielmehr können Sie in ihnen Erfahrungen sammeln, die Sie im späteren Berufsleben verwenden können.

5.1.2 Auslandsstudium

Wer im Magister- oder Lehramtsstudium eingeschrieben ist und ein oder zwei Semester im Ausland studieren möchte, sollte dies für die Zeit nach der Zwischenprüfung ins Auge fassen. Sind Sie in einem B.A./M.A.-Studiengang eingeschrieben, könnten Sie entweder nach dem zweiten Studienjahr oder erst während des Masterstudienganges einen **Auslandsaufenthalt** einfügen. Oder Sie könnten nach dem Ende des zweiten Studienabschnittes ein Aufbau- oder Vertiefungsstudium im Ausland anschließen. Sie könnten sich auch überlegen, einen internationalen Masterstudiengang zu absolvieren: Mittlerweile wurden auf europäischer Ebene viele Studiengänge geschaffen, die sich explizit an ausländische Studierende richten. Diese Internationalisierung des fortgeschrittenen Studiums wird durch EU-Programme unterstützt. Über derlei Angebote können Sie sich bei Ihrem Auslandsamt oder beim Deutschen Akademischen Austauschdienst (http://www.daad.de) informieren.

Ein Auslandsstudium ist aus mehrerlei Gründen sinnvoll: Nicht nur, dass es ganz einfach spannend ist, in das Alltagsleben fremder Länder einzutauchen, vielmehr lernen Sie eine Fremdsprache im Ausland schneller als wenn Sie in Deutschland bleiben. Ihre Chancen auf dem Arbeitsmarkt werden wesentlich verbessert. Außerdem erlernen Sie Flexibilität durch die Fähigkeit, sich in neuen Umgebungen schnell zurechtzufinden und sich in neue Zusammenhänge einzuarbeiten. Darüber hinaus fördert ein Auslandsaufenthalt die Selbstständigkeit. Sie werden feststellen, dass es nationale Traditionen des Lehrens und Lernens gibt. Diese kennen zu lernen erweitert den eigenen Horizont und relativiert die eigenen bisherigen Studienerfahrungen. Zudem setzt man in anderen Wissenschaftslandschaften teilweise andere thematische Schwerpunkte und wendet andere Methoden an als in Deutschland. Im Bereich der Geschichtswissenschaft können Sie daher während eines Auslandsstudiums den Gegenstand unseres Faches aus neuen Blickwinkeln betrachten.

Wo aber sollten Sie studieren? Bislang ging ein Großteil der Studierenden aufgrund der Sprachkenntnisse und aus berufsstrategischen Gründen nach Großbritannien, in die USA oder nach Frankreich. Mittlerweile erfreuen sich aber auch die osteuropäischen Länder wie etwa Polen immer größerer Beliebtheit. Asien, Afrika oder Lateinamerika werden ebenfalls für immer mehr Studierende eine attraktive Alternative zu den bisherigen klassischen Zielländern. Die Studienortwahl können Sie von unterschiedlichen Kriterien abhängig machen.

Kriterien für die Wahl des Auslandsstudienorts

- Berufsziel
- fachliche Interessenschwerpunkte
- Vorlieben für Lehrformen
- Kooperationen Ihrer Hochschule
- bereits vorhandene Sprachkenntnisse
- Lebenshaltungs- und Studienkosten vor Ort
- Finanzierungsmöglichkeiten

Haben Sie bereits ein bestimmtes **Berufsziel** vor Augen, könnte dies die Wahl Ihre Studienortes beeinflussen: Spezielle Studiengänge werden nur an ausgesuchten Auslandsuniversitäten angeboten, Abschlüsse bestimmter Hochschulen könnten sich bei einem von Ihnen anvisierten Arbeitergeber besonders großer Akzeptanz erfreuen. Spezielle Branchen oder Firmen haben zu bestimmten Ländern intensive Kontakte – ein Studium dort steigert mithin Ihre Chancen in diesem Bereich. Planen Sie, im Ausland berufstätig zu werden, ist es mitunter sogar sinnvoll, den Hochschulabschluss dort zu erlangen.

Es gibt des Weiteren **fachliche Auswahlkriterien** für einen Studienort. Dabei sollten Sie sich überlegen, wo Sie Ihre thematischen und methodischen Schwerpunkte setzen wollen und dann recherchieren, an welchen Studienorten Sie diese besonders gut vertiefen können. Konzentrieren Sie sich beispielsweise auf spanische Geschichte, ist ein Studienaufenthalt auf der iberischen Halbinsel eine sinnvolle Option. Einige Subdisziplinen sind in bestimmten Wissenschaftslandschaften besonders stark vertreten: Interessieren Sie sich beispielsweise für Geschlechtergeschichte (Gender History) oder für kulturwissenschaftliche Ansätze (Cultural Studies), so könnten Sie eine US-amerikanische Hochschule ins Auge fassen, da in den USA beide Ansätze stark vertreten sind. Vielleicht fasziniert Sie eine ganz bestimmte Wissenschaftlerin, bei der Sie gerne studieren würden und die beispielsweise an der École des Hautes Études en Sciences Sociales in Paris unterrichtet?

Zudem ist es sinnvoll, sich darüber zu informieren, welche **Lehrformen** in den Ländern oder an den Universitäten vorherrschen, die Sie in die engere Auswahl gezogen haben: Von den romanischen Ländern wird gesagt, die Studierenden würden im universitären Unterricht meist eine passivere Rolle spielen als an deutschen Hochschulen. Die Studierenden müssten eher auswendig lernen, als dass sie sich ihren Stoff selbstständig erarbeiten. In den USA wird dagegen an vielen Institutionen der einzelne Studierende stärker am Unterricht beteiligt, zugleich sind die Anforderungen an das Lesepensum normalerweise höher, als dies in Deutschland der Fall ist. An englischen Hochschulen kann es sehr intensive Formen von Einzelbetreuung geben, während Sie vielleicht in Frankreich in der Masse der Studierenden unterzugehen drohen. Über diese Punkte können Sie sich beim Akademischen Auslandsamt und bei Kommilitonen informieren, die bereits ein Auslandsstudium absolviert haben. Zu Bildungssystemen, Studienangeboten, Fördermöglichkeiten und anderen studentischen Belangen in europäischen Ländern können Sie außerdem auf der Webpage von Ploteus, einer Einrichtung der Europäischen Kommission, recherchieren (http://europa.eu.int/ploteus/portal/home.jsp).

Wählen Sie eine derjenigen ausländischen Hochschulen, mit denen Ihr Fach oder Ihre Universität **Kooperationsprogramme** unterhält, können Sie sehr konkrete Informationen über die betreffenden Institutionen und die zu erwartenden Erfahrungen erhalten. Zudem sind in diesen Fällen die Bewerbungsformalitäten weniger aufwändig als bei anderen Institutionen und mit großer Wahrscheinlichkeit haben Sie vor Ort spezielle Ansprechpartner, die Ihnen weiterhelfen können. Prüfen Sie daher auf der Webpage Ihrer Universität, ob Kooperationen bestehen, beispielsweise im Rahmen des Erasmus-Programms, das auch finanzielle Unterstützung gewährt. Denn die finanzielle Frage ist ebenfalls von einiger Bedeutung bei der Wahl eines Studienortes. So gibt es Universitätsstädte mit sehr hohen **Lebenshaltungskosten** wie etwa London oder Boston. Hinzu kommen die Reisekosten sowie häufig Studiengebühren. Hier gibt es verschiedene Institutionen, die Sie bei Ihrem Auslandsstudium **finanziell unterstützen** könnten.

Finanzierungsmöglichkeiten für ein Studium im Ausland

- Auslands-BAföG
- Deutscher Akademischer Austauschdienst (DAAD)
- Programme der Europäischen Union (Erasmus, Tempus)
- Fulbright (USA)

Eine Möglichkeit ist die Förderung über das **BAföG** (→ BAföG). Ob Sie anspruchsberechtigt sind, können Sie bei Ihrem BAföG-Amt erfahren – selbst Studierende, die für das Inlandsstudium kein BAföG erhalten, haben eine Chance, für den Auslandsaufenthalt Förderung zu bekommen. Letztere ist in der Regel auf ein Jahr begrenzt. Die Höhe richtet sich nach dem Studienland. Außerdem werden eventuelle Studiengebühren bis zu einem gewissen Betrag übernommen (2004: 4.600 €) und die Reisekosten werden teilweise erstattet. Auslandsbezogene BAföG-Förderbeträge brauchen nicht zurückgezahlt zu werden.

Eine weitere Finanzierungsquelle stellt der **Deutsche Akademische Austauschdienst (DAAD)** dar, der Stipendien für Studienaufenthalte auch außerhalb Europas vergibt. Die Höhe des Stipendiums und eventueller zusätzlicher Kostenerstattungen richtet sich nach dem Programm, für das Sie sich beim DAAD beworben haben. BAföG-Empfänger können durch ein Teilstipendium ihre Förderung aufstocken. Um ein Semester- oder Jahresstipendium des DAAD zu erhalten, müssen Sie sich bewerben. Ob Sie für ein solches Stipendium in Frage kommen, ist abhängig von Ihrer fachlichen Qualifikation und persönlichen Eignung. Diese müssen Sie durch Ihre bislang erworbenen Leistungsnachweise, Gutachten von Hochschuldozenten und ein Sprachzeugnis nachweisen. Außerdem müssen Sie Ihre Hochschulwahl begründen und einen Studienplan für Ihre Zeit im Ausland entwerfen. Das Auslandsamt Ihrer Universität stellt Ihnen Informationen und Bewerbungsunterlagen für den DAAD zur Verfügung. Auf der Webpage des DAAD können Sie ebenfalls recherchieren, etwa bezüglich der Bewerbungstermine und der Immatrikulationsfristen, die Sie einhalten müssen (http://www.daad.de).

Darüber hinaus fördert die Europäische Union den internationalen Studierendenaustausch. Sie hat unter anderem das **Erasmus-Programm** eingerichtet, über das Teilstipendien vergeben werden, um bis zu zwölf Monate an einer europäischen Hochschule zu studieren. Um aufgenommen zu werden, müssen Sie sich an den Koordinator für die EU-Programme Ihres Faches wenden. Er informiert Sie, mit welchen ausländischen Universitäten Kooperationen bestehen, für die Sie sich bewerben können. Die Auswahl an potenziellen Hochschulen, an denen Sie über Erasmus teilfinanziert studieren können, ist also abhängig davon, wo Sie welches Fach in Deutschland studieren. Wer für die Programmkoordination zuständig ist, erfahren Sie über das Akademische Auslandsamt Ihrer Universität oder das Dekanat Ihres Fachbereiches. Das Erasmus-Programm vergibt Teilstipendien, die den Mehraufwand für das Auslandsstudium abdecken sollen und mit dem BAföG kombiniert werden können. Außerdem brauchen Sie als Erasmus-Stipendiat keine Studiengebühren zu zahlen, oft hilft man Ihnen darüber hinaus bei der Suche nach einer Unterkunft beispielsweise in einem Wohnheim. Die EU fördert zudem über das **Tempus-Programm** Studienaufenthalte in Ländern, die (noch) nicht Mitglieder der EU sind.

Um einen Studienaufenthalt in den USA zu finanzieren, können Sie sich bei der **Fulbright-Kommission** um ein Stipendium bewerben. In den Leistungen bei den Vollstipendien sind nicht nur Zuschüsse zu den Lebenshaltungskosten, sondern auch Reisekosten, Versicherung und die Studiengebühren enthalten. Die Bewerbung wird durch das Akademische Auslandsamt Ihrer Universität weitergeleitet. Die Webpage (http://www.fulbright.de) informiert darüber, wie Sie sich bewerben können, welche Voraussetzungen Sie erfüllen müssen und ob an Ihrer

Universität ein Fulbright-Vertrauensdozent arbeitet, der Sie beraten kann, bevor Sie Ihre Bewerbung einreichen. Neben diesen über deutsche Institutionen vermittelten Studienaufenthalten im Ausland besteht noch die Möglichkeit, sich selbst bei Universitäten zu bewerben. Einige Hochschulen im Ausland vergeben Stipendien für Studierende aus anderen Ländern.

Haben Sie sich für ein Land oder sogar bereits für einen Hochschulort entschieden, sollten Sie sich rechtzeitig über die **Strukturen des Studiums** informieren, die Sie erwarten:

Informationen zum Auslandsstudium

- Aufbau des Hochschulsystems
- Angebot an Studiengängen an der betreffenden Universität
- Aufbau des Studienjahres (Trimester oder Semester, Zahl und Art der Prüfungen, Bedingungen für den Erwerb von Leistungsnachweisen ...)
- eventuelle Zulassungsbeschränkungen und Aufnahmeprüfungen sowie Sprachtests
- Anerkennung der deutschen Leistungsnachweise im Ausland
- Bedingungen für die Anerkennung der im Ausland erworbenen Leistungsnachweise an der Heimatuniversität
- Bewerbungsformalitäten inkl. -fristen
- Einreisebestimmungen (Visum, eventuell Arbeitserlaubnis ...)

Informationen dieser Art finden Sie zum einen im Akademischen Auslandsamt Ihrer Hochschule. Dort können Sie sich insbesondere rückversichern, wie die im Ausland erworbenen ‚Scheine' gestaltet sein müssen, damit sie Ihnen nach Ihrer Rückkehr tatsächlich anerkannt werden. Zum anderen bieten die jeweiligen Botschaften oder die entsprechenden Kulturinstitute (Amerikahäuser, Instituts français etc.) Informationsmaterial an. Auf der Webpage des DAAD können Sie ebenfalls fündig werden (http://www.daad.de).

Beachten Sie außerdem, dass Sie – falls Sie die Sprache noch nicht richtig beherrschen – rechtzeitig entsprechende Kurse belegen sollten, damit Sie in der Lage sind, in den Lehrveranstaltungen von Anfang folgen und mitarbeiten zu können. Außerdem sollten Sie sich von Ihrem Studium in Deutschland beurlauben lassen: So werden Ihre Studienzeiten im Ausland nicht angerechnet und es entfallen die Studiengebühren in Deutschland.

5.1.3 Praktika

Das Absolvieren von Praktika während des Studiums dient mehreren **Zielen**: Sie können sich über Anforderungsprofile und Arbeitsweisen des von Ihnen angestrebten Berufs orientieren und gleichzeitig erste Berufserfahrungen sammeln, die Ihnen bei einer späteren Bewerbung als Vorteil ausgelegt werden. Darüber hinaus können Sie erste Kontakte zur Arbeitswelt knüpfen und so die Chancen einer späteren Einstellung erhöhen. Gerade in Zeiten zunehmenden Arbeitsplatzmangels erscheint es umso notwendiger, zusätzliche Qualifikationen zu erwerben. So stellen erfolgreich absolvierte Praktika neben den Noten des Studienabschlusses inzwischen ein wichtiges Einstellungskriterium dar. Bevor Sie sich aber für ein Praktikum bewerben, sollten Sie zunächst einige **Vorüberlegungen** anstellen.

Vorüberlegungen zum Praktikum

- Welche Ziele verfolge ich mit dem Praktikum?
- Welcher Zeitraum bietet sich an?
- Welche Branche und welchen Praktikumsanbieter sollte ich anstreben?
- Wie finanziere ich mich in diesem Zeitraum?
- Wie gehe ich bei der Bewerbung vor?
- Welche Unterlagen brauche ich für die Bewerbung?

Der **Zeitpunkt**, an dem Sie mit dem Sammeln von Berufserfahrung beginnen sollten, hängt sowohl von Ihren persönlichen Voraussetzungen als auch von Ihrer Studienorganisation ab. In den ersten Semestern des Studiums sind die meisten Studierenden mit der Orientierung in den gewählten Fächern, an der Universität und in ihrem neuen Lebensumfeld beschäftigt. Deshalb ist es sinnvoll, die Praktika vor allem auf das Hauptstudium oder die zweite Hälfte des Bachelor-Studienganges zu legen: Nach den ersten Semestern haben Sie wichtige Grundkenntnisse in Ihren Fächern erworben und können bei der Bewerbung benotete Leistungsnachweise als Beleg Ihrer Qualifikation vorweisen. Aus diesem Grund ziehen die meisten Arbeitgeber Studierende im Hauptstudium vor bzw. setzen das Zwischenprüfungszeugnis als Einstellungskriterium voraus. Beachten Sie bei Ihrer Zeitplanung die Dauer der Bewerbung: Mitunter verstreicht ein halbes Jahr, bis Sie eine Reaktion auf eine Bewerbung bekommen. In der Regel ist es sinnvoll, Praktika in den Semesterferien durchzuführen, weil Ihnen so keine Lehrveranstaltungen entgehen. Da gerade bei stark nachgefragten Arbeitgebern die Chancen auf einen Praktikumsplatz während der Vorlesungszeit steigen, kann es aber auch nützlich sein, ein Semester zu investieren. In dieser Zeit sollten Sie sich beurlauben lassen, damit die Zeit nicht auf Ihre Studiendauer angerechnet wird.

Welche **Anzahl von Praktika** im Studium sinnvoll sind und nach welchen Kriterien sie ausgesucht werden sollten, lässt sich immer nur individuell beantworten. Allgemein ist davon auszugehen, dass Sie in Ihrem Studienplan drei oder auch vier Arbeitsphasen von vornherein einplanen sollten. Mehr Praktika sind nur dann sinnvoll, wenn sie den Studienverlauf nicht verzögern. Je nachdem, ob Sie schon sehr konkrete Berufsperspektiven anstreben oder weniger festgelegt sind, kann es sinnvoll sein, sich eher auf einen Tätigkeitsbereich zu spezialisieren oder unterschiedliche Tätigkeitsfelder abzudecken. Deshalb empfiehlt sich in den meisten Fällen ein Kompromiss, der Ihren Interessen entspricht.

Die **Auswahl des Arbeitgebers** sollte sich nach den konkreten Zielen richten, die Sie mit dem Praktikum verfolgen. Wollen Sie sich zum Beispiel über die unterschiedlichen Arbeitsfelder im Verlagswesen informieren, sollten Sie entweder einen großen Verlag mit einem Rotationssystem wählen, bei dem Sie nacheinander eine festgelegte Zeit in verschiedenen Abteilungen arbeiten. Oder Sie suchen sich ein kleineres Verlagshaus, bei dem Sie auf einer Position mit unterschiedlichen Tätigkeitsbereichen konfrontiert werden. Ist Ihnen für eine spätere Bewerbung die Reputation des Arbeitgebers wichtig, können Sie unter Umständen eine weniger anspruchsvolle Tätigkeit in Kauf nehmen.

Die Wahl des Arbeitgebers wird zumeist auch von den Möglichkeiten der **Finanzierung** beeinflusst. Als Spiegelbild der Arbeitsmarktsituation bieten die meisten Arbeitgeber Praktikanten geisteswissenschaftlicher Studienfächer inzwischen keine Bezahlung mehr für die Arbeitsleistung. Dann spielt es eine wichtige Rolle, wo die Institution oder das Unternehmen angesiedelt ist: Die renommierteren Arbeitgeber sitzen häufig in Großstädten mit entsprechenden Lebenshaltungskosten. Überlegen Sie deshalb, ob Sie eine private oder preiswerte Unterkunft organisieren und wie Sie die übrigen Ausgaben finanzieren können. Durch BAföG können Sie Ihr Inlands- oder Auslandspraktikum nur dann finanzieren, wenn es im Studienplan als solches vorgeschrieben ist. Wenn Sie nachweislich nicht selbst in der Lage sind, ein Praktikum zu finanzieren, können Sie auch einen Zuschuss beim Arbeitsamt beantragen. Für Auslandspraktika gibt es außerdem eine Reihe von Fördermöglichkeiten über Stiftungen oder Internationale Organisationen wie die EU. Informationen dazu erhalten Sie in den Akademischen Auslandsämtern. Eine Übersicht zu allgemeinen und programmgebundenen Finanzierungsmöglichkeiten wie etwa das Leonardo da Vinci-Programm finden Sie zum Beispiel auf der Homepage des Careerservice der Universität Münster (http://www.uni-muenster.de/CareerService/praktika/).

Potenzielle Arbeitgeber sollten Sie am besten gleichzeitig über unterschiedliche **Informationsquellen** suchen.

Informationsquellen für Praktikantenplätze (→ Arbeitgebersuche)

- Durchsicht von Branchenverzeichnissen, zum Beispiel Handbücher des Hoppenstedt-Verlages
- Kontakt zu Berufsverbänden: http://www.staufenbiel.de
- Durchsicht des Stellenteils von allgemeinen und Branchenzeitschriften
- Besuch von Fach- und Jobmessen
- Praktikavermittlung des Faches bzw. der Universität
- Praktikantenbörsen im Internet: www.unicum.de, http://www.praktikum-service.de, http://www.praktikum.info
- Persönliche Kontakte (Familie, Freunde, Kommilitonen, Mentoren)
- Auslandspraktika: AIESEC, Außenhandelskammern: http://www.ahk.de

Inzwischen werden an immer mehr Universitäten entweder innerhalb des Faches oder auch in den Fachbereichen Verantwortliche aus den Reihen des Lehrpersonals benannt, die sich mit der Vermittlung von Praktikantenplätzen beschäftigen oder zumindest wichtige Hinweise zum Thema geben können. Archive, Verlage und zum Teil auch Unternehmen bieten mitunter Praktikantenplätze über die Universitäten an, die dann oft am Schwarzen Brett ausgehängt werden. Die Praktikumsbörsen im Internet sind zwar in der Regel nicht für Geisteswissenschaftler konzipiert, verzeichnen aber mitunter dennoch freie Stellen für diese. Gerade wer sein Tätigkeitsfeld nicht auf die traditionellen Einsatzbereiche für Historiker beschränken will, kann dort fündig werden. Mitunter finden sich auch Erfahrungsberichte von Praktikantinnen, die Rückschlüsse darauf zulassen, wie sinnvoll ein Praktikum bei einem bestimmten Arbeitgeber sein könnte. Da die Adressen dieser Anbieter wechseln und ständig neue Angebote im Internet platziert werden, empfiehlt sich auch die freie Suche über eine Suchmaschine mit Begriffskopplungen wie zum Beispiel „Verlag" und „Praktikum". Auf diese Weise finden Sie jene Angebote, die Unternehmen nur auf ihrer eigenen Homepage veröffentlichen und auch jene, die andere Universitäten für ihre Studierenden im Netz bereitstellen.

Wollen Sie nach dem Studium außerhalb Deutschlands arbeiten, empfiehlt sich ein Praktikum im **Ausland**. Während die angegebenen Web-Adressen vor allem den Bereich Industrie und Dienstleistungen abdecken, bieten große und kleinere internationale Institutionen und Organisationen eine Vielzahl von unterschiedlichen Praktikantenstellen an: so etwa die Europäische Union und die

Vereinten Nationen mit ihren zahlreichen Unterorganisationen oder das Auswärtige Amt (→ Arbeitgebersuche).

Die **Dauer des Praktikums** wird oft durch die Arbeitgeber vorgegeben und liegt in der Regel zwischen vier Wochen und drei Monaten. Welche Zeitspanne sinnvoll erscheint, richtet sich ebenfalls nach den Zielen Ihres Praktikums. Generell sollten Sie bedenken, dass Sie sich innerhalb von vier Wochen kaum umfassend in ein Arbeitsgebiet einarbeiten können. Geht es Ihnen tatsächlich um die Arbeitserfahrung, dann empfehlen sich mindestens zwei Monate. Praktika, die über drei Monate hinausgehen, sind selten sinnvoll, da die zusätzliche Zeitinvestition oft in keinem Verhältnis zum Gewinn steht.

Vor einer **Bewerbung** empfiehlt sich zumeist ein Telefonanruf bei dem angestrebten Arbeitgeber. Im Gespräch können Sie genauere Informationen zu den Anforderungen, Tätigkeitsbereichen, den Bewerbungsformalitäten sowie eventuell zur Bewerbersituation erfahren. Außerdem haben Sie auf diese Weise bereits einen ersten Kontakt geknüpft, auf den Sie sich im Anschreiben Ihrer Bewerbung beziehen können. Für die Gestaltung der **Bewerbungsmappe** und das **Vorstellungsgespräch** gelten im Wesentlichen dieselben Hinweise wie für den Berufsstart nach dem Studium (→ Bewerbung). Im Unterschied zur Bewerbung nach dem Examen können bei einer Bewerbung für ein Praktikum auch diejenigen Leistungsnachweise (Scheine) beigelegt werden, die Sie während des Studiums erworben haben, wenn diese für die angestrebte Tätigkeit relevant sind.

Bei **Arbeitsantritt** werden Sie zumeist einem speziellen Mitarbeiter unterstellt oder einer Abteilung zugeordnet. Die Tätigkeiten, die Studierenden im Praktikum entsprechend der vorherigen Absprachen – mitunter aber auch gegen diese – übertragen werden, reichen erfahrungsgemäß von reinen Hilfsdiensten bis hin zu anspruchsvollen, ein hohes Maß an Selbstständigkeit erfordernden Aufgabenstellungen. Dass Sie nur von letzteren in einem relevanten Ausmaß profitieren, versteht sich von selbst, ebenso aber auch, dass unqualifizierte Hilfsleistungen meist zum Aufgabenfeld dazugehören. Sie sollten sich deshalb von Beginn an durch Ihre Arbeitsleistung für anspruchsvolle Tätigkeiten empfehlen und spätestens nach der Hälfte der Praktikumsdauer ein **persönliches Feedback** erbitten, damit von beiden Seiten Korrekturen erfolgen können, die in den Rest des Praktikums einfließen. Sind Sie mit dem übertragenen Aufgabenspektrum nicht zufrieden, sollten Sie zunächst das Gespräch mit der für Sie verantwortlichen Person suchen. Bleibt dies ohne Ergebnis, sollten Sie Kontakt zu einer übergeordneten Stelle aufnehmen, ehe Sie das Praktikum abbrechen. Abgebrochene Praktika sind unter dem Strich fast immer eine Fehlinvestition.

Nach Abschluss des Praktikums haben Sie Anspruch auf ein **qualifiziertes Arbeitszeugnis**, das Bandbreite und Umfang Ihrer Tätigkeiten in Relation zu Ihrem Leistungsvermögen darstellt. Da Arbeitszeugnisse eine große Relevanz für spätere Bewerbungen besitzen, sollten Sie den Text penibel darauf prüfen, ob die durchgeführten Tätigkeiten vollständig und korrekt bezeichnet sind und die Ihnen attestierte Leistung Ihren eigenen Wahrnehmungen entspricht. Machen Sie sich mithilfe von Musterzeugnissen in der Ratgeberliteratur oder seriösen Internetangeboten mit den Feinheiten der Arbeitszeugnis-Syntax vertraut: Es kommt nicht auf den oberflächlichen Gesamteindruck, sondern auf Details an, deren Bedeutung sich durch ‚gesunden Menschenverstand' oft nicht entschlüsseln lässt. Da diese auch Arbeitgebern nicht immer vertraut sind, kommt es vor, dass in Arbeitszeugnissen unabsichtlich problematische Wendungen enthalten sind. Wenn Ihnen das Arbeitszeugnis nicht zusagt, sollten Sie deshalb um Nachbesserung bitten. Bei positiven Erfahrungen im Praktikum empfiehlt es sich außerdem, nach dem Ende Kontakt zum Arbeitgeber zu halten. Vielleicht bietet sich die Möglichkeit einer freien Mitarbeiterschaft, die Ihnen für die Zukunft parallel zum Studium ein Einkommen ermöglicht.

5.2 Arbeit mit dem Internet

Das Internet entwickelt sich auch in der Geschichtswissenschaft immer stärker zu einem wichtigen Kommunikations- und Recherchemedium. Die Anzahl der historischen Inhalte im Internet nimmt ständig zu, ohne dass eine übergeordnete Kontrollinstanz ihre wissenschaftliche und formale Qualität prüfen würde. Studierenden fällt es deshalb oft schwer, für ihr Thema einschlägige Seiten zu finden und seriöse von nicht seriösen Angeboten zu unterscheiden. Ihre Arbeit mit dem Internet wird umso erfolgreicher, je mehr Wissen Sie über das recherchierte Thema bereits mitbringen. Deshalb empfiehlt es sich erst im zweiten Studienabschnitt, intensiver mit Informationen über historische Themen aus dem Internet zu arbeiten. Im folgenden Abschnitt werden Ihnen zunächst wichtige Internetdienste im Zusammenhang mit ihrer Nutzung im Studium vorgestellt und anschließend eine Reihe von Kriterien angeboten, die Ihnen bei der Beurteilung von Netzinhalten helfen können. Danach zeigen wir Ihnen unterschiedliche Formen der Recherche und Möglichkeiten, wie Sie die aufgefundenen Informationen speichern und verwalten können.

5.2.1 Internetdienste

Der Begriff Internet umfasst alle Computer-Netzwerke, die global auf der Grundlage von Datenübertragungsprotokollen (TCP/IP) miteinander kommunizieren. Dazu gehören ständig an das Internet angeschlossene Rechner wie jene von Internet-Providern, öffentlichen Einrichtungen, Organisationen oder Unternehmen sowie temporär an das Netz angeschlossene Rechner wie jene von privaten Nutzer. Alle ständig oder temporär angeschlossenen Rechner sind durch eine standardisierte Rechneradresse eindeutig identifizierbar. Zugang zum Internet erhalten Sie entweder privat durch die kostenpflichtige Nutzung eines **Internet-Providers** (Zugangsanbieters) oder kostenlos über das Rechenzentrum Ihrer Universität, bei dem Sie sich einen eigenen passwortgeschützten **Internet-Account** einrichten können. Er umfasst in der Regel eine E-mail-Adresse, einen begrenzten Speicherplatz für Ihre eigenen Daten auf dem Server der Universität und den Zugang zum Internet. Mit dem Passwort können Sie auch das universitätseigene **Intranet** nutzen, dessen Inhalte nur für die Angehörigen Ihrer Universität zugänglich sind.

Das Internet umfasst eine Vielzahl von **Internetdiensten** wie etwa File Transfer Protokoll (FTP), Usenet, Telnet, Gopher, Internet Relay Chat (IRC) oder Subdienste wie E-mail und World Wide Web (WWW). Zwar wird von den meisten Studierenden der Geschichtswissenschaft vor allem das World Wide Web als Recherchemittel genutzt, aber gerade die Studienorganisation und der Ablauf von Lehrveranstaltungen werden über E-mail geregelt. Immer mehr Universitäten bieten darüber hinaus online-basierte Lehrveranstaltungen an, die verschiedene Dienste nutzen und somit umfangreichere Kenntnisse über den Umgang mit dem Medium verlangen. Die dort geforderten Fähigkeiten können die Präsentation von Inhalten im Netz, die Einrichtung gemeinsamer Netz-Arbeitsräume oder Diskussionsforen umfassen. Deshalb sollten Sie sich im Laufe Ihres Studiums mit wichtigen Internetdiensten (zum Beispiel FTP, WWW, E-mail) vertraut machen. Die universitären Rechenzentren bieten dafür spezielle Kurse an.

5.2.2 Beurteilungskriterien für Netzressourcen

Wenn Sie Informationen aus dem Internet nutzen wollen, sollten Sie einen Katalog von Kriterien entwickeln, mit dessen Hilfe Sie die Seriosität und Brauchbarkeit der Webseiten beurteilen können. Ein solcher Katalog kann jedoch nur eine Orientierungshilfe darstellen, einen absoluten Schutz vor unzuverlässigen Inhalten bietet er nicht. Recherchieren Sie deshalb nicht sofort im Internet, sondern erst, nachdem Sie sich in das Thema eingelesen und ein Grundwissen erarbeitet haben, das es Ihnen erleichtert, die Qualität der Informationen aus dem Internet zu bewerten. Wie wichtig die einzelnen Bewertungskriterien tatsächlich sind, hängt letztlich vom Rechercheziel ab. Suchen Sie rein faktische Informationen wie Namen und Lebensdaten bekannter historischer Persönlichkeiten oder die Daten von Ereignissen, können Sie die Beurteilungskriterien mitunter großzügiger anwenden. Wollen Sie hingegen Bewertungen oder Thesen aus dem Netz nutzen, ist generell Vorsicht geboten. Es gibt eine ganze Reihe **formaler Beurteilungskriterien**, die Sie bei der Bewertung von Webpages anlegen können.

Formale Bewertungskriterien für Webseiten

> - Web-Adresse der Seite
> - Angaben zu den Verfassern
> - Referenzen und Kooperationen
> - Datum der Erstellung und Überarbeitung
> - Optischer Eindruck, Gestaltung
> - Rechtschreibung, Grammatik, Ausdruck
> - Kosten, technische Charakteristika, Sicherheit

Ein zentrales Kriterium stellt die **Herkunft der Webpage** dar, die Sie anhand von Webadresse und Angaben zu den Verfassern herausfinden können. Studierende der Geschichtswissenschaft sollten vor allem jene Webpages heranziehen, die von oder in Kooperation mit wissenschaftlichen Einrichtungen wie Universitäten, Forschungsinstituten oder Bibliotheken entwickelt worden sind. Auch Museen (Verzeichnis: http://www.mcn.edu/ressources/sitesonline.htm) und Archive (Verzeichnis: http://www.uni-marburg.de/archivschule/) stellen immer mehr gut aufbereitetes Informations- und Quellenmaterial ins Netz. Dennoch können Sie sich auch hier nicht ohne weiteres auf die Inhalte verlassen.

Wenn Sie in der Lage sind, **Web-Adressen** (URL = Uniform Ressource Locator) zu dechiffrieren, können Sie die potenzielle Brauchbarkeit einer Seite mitunter schon abschätzen, ehe Sie diese geöffnet haben. Dies ist vor allem bei Recherchen über Suchmaschinen wichtig (→ Suchmaschinen), die Ihnen eine Vielzahl von Treffern anzeigen. Die einzelnen Bestandteile einer URL werden auf der obersten Ebene durch Punkte, auf untergeordneten Ebenen durch Schrägstriche getrennt.

Zusammensetzung einer URL (Beispiel)

Protokoll	Rechner	Domain	Land	Verzeichnis	Datei
http://	www	sfn.uni-muenchen	.de/	hexenverfolgung/	frame_lexikon.html

Das Übertragungsprotokoll des WWW ist das **Hypertext Transfer Protocol** (HTTP), deshalb beginnt die Adresse mit dem entsprechenden Kürzel. Der Rechner, der die Inhalte für das WWW speichert, wird zumeist mit „www" bezeichnet. In diesem Beispiel ist der Domainname mehrteilig und steht für den Server „sfn" (Server Frühe Neuzeit), der an der Universität München beheimatet ist. Alle deutschen Universitäten werden nach demselben Prinzip benannt, wie es das Beispiel zeigt. Auch italienische, österreichische und schweizerische Universitäten tragen das Kürzel „uni" im Domainnamen. Österreichische Forschungseinrichtungen führen analog zum englischen Beispiel das Kürzel „ac" für eine akademische Institution. Bei spanischen, niederländischen und amerikanischen Hochschulen werden die Universitätsnamen häufig abgekürzt; hier steht der Buchstabe „u" für University (zum Beispiel ucla = University of California at Los Angeles).

Hinter dem letzten durch einen Punkt abgetrennten Bestandteil der URL verbirgt sich bei amerikanischen Webpages die Art der Einrichtung, die für den Inhalt einer Seite verantwortlich zeichnet. Sie wird durch ein Kürzel aus drei Buchstaben dargestellt.

Kürzel für Institutionen bei amerikanischen Webseiten

.com	kommerzielles Unternehmen	.mil	militärische Einrichtung
.edu	Bildungseinrichtung	.net	Netzwerk
.gov	Regierungseinrichtung	.org	sonstige Organisationen

Die amerikanischen Institutionenkürzel sind nur begrenzt aussagekräftig. Das Kürzel „edu" (Education) steht für Universitäten und Forschungsinstitute, aber auch für Schulen; so könnten Sie hier bei einer Recherche zum amerikanischen Bürgerkrieg auf der Webpage eines zehnjährigen Schülers landen. Die Nutzung kommerzieller Webpages ist oft kostenpflichtig, das kann aber auch bei Angeboten von Bildungseinrichtungen der Fall sein. Am wenigsten aussagekräftig sind die Kürzel „net" und „org". Stark im Internet vertretene Organisationen sind zum Beispiel Sekten, hier sollten Sie deshalb besonders vorsichtig sein.

Bei allen Webpages nichtamerikanischer Herkunft steht an dieser Stelle das aus zwei Buchstaben bestehende Länderkürzel.

Länderkürzel bei nichtamerikanischen Seiten (Auswahl)

.at	Österreich	.es	Spanien	.lv	Lettland
.au	Australien	.fr	Frankreich	.pl	Polen
.ch	Schweiz	.hu	Ungarn	.tr	Türkei
.de	Deutschland	.jp	Japan	.uk	Großbritannien

Bei dem Dateinamen unseres URL-Beispiels handelt es sich um einen **Frame**, eine Rahmenseite, die wiederum eine Vielzahl von Einzelseiten umfasst. Hier ist es die Eingangsseite eines Lexikons, von der aus Sie die Einzelbeiträge aufrufen können. URLs können aber auch wesentlich kürzer – und so auch weniger aussagekräftig sein.

Angaben zum **Verfasser** einer Webseite finden Sie in der Regel auf der Eingangsseite (Home) oder unter Links wie Kontakt, Impressum, Autoren. Verwenden Sie keine Seiten, die ohne Angaben zu den Verfassern publiziert worden sind. Wichtig sind hierbei nicht nur Namen und Adressen, sondern auch Hinweise zu ihrer Ausbildung und derzeitigen Funktion sowie zu der Institution, die hinter dem Angebot steht, denn nicht immer ist diese aus der Webadresse erkennbar. Beschränken Sie sich am besten auf jene Angebote, deren Verfasser eine themenrelevante akademische Ausbildung besitzen. Fehlen auf einer Seite Angaben zum Verfasser und Links zu übergeordneten Seiten, können Sie diese auch dadurch erreichen, indem Sie schrittweise von hinten beginnend einzelne Bestandteile der URL löschen.

Auch das **Datum**, an dem die Seite erstellt worden ist, sollte angegeben sein sowie das der letzten Überarbeitung. Beide Angaben geben Auskunft darüber, wie aktuell die präsentierten Informationen sind und ob die Seite weiterhin betreut wird. Das Datum der letzten Überarbeitung steht in der Regel ganz unten auf einer Seite, der Zeitpunkt, zu dem die Seite erstellt wurde, findet sich zumeist auf der Eingangsseite oder unter Impressum bzw. ähnlichen sich auf das ganze Projekt beziehenden Seiten.

Die **optische Gestaltung** des Angebotes sollte einen seriösen Eindruck machen und funktional sein: Dies bedeutet in der Regel die Wahl eher zurückhaltender Gestaltungsmittel (wenige Schriftarten, unbunte Farbigkeit, weitgehender Verzicht auf Animationen, Werbebanner, Popups mit Werbung für wissenschaftsferne Produkte) und einen konsistenten, logisch nachvollziehbaren Seitenaufbau. Bluttriefende Henkerbeile und lodernde Scheiterhaufen sollten Sie als Ausschluss-Kriterien bewerten. Aber: Eine einfallslose Optik ist noch kein Garant für die Wissenschaftlichkeit eines Angebotes, zumal inzwischen auch wissenschaftliche Seiten zunehmend professionell gestaltet werden und von lange Zeit wissenschaftsüblichen, aber medienuntauglichen Gestaltungsmitteln (schwarze Schrift auf weißem Grund) Abstand nehmen.

Im Studium empfiehlt es sich nicht, gegen **Kosten** herunterladbare Inhalte zu nutzen, da Sie zumeist nicht genau wissen, was Sie für Ihr Geld bekommen, und die Inhalte in der Regel auch über herkömmliche Medien recherchieren können. Die meisten wissenschaftlichen Angebote im Netz sind kostenlos. **Technische Mängel** wie Dead Links, unklare oder fehlerhafte Navigationstools, zu lange Ladezeiten sprechen zwar nicht per se gegen die Wissenschaftlichkeit einer Webpage, aber gegen ihre effiziente Nutzung. Wird von Ihnen die Installation zusätzlicher Software (außer gängigen Programmen wie AcrobatReader) oder eine wie auch immer geartete Autorisierung verlangt, kann dies auf ein **Sicherheit**sproblem hindeuten. Verzichten Sie deshalb besser auf das Angebot.

Die **inhaltlichen Beurteilungskriterien** von Webangeboten unterscheiden sich letztlich nicht von jenen, die Sie auch an traditionelle Medien wie Bücher oder Zeitschriftenaufsätze anlegen müssen (→ Lesetechniken).

Inhaltliche Kriterien für Webpages (Auswahl)

- Projektbeschreibung und -begründung
- Logik, Systematik der Darstellung
- Grad der Erfassung des Themas
- faktische Richtigkeit
- Belegweise und -dichte
- Forschungsstand
- Argumentationsstil

Aus der Projektbeschreibung können Sie die **Ziele des Internetauftrittes** entnehmen. Diese sollten wissenschaftlicher Natur sein. Beurteilen Sie, in welchem Umfang das angegebene Thema erfasst worden ist, ob die Systematik der Darstellung Sie überzeugt und ob Sie diese sowie die einzelnen Inhalte logisch nachvollziehen können. Bemerken Sie **inhaltliche Fehler** wie falsche Daten, Bezeichnungen oder Kontextualisierungen, sollten Sie keinesfalls nach dem Prinzip verfahren: Vielleicht stimmt ja der Rest, sondern vielmehr dem gesamten Inhalt nicht vertrauen.

Wichtig ist außerdem die Art und Weise, wie die Argumentation belegt wird. Prüfen Sie die als **Grundlage der Darstellung** angegebene Literatur auf ihre Themenrelevanz, Aktualität und Wissenschaftlichkeit: Wie stark ist der aktuelle **Forschungsstand** zum Thema herangezogen worden? Basiert die Seite vielleicht auf inzwischen völlig überholten oder populärwissenschaftlichen Darstellungen? Verwenden Sie deshalb keine Webpages, die auf den Nachweis ihrer eigenen Recherchemittel verzichten.

Der **Argumentationsstil** gibt Auskunft über die Wissenschaftlichkeit eines Angebotes: Stark wertende Passagen, polemische Ausfälle, dramatisierende Wendungen deuten auf nichtwissenschaftliche Angebote hin. Denken Sie vor jeder Internetrecherche darüber nach, wie ideologieanfällig und wie brisant Ihr Thema ist. Zwar lassen sich beinahe alle historischen Themen letztlich für ideologische Auseinandersetzungen instrumentalisieren, dennoch gibt es solche, die besonders anfällig sind. Es ist ein Unterschied, ob Sie Informationen zur Entwicklung der Infrastruktur frühneuzeitlicher Städte oder zur Judenverfolgung im Nationalsozialismus suchen. Je höher die aktuelle gesellschaftliche Brisanz, umso mehr unwissenschaftliche Inhalte finden sich in der Regel im Internet.

5.2.3 Auffinden von Informationen

Es gibt eine Vielzahl sowohl von **Anbietern** als auch von **Informationsarten** im Netz. Die abrufbaren Informationsquellen reichen von Nachschlagewerken über Darstellungen zu spezifischen Themen, Lerntools für die Historischen Hilfswissenschaften bis hin zu Tutorien für das Geschichtsstudium. Im Folgenden ist eine Auswahl von Webpages zusammengestellt, die vor allem die Breite der Angebote widerspiegeln soll.

Geschichtswissenschaftliche Fachportale werden von verschiedenen Einrichtungen betreut und stellen jeweils unterschiedliche Serviceleistungen bereit. Das Angebot reicht von Webkatalogen über Veranstaltungskalender, Rezensionen, Nachschlagewerke, aktuellen Zeitungsschauen bis hin zu thematischen Schwerpunkten oder Informationen zu Studium und Beruf.

Webseite des Fachportals Clio-online.de (Beispiel)

Fachportale für Historiker im Internet (Auswahl)

- historikum.net: http://www.historicum.net
- H-Soz-u-Kult: http://www.hsozkult.geschichte.hu-berlin.de
- Nachrichtendienst: für Historiker http://www.nfhdata.de
- Clio ondine: http://www.clio-online.de
- H-net: http://www.h-net.org

Webseite des Fachportals historicum.net (Beispiel)

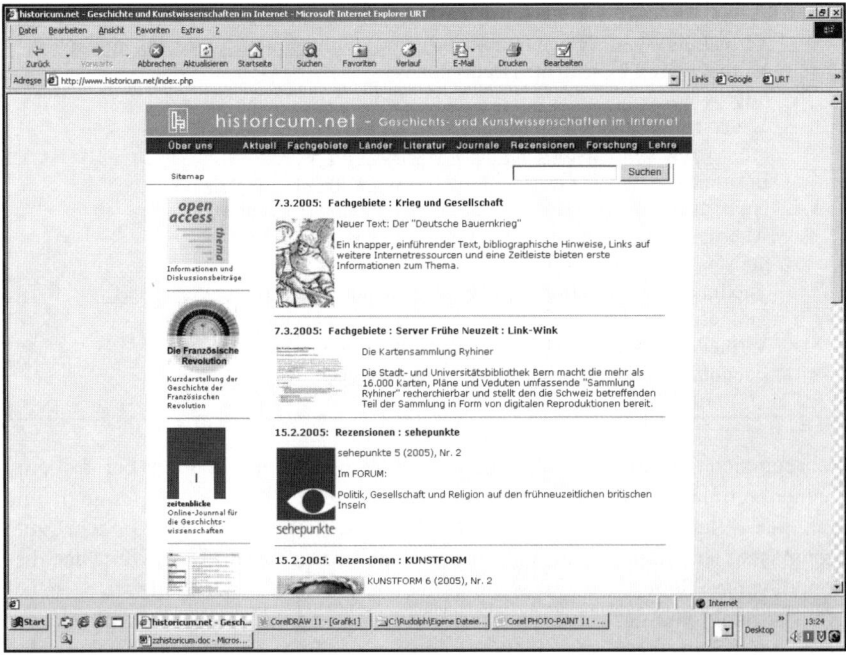

Generell haben Sie zwei Möglichkeiten, im Internet zu recherchieren: zum einen über Webkataloge, zum anderen über Suchmaschinen. Geschichtswissenschaftlich ausgerichtete **Webkataloge** verlinken fachspezifische Webpages und ordnen sie wie eine Bibliographie unter systematischen und chronologischen Gesichtspunkten. Eine erfolgreiche Recherche setzt voraus, dass Sie die Logik der Systematik verstanden haben und wissen, dass gerade bei Themen, die sich mehreren Schwerpunkten zuordnen lassen, auch mehrere Recherchepfade in Frage kommen (→ Bibliographieren). Sie sollten vor allem von historischen Forschungseinrichtungen betreute Webkataloge verwenden, die auch die inhaltliche und formale Qualität der Seiten beurteilen. Eine absolute Gewähr bieten aber auch sie nicht. Berücksichtigen Sie, dass derartige Linksammlungen in unterschiedlichen Abständen aktualisiert werden und immer nur einen Teil der im Netz vorhandenen Ressourcen verzeichnen können.

Geschichtswissenschaftliche Webkataloge im Netz (Auswahl)

- Virtual library history (international): http://vlib.iue.it/history/index.html
- Virtual library Geschichte (Deutschland): http://www.erlangerhistorikerseite.de/vl-dtld.html
- Webkatalog Lehre und Internet: http://www.lehre.historicum.net/links/index.html
- InformationsWeiser Geschichte: http://www.historyguide.de
- Humbul Humanities Hub: http://www.humbul.ac.uk/history
- Altertumswissenschaft im Internet: http://www.ub.uni-konstanz.de/fi/ant/internet.htm
- The Internet Connection for Medieval Ressources: http://www.netserf.org
- Zeitgeschichte Online: http://www.zeitgeschichte-online.de
- Virtuelle Fachbibliothek Osteuropa: http://www.vifaost.de
- Economic History Services: http://www.eh.net

Während sich die systematische Suche über Webkataloge vor allem bei größeren Themenkomplexen anbietet, stellt die **freie Suche** über Suchmaschinen eine sinnvolle Alternative bei spezielleren Fragestellungen dar. Selbst sehr gute Suchmaschinen finden allerdings in der Regel nur etwa 10-25 Prozent der themenrelevanten Seiten. Ob eine Seite gefunden und an welcher Stelle sie aufgelistet wird, hängt von der Häufigkeit ihrer Nutzung und davon ab, ob ihr Produzent sie bei den Betreibern von Suchmaschinen anmeldet. Es gibt inzwischen eine Vielzahl von **Suchmaschinen**, sowohl allgemeine als auch themenspezifische oder Metasuchmaschinen, welche die Ergebnisse mehrerer Suchmaschinen zusammenfassen. Nach unseren Erfahrungen findet die Suchmaschine Google oft mehr Seiten wissenschaftlicher Provenienz als jene Suchmaschinen, die sich darauf spezialisiert haben, oder als Metasuchmaschinen. Außerdem filtert sie bei sinnvoll gewählten Suchbegriffen viele kommerzielle oder unseriöse Angebote von vornherein aus und führt schon unter den ersten Treffern einschlägige Seiten an. Allerdings können Sie bei Google nicht trunkieren (→ Trunkierung).

Webseite der Virtual Library Deutschland (Beispiel)

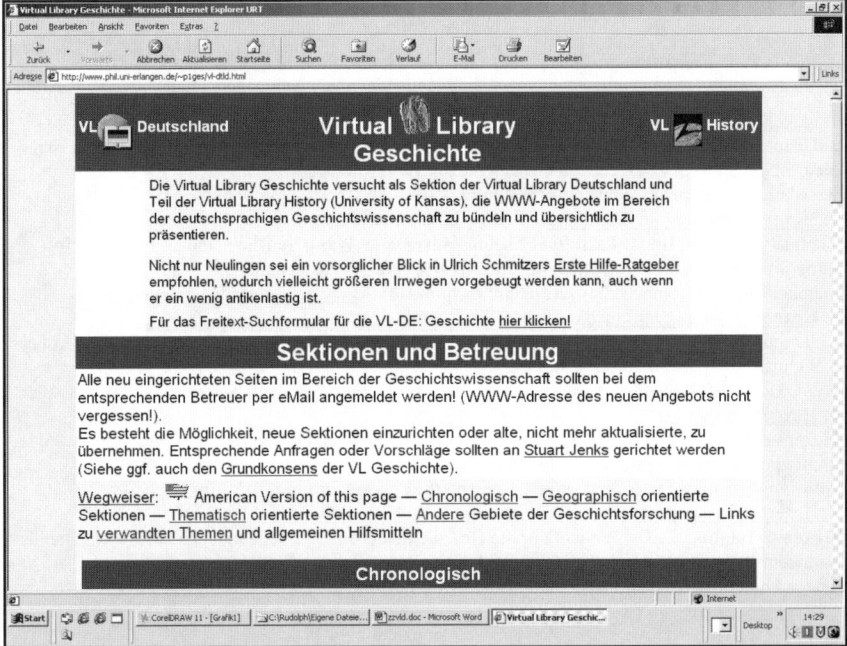

Suchmaschinen (Auswahl)

Allgemeine	Forschungsspezifische	Metasuchmaschinen
http://www.google.de	http://www.searchedu.com	http://www.metager.de
http://de.www.yahoo.com	http://forschungsportal.net	http://www.acell.de/crawler

Je treffender die Suchbegriffe sind, desto größer ist der Sucherfolg – nicht in Hinblick auf die Zahl, sondern im Hinblick auf die Relevanz der Treffer. Überlegen Sie also vorher genau, mit welchen Begriffen Sie arbeiten wollen (→ Recherchebegriffe). Mitunter enthalten Begriffe bereits eine Wertung, die Auswirkungen auf die Qualität der Suchergebnisse haben kann. Geben Sie zum Beispiel in der **einfachen Suche** bei Google den Begriff „Hexenverfolgung" anstelle von

„Hexenverbrennung" oder „Hexenjagd" ein, erhalten Sie im Suchergebnis nicht nur mehr Treffer, sondern auch mehr seriöse Einträge.

Suchergebnis „Hexenverfolgung" bei Google (Beispiel, bearbeitet)

---

1. Hexenforschung – historicum.net
... Hauptbestandteil des Themenportals "Hexenforschung" ist das - im Rahmen des Servers Frühe Neuzeit konzipierte - Lexikon zur Geschichte der **Hexenverfolgung**. ...
www.sfn.uni-muenchen.de/**hexenverfolgung**/ - 10k - Im Cache - Ähnliche Seiten
2. **Hexenverfolgung** im Rheinland
Thomas P. Becker, Bonn. Texte zum Thema. **Hexenverfolgung** im Rheinland. ... **Hexenverfolgung** im Erzstift Köln. Erschienen in "**Hexenverfolgung** im Rheinland. ...
members.aol.com/tombeee/hexverf/hexinhalt.html – 5k - Im Cache - Ähnliche Seiten
3. **Hexenverfolgung** in Baden
... Jahrhundert fallen über eine Million Frauen der **Hexenverfolgung** zum Opfer." (Knaurs Großer Religionsführer) Diese dürren Worte fassen das Geschehen und das ...
www.bad-bad.de/gesch/h_verfolgung.htm - 26k - Im Cache – Ähnliche Seiten
4. **Hexenverfolgung**
Hexenverfolgung. Definition des Wortes "Hexe" im Lexikon. Die am weitesten verbreitete ... wie unmöglich. **Hexenverfolgung**. Oft reichte ...
www.voglgsang.de/ahnenforschung/ geschichte/**hexenverfolgung**/ - 41k - Im Cache -
5. Hexenverfolgung
Hexenverfolgung. ... These Nicht nur die Geschichte der Frauen, sondern auch die Geschichte der Krankenpflege wurde durch die **Hexenverfolgung** beeinflußt. ...
pflege.klinikum-grosshadern.de/ campus/berufsku/hexe/hexe.html - 35k - Im Cache -
6. Die Hexenjagd
ZS, Was waren Hexenprozesse ? Zu welcher Zeit gab es sie ? Wer waren die Opfer ? Wer waren die Verfolger ? Verantwortung der Kirche ? ...
www.zpr.uni-koeln.de/~nix/hexen/ - 10k - 8. Juli 2004 - Im Cache – Ähnliche Seiten
7. The Historical Bookshelf
Hexenverfolgung - Hexenprozesse. Deutsche Titel von amazon.de In Partnerschaft mit Amazon.de. ... Das Ende der **Hexenverfolgung** Sönke Lorenz, Dieter R. Bauer. ... www.phm-se.com/bookshelf2.htm - 15k
8. **Hexenverfolgung**
Zur historischen **Hexenverfolgung** wissen wir oft nur wenig oder das, was wir wissen, beruht auf vielen Mißverständnissen. ... Artikel: **Hexenverfolgung** edit. ...
www.lostlegends.de/a108.htm - Ähnliche Seiten
9. **Hexenverfolgung** – Wikipedia
Hexenverfolgung. aus Wikipedia, der freien Enzyklopädie. ... [bearbeiten]. **Hexenverfolgung** heute. Auch in nichtchristlichen Religionen bzw. ...
de.wikipedia.org/wiki/Hexenverfolgung - 36k - Im Cache – Ähnliche Seiten
10. Quarks & Co – **Hexenverfolgung**
Quarks & Co | Archiv | Sendung vom 21.10.2003. **Hexenverfolgung**. ... Überall, wo die Menschen an Hexen glauben, kann es **Hexenverfolgung** geben. ...
www.quarks.de/dyn/13210.phtml - 29k - 9. Juli 2004

Pro Ergebnisseite erscheinen je nach Einstellung zehn oder mehr Treffer zum eingegebenen Suchbegriff, die im Beispiel nummeriert wurden. Um möglichst schnell erkennen zu können, welche Treffer inhaltlich am vielversprechendsten sind, sollten Sie die Angaben zu jedem Treffer 'dechiffrieren' können. Die **erste Zeile** nennt die Bezeichnung der Seite: Im vorliegenden Beispiel können Sie die Treffer 7 und 10 ausschließen, da weder Fernsehsendungen, noch kommerzielle Bücherverzeichnisse eine sinnvolle Informationsgrundlage für Geschichtsstudenten darstellen. Treffer 9 ist ein Internetnachschlagewerk, dessen Artikel von Laien und Fachleuten verfasst werden und deshalb von sehr unterschiedlicher Qualität sind. Der etwas reißerische Titel von Treffer 6 mahnt immerhin zur Vorsicht.

Die **zweite und dritte Zeile** des Treffers beschreiben den Kontext, in dem der Recherchebegriff im Text auftaucht. Auch er gibt Ihnen Hinweise darauf, wie sinnvoll das Anklicken der Seite sein könnte. Der Verweis ohne Seitenangabe auf einen für ein breites Publikum gedachten Religionsführer im Zusammenhang mit der Opferzahl in Treffer 3 spricht gegen diesen Treffer; hier sollte einschlägige Fachliteratur korrekt zitiert werden. Es handelt sich – das zeigt die **vierte Zeile** mit der URL – um eine von der Stadt Baden-Baden betreute Seite historischen, aber nicht wissenschaftlichen Inhalts. Die URL der Treffer 4, 5 und 8 mit den Begriffen „Ahnenforschung", „Legenden" oder „Klinikum" deuten ebenfalls auf nichtwissenschaftliche Kontexte hin. Der Beginn der URL des Treffers 2 verweist auf eine private Seite, hinter der sich in diesem Fall ein deutscher Historiker verbirgt, der einschlägig zur Hexenverfolgung gearbeitet hat. In den meisten Fällen sollten Sie jedoch Treffer mit einem solchen URL-Beginn ausschließen. Die URL des Treffers 6 verweist auf einen Server der Universität Köln, wobei Ihnen die Tilde (~) zeigt, dass es sich hier um eine privat betreute Seite handelt. Auf den ersten Blick wirkt damit Treffer 1 am lohnendsten.

Analog können Sie die Treffer der folgenden Ergebnisseiten bewerten, bevor Sie diese öffnen. Meist reicht es, den Informationsgehalt der ersten fünf bis zehn Ergebnisseiten zu prüfen, um die gesuchte Information zu finden. Je nach Ergebnismenge sollten Sie bereits in der einfachen Suche mehrere **Suchbegriffe koppeln**, um die Recherche möglichst effizient zu gestalten. Verwenden Sie am besten das Begriffsraster, das Sie für die Literaturrecherche entwickelt haben. Mit jedem zusätzlich eingegebenen Begriff schließen Sie allerdings auch Webseiten aus, je nach Trefferzahl und Umfang der relevanten Webseiten sollten Sie deshalb verschiedene Kopplungsalternativen durchspielen.

Sinnvoll ist die Nutzung der **erweiterten Suche**, bei der Sie ganze Wortgruppen (Phrasen) eingeben, Begriffe ausschließen oder die Sprache definieren können, in der die Webseite verfasst wurde. Außerdem ist es möglich, nach Veröffentlichungszeitraum und Dateiformaten zu recherchieren. Über die Recherche nach Dateiformaten funktioniert die **Suche nach Bild- und Tondokumenten**, die Bildsuche können Sie bei einigen Suchmaschinen auch direkt aktivieren. Bei einer Bildrecherche können Sie auch Schaubilder finden, wenn diese in einem entsprechenden Dateiformat (zum Beispiel .jpg) gespeichert worden sind. Für das Öffnen bestimmter Dateiformate benötigen Sie spezifische Software: Aufforderungen zur Registrierung oder zur Installation einer neuen Software sollten Sie aus Sicherheitsgründen aber nur dann befolgen, wenn es sich um bekannte und seriöse Produkte handelt (zum Beispiel AcrobatReader für .pdf-Dateien).

Mit der Beispielsuche haben Sie aufgrund des deutschen Suchbegriffes vor allem deutschsprachige Seiten gefunden. Die Hauptsprache des Internets ist jedoch Englisch. Dies betrifft nicht nur das Medium Internet allgemein, sondern auch die Mehrzahl aller historisch ausgerichteten Webpages. Deshalb würde sich nun eine **fremdsprachige Suche** anschließen. Deshalb sollten Sie mit dem Sprachgebrauch und den Fachbegriffen der Fremdsprache, in der Sie recherchieren, vertraut sein. Aufgrund der Vielzahl englischer Webpages empfiehlt es sich, je nach Recherchezweck mit Begriffskopplungen zu arbeiten, um die Trefferzahl einzuschränken. Geben Sie zum Beispiel Vor- und Nachnamen des Inquisitors und Hexenhammer-Verfassers Heinrich Kramer zusätzlich ein, erhalten Sie weit weniger Treffer. Je nach Thema bieten sich auch Recherchen in weiteren Fremdsprachen an.

Neben Webkatalogen und Suchmaschinen gibt es im Netz weitere Informationsquellen wie etwa **Newsgroups** (Diskussionsforen), in denen angemeldete Nutzer Beiträge einstellen und Diskussionsrunden organisieren können. Es gibt inzwischen mehrere 10.000 Newsgroups zu allen erdenklichen Themen. **Mailinglisten** sind dagegen Diskussionsforen, in denen die angemeldeten Nutzer über E-mail Beiträge an alle anderen Mitglieder verteilen lassen können. Bei wissenschaftlichen Mailinglisten wie H-soz-u-kult (http://hsozkult.geschichte. hu-berlin.de/) reicht die inhaltliche Bandbreite von Tagungsankündigungen über Rezensionen und Spezialfragen bis zur Unterkunftsvermittlung für Forschungsaufenthalte. Darüber hinaus gibt es ein großes Angebot an themen- und forschungsansatzspezifischen Mailinglisten wie zum Beispiel H-german für deutsche Geschichte oder H-gender für Frauen- und Geschlechtergeschichte, die beide unter der Dachorganisation H-net angesiedelt sind.

Inzwischen können Sie eine große Anzahl von Webpages im Rahmen Ihres Studiums sinnvoll einsetzen. Die im Folgenden aufgeführten Internetadressen stellen nur eine kleine Auswahl dar, die Ihnen vor allem die Vielfalt der Angebote vor Augen führen soll. Es sind bevorzugt solche Webseiten aufgeführt, die aufgrund ihrer institutionellen Anbindung mit hoher Wahrscheinlichkeit längere Zeit im Internet vorhanden sein werden. Da sich Internetadressen dennoch mitunter schneller verändern, als ein Buch herausgebracht werden kann, sollten Sie die Seiten, die Sie nicht mehr finden, über die Suchmaschine Google recherchieren.

Webseite von H-soz-u-kult (Beispiel)

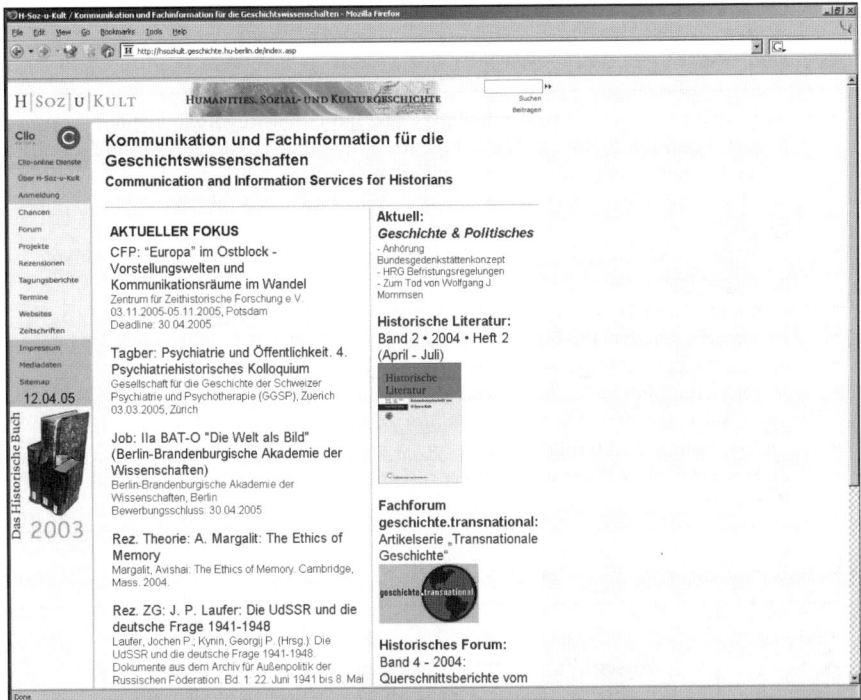

Im Netz finden Sie unter anderem allgemeine oder historisch ausgerichtete **Nachschlagewerke**: Wörterbücher, Lexika, Abkürzungs- und Regentenverzeichnisse, Tools zur Kalenderberechnung oder historische Karten.

Inzwischen gibt es außerdem eine Vielzahl von Quellensammlungen im Internet, die Sie für Ihre Arbeit heranziehen können. Zahl und Umfang von Digitalisierungsprojekten haben in den letzten Jahren erheblich zugenommen; allerdings ist die Qualität der Angebote recht unterschiedlich. Eine der größten Quellensammlungen dieser Art stellt das Projekt „American Memory" der Library of Congress (LoC) in Washington dar, das bislang über sieben Millionen Quellen zur US-amerikanischen Geschichte zur Verfügung stellt. Aber auch viele kleinere Sammlungen bieten Material, das sich im Rahmen des Studiums sinnvoll einsetzen lässt. Achten Sie auf genaue Quellennachweise und darauf, ob Sie es mit eingescannten oder transkribierten Quellen zu tun haben, denn Transkriptionen stellen wie Übersetzungen eine potenzielle Fehlerquelle dar. Die folgende Übersicht listet eine Auswahl an umfangreichen Quellensammlungen für die alte, mittlere und neuere Geschichte auf, wobei einige epochenübergreifend ausgerichtet sind und sowohl Text- und Bildquellen bieten.

Nachschlagewerke im Internet (Auswahl)

- Allgemeine Deutsche Biographie: http://mdz.bib-bvb.de/digbib/lexika/adb
- Biographisch-bibliographisches Kirchenlexikon: http://www.bautz.de/bbkl
- Columbia Encyclopedia: http://www.bartleby.com
- Das Deutsche Wörterbuch von Jacob und Wilhelm Grimm: http://www.dwb.uni-trier.de
- Kalenderberechnung: http://www.manuscripta-mediaevalia.de/gaeste/grotefend/grotefend.htm
- Klassiker der Geschichtswissenschaft: http://www.klassiker.historicum.net
- Lateinische Ortsnamen: http://www.columbia.edu/acis/ets/Graesse/contents.html
- Regententabellen: http://www.info-regenten.de/regent/regent-d
- Vormoderne Maße, Berufe, Krankheiten: http://www.genealogienetz.de/genealogy_de.html
- Linksammlung Wörterbücher: http://www.yourdictionary.com
- Zedler: Grosses vollständiges Universal-Lexicon aller Wissenschaften und Künste: http://mdz.bib-bvb.de/digbib/lexika/zedler

---

Quellensammlungen im Netz (Auswahl)

Textquellen Alte Geschichte Mittlere Geschichte Neuere Geschichte	
	- Perseus Project: http://perseus.mpiwg-berlin.mpg.de/cache/perscoll_Greco-Roman.html
	- The Latin Library: http://www.thelatinlibrary.com
	- Bibliotheca Augustana: http://www.fh-augsburg.de/~harsch/augustana.html
	- Mateo Mannheimer Texte Online: http://www.uni-mannheim.de/mateo/epo.html
	- Regesta Imperii: http://www.regesta-imperii.org/
	- Rechnungen des späten Mittelalters und der Frühen Neuzeit: http://online-media.uni-marburg.de/ma_geschichte/computatio/welcome.html
	- Internet History Sourcebook: http://www.fordham.edu/halsall/
	- Digitalisierte Drucke der UB Bielefeld: http://www.ub.uni-bielefeld.de/diglib/rara.htm
	- Digitale Bibliothek der Bayerischen Staatsbibliothek: http://mdz.bib-bvb.de/
	- Digitale Bibliothek des Max-Planck-Instituts für Rechtsgeschichte Frankfurt: http://www.mpier.uni-frankfurt.de/dlib/

	▪ Dokumentarchiv Verfassungsgeschichte: http://www.documentarchiv.de/ ▪ Göttinger Digitalisierungszentrum: http://gdz.sub.uni-goettingen.de
Objekte	▪ British Museum http://www.thebritishmuseum.ac.uk/compass/ ▪ Sammlungen und Objektdatenbank des Deutschen Historischen Museums http://www.dhm.de/sammlungen/
Bildquellen	▪ The Beazley Archive: http://163.1.48.106/BeazleyAdmin/Script2/default.htm ▪ Viamus – Virtuelles AntikenMuseum Göttingen: http://viamus.uni-goettingen.de/fr/pages ▪ Maecenas – Images of Ancient Greece and Rome: http://wings.buffalo.edu/AandL/Maecenas. ▪ Marburger Index: http://bildindex.de/ ▪ Virtuelle Diathek der Bildtheologischen Arbeitsstelle der Universität Köln: http://www.uni-koeln.de/ew-fak/Bildtheologie/diathek/ ▪ Web Gallery of Art: http://gallery.euroweb.hu/
Tonquellen	▪ Classical Music Archives http://www.classicalarchives.com/ ▪ LeMO "Lebendiges Museum Online" http://www.dhm.de/lemo/ ▪ American Memory http://memory.loc.gov/
Karten	▪ Historische Karten der Staats- und Universitätsbibliothek Bremen http://gauss.suub.uni-bremen.de/ ▪ IKAR – Altkartendatenbank http://ikar.sbb.spk-berlin.de/ ▪ Historic Cities – Maps http://historic-cities.huji.ac.il/historic_cities.html ▪ Mainzer Kartenserver http://www.ieg-maps.uni-mainz.de/

Im Internet finden sich inzwischen auch sinnvolle **didaktische Hilfsmittel** für das Studium der Geschichtswissenschaft. So gibt es Lerntools für einzelne Hilfswissenschaften, Tutorien zur Quelleninterpretation oder virtuelle Archiv- und Ausstellungsführungen für alte, mittelalterliche und neuere Geschichte (http://www.adfontes.unizh.ch/).

5.2.4 Verwaltung von Informationen

Je öfter und intensiver Sie mit dem Internet arbeiten, desto sinnvoller ist die Anlage einer Favoriten- oder Lesezeichensammlung, in der Sie die Adressen wichtiger und oft benutzter Seiten speichern. Die üblichen Internetbrowser bieten dafür leicht zu bedienende Tools an. Überlegen Sie sich deshalb möglichst frühzeitig eine geeignete Struktur, in der Sie Ihre Links abspeichern. Wichtig ist, dass Sie jeden gespeicherten Link sinnvoll bezeichnen, so dass Sie auch nach größeren Pausen sofort wissen, wohin er führt. In der automatischen Einstellung wird zumeist die Seitenbezeichnung als Titel des Lesezeichens verwendet. Da diese in vielen Fällen den Inhalt der Seite nicht treffend bezeichnet, müssen Sie zumeist selbst einen Titel eingeben.

Favoritenbaum zur Verwaltung von Webseiten (Beispiel)

Trennen Sie auf der obersten Ebene Ihres Favoritenbaumes am besten jene Seiten, die für Ihr Studium wichtig sind, von solchen, die Sie in Ihrer Freizeit verwenden. Die Rubrik „Aktuell" kann jene Seiten umfassen, die Sie regelmäßig anschauen oder die auf bevorstehende Ereignisse verweisen. Unter „Literaturre-cherchen" sollten Sie die einschlägigen Adressen verlinken, die Sie für die Lite-ratursuche verwenden. Auch häufig benutzte Nachschlagewerke sollten Sie unter einer Rubrik verlinken, um nicht jedes Mal erneut nach ihnen suchen zu müssen. Unter der Rubrik „Themen" können Sie hingegen jenes Material ablegen, das Sie im Zusammenhang mit Lehrveranstaltungen recherchiert haben. Da im Laufe Ihres Studiums immer mehr Veranstaltungen dazukommen, empfiehlt sich ein besonderer Ordner für jedes Thema. Die Seiten, die Sie bei Ihrer Recherche im Netz mehr oder weniger zufällig gefunden haben, nicht intensiv rezipieren konn-ten aber dennoch wieder finden möchten, sollten Sie in einer eigenen Rubrik speichern, damit Sie sich bei Ihrer Recherche nicht verzetteln. Diese Rubrik können Sie von Zeit zu Zeit bearbeiten und die dort gesammelten Links entwe-der in Ihren Favoritenbaum einordnen oder löschen.

Ein Wort zum Schluss: Auf die Nutzung von Webpages, die Hausarbeiten oder Referate anbieten, sollten Sie in Ihrem eigenen Interesse verzichten. Das Verfassen einer wissenschaftlichen Arbeit oder eines Referates stellt eine der Schlüsselkompetenzen dar, die Sie im Laufe Ihres Studiums erwerben sollen. Verzichten Sie also darauf, Teile oder ganze Hausarbeiten aus dem Netz herunter zu laden oder sich von Seiten dieser Art ‚inspirieren' zu lassen. Die Qualität der angebotenen Inhalte ist sehr unterschiedlich, was sich in der Benotung nur be-dingt widerspiegelt. Da Ihre Präsentationen allein auf Ihrer eigenen Leistung beruhen sollen, ist die Übernahme von Inhalten aus dem Internet ohne Nachweis außerdem Betrug, der zu entsprechenden Sanktionen führen kann.

Ansonsten gelten für alle aus dem Netz übernommenen Inhalte dieselben Prinzipien wie für die Forschungsliteratur: Sie müssen die Herkunft des Text- oder Bildmaterials, das Sie in Ihrer Arbeit verwenden, in Ihren Anmerkungen entsprechend den Zitierrichtlinien für Internetseiten nachweisen (→ Korrekte Titelangabe), da es das geistige Eigentum anderer Personen ist. Auch für Web-pages existiert ein Copyright zum Schutz ihrer Produzenten.

5.3 Examen

Bei den Abschlussprüfungen sollen Sie unter Beweis stellen, dass Sie gründliche inhaltliche und methodische Fachkenntnisse erworben haben, die Regeln wissen-schaftlichen Arbeitens beherrschen und fähig sind, sich selbstständig innerhalb bestimmter Fristen in Themen einzuarbeiten und die Ergebnisse Ihrer Arbeit angemessen darzustellen. Welche genauen Anforderungen an Sie gestellt wer-den, ist von der für Sie gültigen Prüfungsordnung (→ Prüfungsordnungen) ab-hängig. Daher sollten Sie auf jeden Fall vor dem Beginn der Abschlussphase Ihre

Prüfungsordnung nochmals genau lesen. Im Folgenden wird auf alle drei möglichen Prüfungsteile eingegangen: die Abschlussarbeit, die von allen Prüfungsordnungen für das erste Hauptfach vorgesehen wird, sowie die Abschlussklausur und die mündliche Prüfung, von denen entweder die eine oder die andere nicht an allen Universitäten verlangt wird.

5.3.1 Gutachter- und Prüferwahl

An den meisten Hochschulen haben Sie die Wahl, wer Ihre Abschlussarbeit betreuen und benoten soll. Normalerweise müssen Sie einen so genannten Erst- und einen Zweitgutachter für Ihre Arbeit bestimmen. Des Weiteren legen Sie fest, bei wem Sie die anderen Prüfungen absolvieren wollen. Bei der Entscheidung könnten Sie sich fragen, welcher der potenziellen Prüfer Kontakte zu jenem Arbeitsbereich hat, in dem Sie später gerne eine Anstellung erhalten wollen.

Als Examenskandidat sollten Sie eine Betreuerin wählen, die Sie in Lehrveranstaltungen kennen und schätzen gelernt haben. Für die Zusammenarbeit ist es förderlich, wenn beide Seiten ähnliche Forschungsinteressen hegen und bestimmte methodische Herangehensweisen präferieren. Ein wenig Sympathie ist sicherlich ebenso von Vorteil. Wichtig ist die Vorüberlegung, ob Sie einen Betreuer brauchen, der seine Aufgabe tatsächlich ernst und sich die Zeit nimmt, sich mit Ihrer Arbeit und eventuell aufkommenden Fragen intensiv auseinander zu setzen.

Diese Kriterien gelten nicht nur für die Gutachter Ihrer Abschlussarbeit, sondern auch für die Prüfer in den anderen Examensteilen. Besonders bei den mündlichen Prüfungen (→ mündliche Prüfung) ist es empfehlenswert, zuvor ein entsprechendes Seminar bei den potenziellen Prüfern belegt zu haben: Dann haben Sie einen Eindruck davon, welche Art von Fragen auf welche Weise gestellt werden könnten, welcher **Prüfungsstil** Sie erwartet – während die eine Professorin eher theoriebezogen und systematisierend fragt, will die andere eher Faktenwissen hören; während der eine Dozent dazu neigt, nur kurze Fragen zu formulieren und dem Kandidaten viel Zeit zum Argumentieren zu geben, neigt der andere eher dazu, selbst zu reden. Einige Prüfer stellen gerne Gedankenexperimente an („Wenn Sie in der Situation von Friedrich Ebert am 9.11.1918 gewesen wären – wie hätten Sie gehandelt?"), andere haben die Tendenz, unvorbereitet zu prüfen oder unverständliche Fragen zu stellen, so dass die Kandidaten improvisieren müssen. Bevor Sie sich entscheiden, sollten Sie sich daher bei Kommilitonen nach Ablauf und Form der Prüfungen bei den verschiedenen Dozenten informieren.

5.3.2 Abschlussarbeit

Jede Abschlussarbeit dient dazu, den Nachweis zu erbringen, dass Sie im Studium jene Schlüsselkompetenzen erworben haben, die Ihnen einen qualifizierten Einstieg in das Berufsleben ermöglichen. Sie sollen zeigen, dass Sie selbstständig eine wissenschaftliche Fragestellung mit den Methoden unserer Disziplin bearbeiten und Ihre Ergebnisse sachgerecht schriftlich darlegen können. Die Anforderungen an Ihre Abschlussarbeit variieren aber je nachdem, in welchem Studiengang Sie sich eingeschrieben haben. Da Sie für die Bachelorarbeit weniger Zeit zur Verfügung haben als für eine Magister- oder Masterarbeit, wird Ihr Thema kleiner sein und einen geringeren methodischen Aufwand erfordern. Der wissenschaftliche Anspruch an eine Bachelorarbeit ist daher bescheidener. An die Abschlussarbeit in den Magister-, Lehramts- und Masterstudiengängen werden höhere Anforderungen gestellt. Die folgende Darstellung konzentriert sich auf jene Punkte, in denen sich die Abschlussarbeit grundlegend von der Hausarbeit unterscheidet.

Thema und Fragestellung Ihrer Abschlussarbeit sollten Sie mit Bedacht wählen – schließlich werden Sie sich bis zu sechs Monate mit diesen beschäftigen. Ihre Wahl sollten Sie auf jeden Fall mit Ihrer Betreuerin intensiv durchsprechen. Einige Überlegungen können die Entscheidung erleichtern: Auf jeden Fall sollte Sie Ihr Thema wirklich interessieren, denn nur dann werden Sie sich voller Freude jeden Morgen an den Schreibtisch setzen. Um Zeit und Kraft zu sparen, ist es zudem sinnvoll, einen Untersuchungsgegenstand aus einer von Ihnen besuchten Lehrveranstaltung zu behandeln. Außerdem können **karrierestrategische Überlegungen** eine Rolle spielen: Wenn Sie beispielsweise bereits wissen, dass Sie später gerne in der Medienbranche arbeiten würden, dann könnte eine mediengeschichtliche Arbeit etwa zur Wirkungsgeschichte der BILD-Zeitung in den ersten Jahren nach deren Gründung Ihre Einstellungschancen vielleicht erhöhen.

Von großer Bedeutung ist, dass Sie ein Thema wählen, welches Sie in der **vorgesehenen Zeit** tatsächlich behandeln können. Keinesfalls sollte es so groß sein, dass Sie eine kaum zu bewältigende Menge an Literatur verarbeiten müssten. Auch weil viele Prüfungsordnungen oder Gutachter mittlerweile eine **Seitenzahl** festgelegt haben, welche die Abschlussarbeit nicht überschreiten darf – oft wird ein Limit von 80 bis 100 Seiten genannt – sollte das Thema nicht zu umfangreich sein: Sie geraten sonst in Gefahr, lediglich oberflächlich argumentieren zu können. Es empfiehlt sich außerdem nicht, in einen Gegenstandsbereich vorzustoßen, zu dem Sie auf nur sehr wenig Literatur zurückgreifen können und somit sehr viel recherchieren müssten, um Basisinformationen zusammenzustellen.

Seit mehreren Jahren lässt sich der Trend beobachten, dass Abschlussarbeiten immer mehr zu eigenständigen Forschungsarbeiten werden, für die neue oder noch nicht publizierte Quellengruppen erschlossen und ausgewertet werden. Dies bedeutet, dass immer mehr Examenskandidaten ins Archiv gehen, um für Ihre Abschlussarbeiten zu recherchieren. Allerdings sind solche Archivrecherchen sehr zeitaufwändig, was Sie in Ihrem Zeitmanagement berücksichtigen müssten. Überlegen Sie sich daher genau, ob Sie wirklich ein Thema nehmen wollen, für das Archivrecherchen unumgänglich sind – besonders, wenn Sie nicht vorhaben, in der Wissenschaft zu bleiben.

Achten Sie zudem darauf, dass Sie die Fragestellung tatsächlich behandeln können: Gibt es zugängliches Material, auf dessen Basis Sie die Frage beantworten können? Und: Verfügen Sie über die sprachlichen, technischen oder methodischen Fähigkeiten, die die Bearbeitung der Frage erfordert? Wenn Sie nur wenig Französisch können, sollten Sie eine Arbeit über die Rolle der französischen Nationalfeiertage für die nationale Identitätsstiftung eher nicht in Angriff nehmen; wenn Sie keine Kenntnisse über Datenbankbearbeitung besitzen, sollten Sie kein Thema wählen, das komplexe quantifizierende Methoden erfordert wie etwa eine prosopographische Erfassung von Karriereverläufen ostdeutscher Akademikerinnen nach der Wende. Und wenn Sie nicht wissen, wie man Interviews führt, sollten Sie keinen Gegenstandsbereich wählen, für welchen Sie die Methoden der Oral History brauchen – ohne eine intensive Einarbeitung in diese Technik ist es zum Beispiel nicht möglich, eine Erfahrungsgeschichte des frühen bundesrepublikanischen Auslandstourismus zu schreiben.

Auf jeden Fall müssen Sie die Wahl Ihres Themas und Ihrer Fragestellung sowie Ihrer methodischen Herangehensweise intensiver begründen, als Sie dies noch bei der Hausarbeit getan haben. Zentral ist zudem die Einordnung Ihrer Arbeit in die Forschungslandschaft: Wer hat mit welchen Argumenten zu Ihrem Thema welche Thesen vertreten? Wer hat gegebenenfalls widersprochen und wenn: mit welchen Begründungen? Wie positionieren Sie sich in dem Forschungsfeld? Was ist das Neue an Ihrer Fragestellung, an Ihrer Herangehensweise? Spätestens bei der Abschlussarbeit ist es sinnvoll, ein **Exposé** zu erstellen, in welchem Sie Ihr Thema, Ihre Fragestellung, Ihr Erkenntnisinteresse, Ihre methodische Herangehensweise, den Forschungsstand und die Quellenlage skizzieren. Es geht darum, die eigenen Überlegungen schriftlich zu fixieren und falls nötig im Laufe des Forschungsprozesses nachvollziehbar abzuändern. Dieses Exposé können Sie Ihrem Betreuer geben, Sie können es des Weiteren dazu einsetzen, Ihr Projekt anderen Wissenschaftlern oder Examenskandidaten vorzustellen, zum Beispiel in einem Kolloquium. Es kann darüber hinaus als Vorlage für die Einleitung Ihres Manuskriptes dienen.

In der Regel sehen die Prüfungsordnungen für eine Abschlussarbeit eine Bearbeitungszeit von vier bis sechs Monaten vor. Im folgenden Beispiel wird davon ausgegangen, dass Sie fünf Monate konzentriert in Ihre Abschlussarbeit investieren. Stellen Sie zu Beginn einen **Zeitplan** auf. Dieser hat mehrere Funktionen: Er dient als Regulator und schafft Sachzwänge, die auf Sie einen (positiv zu nutzenden) Leistungsdruck ausüben. Mithilfe eines Zeitplans können Sie die einzelnen Arbeitsabschnitte gewichten und Prioritäten setzen. Er wirkt disziplinierend, denn er verhindert, dass Sie sich bei einzelnen Arbeitsschritten zu lange aufhalten und andere deswegen vernachlässigen müssen. Mit einem Zeitplan ist die Wahrscheinlichkeit geringer, dass Ihnen passiert, was leider noch allzu häufig vorkommt: Dass Studierende die letzten zwei ihrer fünf Kapitel innerhalb von drei Tagen und zwei Nächten ‚runterschreiben' müssen, weil sie sonst den Abgabetermin versäumen. Dies führt fast immer zu einer schlechteren Note, weil es an inhaltlicher Kohärenz ebenso mangelt wie an sprachlicher Präzision und formaler Korrektheit, außerdem stellt dies eine unsinnige psychische und physische Belastung dar.

Überlegen Sie zunächst, welche Arbeitsschritte in Ihrem Zeitplan vorkommen sollten. Diese Arbeitsschritte sollten Sie in eine Liste eintragen und jeweils notieren, wie viele Tage Sie für jeden Schritt ansetzen und wann er dementsprechend beginnen muss. Dabei können einige Arbeitsschritte parallel zueinander erledigt werden, wichtig ist aber, dass Sie festhalten, wann Sie spätestens mit dem neuen anfangen müssen. Außerdem sollten Sie jene Tätigkeiten berücksichtigen, die nicht mit der Examensarbeit in Verbindung stehen, aber dennoch Zeit in Anspruch nehmen wie etwa Familienfeste oder Bewerbungsgespräche. Berücksichtigen Sie zudem die Sprechzeiten Ihrer Betreuer sowie die Öffnungszeiten von Verwaltungsstellen, die Sie für die Prüfungsanmeldung aufsuchen müssen. Die formalen Dinge wie etwa die Rechtschreibekorrektur und die Gestaltung des Seitenlayouts nehmen meist mehr Zeit in Anspruch, als man am Anfang dachte – damit Sie nicht am Ende in Panik Tabellen formatieren oder graphische Darstellungen bearbeiten müssen, empfiehlt es sich, dafür genügend Zeit einzuplanen. Jeder Zeitplan sollte außerdem einen Zeitpuffer enthalten für unvorhergesehen eintretende Ereignisse. Ihr Zeitplan könnte beispielsweise wie folgt aussehen:

Zeitplan für eine Abschlussarbeit (Beispiel)

Nr.	Arbeitsschritt	Dauer	Beginn
1	Thema und Fragestellung festlegen	1 Woche	01.06.
2	vorläufige grobe Gliederung erstellen	1 Tag	07.06.
3	Besprechung mit Betreuer	1 Tag	08.06.
4	Literaturrecherche (Forschungsliteratur und veröffentlichte Quellen)	1 Woche	09.06.

5	Forschungsliteratur und veröffentlichte Quellen bearbeiten	6 Wochen	16.06.
6	30minütige Projektvorstellung für Kolloquium am 12.8. vorbereiten	1 Woche	28.07.
7	Feingliederung erstellen	3 Tage	04.08.
8	Besprechung mit Betreuer	1 Tag	07.08.
9	erarbeitete Ergebnisse in die Feingliederung einsortieren	2 Wochen	08.08.
10	Niederschrift des Manuskriptes	6 Wochen	22.08.
11	Bewerbungsgespräch in München inkl. Vorbereitung darauf	3 Tage	13.09.
12	Manuskript sprachlich und formal überarbeiten	1 Woche	06.10.
13	Hochzeit der Schwester	3 Tage	13.10.
14	Endüberarbeitung	3 Tage	16.10.
	‚Puffer'	13 Tage	
15	Abgabe		01.11.

Es ist sinnvoll, sich diesen Zeitplan zu visualisieren. Dazu können Sie ein **Gantt-Diagramm** (benannt nach dem amerikanischen Berater Henry L. Gantt) erstellen, in das Sie in den Spalten die Kalenderwochen eintragen und in die Zeilen die zu erledigenden Arbeitsschritte.

Gantt-Diagramm für eine Abschlussarbeit (Beispiel)

Spalten: Kalenderwochen, Zeilen: Arbeitsschritte																						
	23	24	25	25	26	27	28	29	30	31	32	33	34	35	36	37	38	39	40	41	42	43	44
1	x																						
2		x																					
3		x																					
4		x	x																				
5			x	x	x	x	x	x	x	x													
6										x	x												
7											x												
8											x												
9												x	x										
10														x	x	x	x	x	x	x			
11																	x						
12																				x	x		
13																					x		
14																						x	x

In unserem Beispiel haben Sie 20 Wochen bis zum Abgabetermin am 1.11. Sie beginnen also in der ersten Juniwoche (23. Kalenderwoche). Tragen Sie ein, in welchen Wochen Sie welchen Arbeitsschritt erledigen müssen. Dieses Schema sollten Sie sich gut sichtbar über Ihren Schreibtisch hängen. Am Ende jeder Woche kontrollieren Sie, ob Sie den oder die vorgesehenen Arbeitsschritte wirklich erledigt haben, oder ob Sie hinter Ihrem Plan hinterher hinken. Kommt es zu Verschiebungen – sind Sie also schneller oder langsamer als geplant –, müssen Sie Ihr Diagramm aktualisieren. Sie werden so dazu gezwungen, sich zu überlegen, wie Sie die gegebenenfalls überzogene Zeit wieder wettmachen können und welche Arbeitsschritte Sie entsprechend verkürzen müssen. Auch wenn Sie innerhalb eines Arbeitsschrittes – etwa bei der Niederschrift des Manuskriptes – merken, dass Sie nach drei Wochen statt wie vorgesehen fünf nur drei von neun Kapiteln geschrieben haben, sollten Sie sich überlegen, ob Sie Kapitel aus Ihrem Gliederungsplan herausstreichen sollten. Dieses Verfahren der Zeitplanung ist nicht nur bei Abschlussarbeiten sinnvoll, sondern auch bei anderen Projekten wie etwa einer geschichtswissenschaftlichen Promotion.

Wenn für Ihre Abschlussarbeit **Recherchen in Archiven** nötig sind, müssen Sie sich zunächst über die Archivstruktur desjenigen Landes oder derjenigen Region informieren, über welches bzw. welche Sie arbeiten. In Deutschland unterscheidet man öffentliche von nichtöffentlichen Archiven.

Archive öffentlicher Träger in Deutschland (Auswahl)

Beispiele	*Überlieferungsschwerpunkte*
<ul><li>Bundesarchiv Koblenz + Außenstellen</li><li>Geheimes Staatsarchiv Preußischer Kulturbesitz</li><li>Politisches Archiv des Auswärtigen Amtes</li><li>Parlamentsarchive (Bundestag, Bundesrat, Landtage ...)</li><li>Archive der einzelnen Bundesländer mit jeweils unterschiedlichen Strukturen (entweder ein oder mehrere Standorte)</li><li>Kreisarchive</li><li>Stadtarchive</li></ul>	<ul><li>Überlieferung des Verwaltungsstaates bzw. lokaler Verwaltungseinheiten (Städte, Gemeinden)</li><li>Überlieferung politischer Institutionen, Vereine, Verbände</li><li>Deposita (aufbewahrtes Fremdeigentum)</li><li>Nachlässe von Privatpersonen</li></ul>

Neben staatlichen und kommunalen Archiven gibt es solche nichtöffentlicher Träger. Um herauszufinden, welche Archive für Sie relevantes Material aufbewahren, können Sie in Quellenverzeichnissen einschlägiger Untersuchungen erste Anhaltspunkte suchen. Darüber hinaus müssen Sie aber auch selbstständig recherchieren. Um sich zu informieren, welche Archive für Ihre Fragestellung interessant sein könnten, können Sie **Archivführer** konsultieren, in denen Sie Kurzbeschreibungen von Archiven und ihrer Überlieferung finden. Eine Übersicht über viele deutsche und ausländische Archive erhalten Sie zudem über die Webpage der Marburger Archivschule (http://www.uni-marburg.de/archiv schule).

Archive nichtöffentlicher Träger in Deutschland (Auswahl)

kirchliche Archive	evangelische Kirche • evangelisches Zentralarchiv in Berlin • landeskirchliche Archive (zum Beispiel Landeskirchliches Archiv Hannover) • sonstige: Archiv des Diakonischen Werks, Archiv der Bodelschwinghschen Anstalten etc. katholische Kirche • Bistumsarchive (zum Beispiel Bistumsarchiv Mainz) • Diözesanarchive (zum Beispiel Diözesanarchiv Limburg) • Sonstige: Stiftsarchive, Klosterarchive, Sekretariat der Deutschen Bischofskonferenz, Caritasverbandsarchiv etc.
Archive politischer Parteien und Verbände	• zum Beispiel Archiv für Christlich-Demokratische Politik der Konrad-Adenauer-Stiftung, Archiv der sozialen Demokratie der Friedrich-Ebert-Stiftung, Archiv des Deutschen Liberalismus der Friedrich-Naumann-Stiftung etc. • Stiftung Archiv der Parteien und Massenorganisationen der DDR
Verbands- und Vereinsarchive	• zum Beispiel Gewerkschaftsarchive wie das Archiv des Deutschen Gewerkschaftsbundes bei der Friedrich-Ebert-Stiftung • zum Beispiel Archiv des Deutschen Roten Kreuzes in Berlin; Archiv der deutschen Frauenbewegung e.V.

Wirtschafts-archive	• regionale und überregionale Wirtschaftsarchive (zum Beispiel Westfälisches Wirtschaftsarchiv; Archiv des Instituts der deutschen Wirtschaft etc.) • Kammer- und Verbandsarchive (zum Beispiel Archiv der Handelskammer Bremen etc.) • Firmen- und Werksarchive (zum Beispiel Historisches Archiv der BMW, Unternehmensarchiv der Bayer AG etc.)
Herrschafts-, Haus-, Familien-archive	• regionale und überregionale Adels- und Ritterschaftsarchive (zum Beispiel Deutsches Adelsarchiv, Vereinigte Adelsarchive im Rheinland etc.) • Haus- und Familienarchive (einzelne Familien wie zum Beispiel von Adelbsen, Fürst Esterhazy von Galantha etc.)
Medienarchive	• Archive von Fernseh- und Rundfunkanstalten (zum Beispiel Deutsches Rundfunkarchiv; Archiv des ZDF etc.) • Pressearchive
Archive wissenschaftlicher Institutionen	• Universitätsarchive (zum Beispiel Universitätsarchiv der Humboldt-Universität in Berlin; Universitätsarchiv Greifswald) • Archive außeruniversitärer wissenschaftlicher Einrichtungen (zum Beispiel Archiv zur Geschichte der Max-Planck-Gesellschaft, Archiv des Instituts für Zeitgeschichte etc.)

Umfang, Struktur und Erschließungsformen des aufbewahrten Materials unterscheiden sich von Archiv zu Archiv sehr stark. Es ist daher lohnenswert, sich bereits im Vorfeld des Archivaufenthaltes über die Bestände und deren Gliederung zu informieren. Einige Archive haben **Bestandsverzeichnisse** (teilweise auch Inventare genannt) publiziert, in denen Sie sich einen recht genauen Überblick vom Charakter des aufbewahrten Materials verschaffen können. Bei besonders wichtigen Beständen werden manchmal **Findbücher** publiziert: detaillierte Verzeichnisse der Archivsignaturen und ihrer Inhalte. Bestandsverzeichnisse und Findbücher finden Sie inzwischen in immer größerem Umfang auch im Internet auf den Homepages der Institutionen. Sind weder Internetauftritt noch gedrucktes Material zur Hand, um sich einen Eindruck von den im Archiv gelagerten Quellen zu verschaffen, sollten Sie im Vorfeld Ihres Besuches schriftlich oder telefonisch Kontakt aufnehmen. Eine solche Kontaktaufnahme lohnt sich besonders dann, wenn Sie nicht sicher sind, ob das betreffende Archiv tatsächlich Material aufbewahrt, das für Ihre Fragestellung relevant ist.

Um die Arbeit vor Ort möglichst effektiv zu gestalten, ist es sinnvoll, einige Regeln zu beachten: Bevor Sie ein Archiv aufsuchen, sollten Sie sich zuvor anmelden und zugleich die **Benutzungsbedingungen** (Öffnungszeiten, Laptopanschlüsse, Bestellformalitäten, Kopierkosten etc.) erfragen. Zu Beginn Ihres Aufenthaltes sollten Sie das Gespräch mit dem zuständigen Fachreferenten suchen, der Ihnen Ratschläge geben kann, welche Bestände für Sie besonders in Betracht kommen könnten. Beim Bearbeiten des Materials sollten Sie mindestens für jedes Archiv eine eigene Datei anlegen und einen eigenen Aktenordner für die Ausdrucke Ihrer Exzerpte.

Jede gelesene relevante Quelle sollte einzeln exzerpiert werden. Hierbei können Sie mit einem Literaturverwaltungsprogramm arbeiten wie etwa Endnote, das Ihnen ein Erfassungsschema anbietet, mit dem sich die Quellen sowohl vor Ort als auch im Nachhinein bearbeiten lassen. Falls Sie ein Textverarbeitungsprogramm benutzen, sollten Sie für jede Quelle eine Maske erstellen, in die Sie im Archiv oder bei der späteren Aufarbeitung des Materials die wichtigen Informationen eintragen können.

Ein solches Erfassungsschema ermöglicht es Ihnen, die in Fußnoten zu machenden formalen Angaben zeitsparend aufzunehmen, Sie erhalten bei der Auswertung einen schnellen Zugriff auf die wesentlichen Inhalte und den Stellenwert einer Quelle und Sie können Ihr Material jenen Kapiteln Ihres Manuskriptes zuordnen, für die es relevant sein könnte.

In vielen Fällen ist es sinnvoll, von zentralen Quellen Kopien machen zu lassen (falls dies erlaubt ist): Es erspart Ihnen Arbeitszeit im Archiv, zudem gehen Sie nicht das Risiko ein, wesentliche Aspekte beim Exzerpieren zu über-sehen. Allerdings verlangen viele Archive sehr hohe Preise für das Anfertigen von Kopien.

Archivquellenmaske (Beispiel), nachträglich eingetragene Inhalte kursiv

Archiv	Landesarchiv Nordrhein-Westfalen; Hauptstaatsarchiv Düsseldorf
Signatur	NW 160; Nr. 130; Blatt 25-26
Quellenart	Brief
Autor	Dr. Hay vom Arbeitskreis Spendenwesen der deutschen gewerblichen Wirtschaft
Datum	9.9.1966
Ort	Bonn
Titel	„An den Herrn Innenminister des Landes Nordrhein-Westfalen"
eingesehen	*15.1.2004*
Schlagworte	*#Unternehmensspenden #Bundesverfassungsgerichtsurteil 1966*
Kapitel	*2.2. Entwicklung der rechtlichen Rahmenbedingungen; 4.3. Wohltätigkeitsspenden aus der Wirtschaft*
Bemerkung	*Quelle verdeutlicht, dass sich Unternehmervertreter über die rechtlichen Konsequenzen des Bundesverfassungsgerichtsurteils nicht im Klaren sind*
Kopie?	Nein
Inhalt	Dr. Hay: Nach Urteil des Bundesverfassungsgerichts vom 5.8.1966 kann in den meisten Bundesländern nun jeder Geld für wohltätige Zwecke sammeln. Die Seriosität der Sammler wird nicht mehr staatlich überprüft wie zuvor. Seit Urteil hat Zahl der Spendengesuche bei der Wirtschaft stark zugenommen. Zustand, dass Spendeneinwerber keiner behördlichen Überprüfung unterzogen werden, ist nicht tragbar. Fordert Innenminister auf, ein neues Sammlungsgesetz zu erlassen. Dieses sollte ein grundsätzliches Sammlungsverbot mit Erlaubnisvorbehalt beinhalten.

Während Ihrer Archivaufenthalte sollten Sie ein **Forschungstagebuch** führen: Notieren Sie darin, welche Bestände mit welchen Signaturen Sie bereits eingesehen haben. Schätzen Sie zudem kurz den Erkenntnisgewinn ein, den Sie für die verschiedenen Bestände feststellen konnten, damit Sie abwägen können, welche Quellengruppen Sie weiterhin intensiv bearbeiten sollten und welche Sie eher außer acht lassen können. Halten Sie hier darüber hinaus Ihre Ideen fest, die Ihnen während der Arbeit an den Quellen einfallen: Welche Aspekte im Manuskript Ihrer Abschlussarbeit besonders herausgestellt werden sollten, welche Fragen noch geklärt werden müssen, welche Fragen Sie anhand des vorliegenden Materials nicht werden beantworten können usw.

Während Ihrer Recherchen im Archiv oder in anderen Forschungsinstitutionen wie etwa Presseausschnittsarchiven oder Museen ebenso wie während der Phasen, in denen Sie die Forschungsliteratur bearbeiten, sollten Sie Ihre Hauptaufgabe nicht aus den Augen verlieren: Dass Sie Ihre Ergebnisse sachgerecht schriftlich präsentieren müssen. Tragen Sie die Informationen so zusammen, dass Sie diese leicht und ohne weitere Recherchen in Ihr Manuskript integrieren können. Konzentrieren Sie Ihre Nachforschungen auf jene Themen, die in Ihrer Arbeit auch tatsächlich abgehandelt werden sollen, ‚verrennen' Sie sich nicht: Mag der eine oder andere Zusammenhang noch so interessant sein – ist er nicht wichtig für Ihr Untersuchungsthema, müssen Sie ihn ignorieren. Verschwenden Sie zudem nicht übermäßig Zeit für die Bearbeitung einzelner Aspekte. Zu einem effektiven wissenschaftlichen Arbeiten gehört außerdem, dass Sie regelmäßig Ihre Themen- und Fragestellung überprüfen und notfalls abändern und folglich Ihr Exposé und Ihre Gliederung entsprechend anpassen. Eine gute Gelegenheit, um die eigene Vorgehensweise abzusichern und sich eventuell ergebende Fragen zu diskutieren, besteht darin, das Projekt im **Kolloquium** Ihres Faches bzw. Ihres Betreuers vorzustellen (→ Lehrveranstaltungstypen). Der beste Zeitpunkt hierfür liegt vor dem Beginn der Schreibphase des Manuskriptes.

Ähnliches gilt für den **Schreibprozess**: Hier sollten Sie sich ebenfalls auf das Wesentliche konzentrieren und nicht Zeit für Nebenthemen vergeuden. Wenn Sie mit dem einen Kapitel nicht zurechtkommen, schreiben Sie zunächst ein anderes. Haben Sie aber das Gefühl, überhaupt nicht mehr voranzukommen und zweifeln Sie am Sinn Ihrer Arbeit, haben Sie ‚Schreibblockaden' oder nehmen Ihre Arbeitsvermeidungsstrategien überhand, dann sollten Sie Hilfe von außen in Anspruch nehmen. Es kann hilfreich sein, einen der vielen Ratgeber zum wissenschaftlichen Schreiben zu lesen oder eine Schreibwerkstatt zu besuchen. Unter Umständen empfiehlt es sich, die entsprechende Beratungsstelle (→ Beratungsstellen) Ihrer Universität aufzusuchen. Oder holen Sie sich Rat von Ihrem Betreuer oder Kommilitonen.

5.3.3 Abschlussklausuren und mündliche Prüfungen

Für die Vorbereitung der mündlichen und schriftlichen Abschlussklausuren können Sie dieselben Arbeitstechniken anwenden, die bereits für die studienbegleitenden Prüfungen vorgestellt wurden (→ Seminarklausur; → Mündliche Prüfung). Wie bei der Abschlussarbeit werden im kommenden Abschnitt nur jene Aspekte angesprochen, die für die Abschlussklausuren spezifisch sind.

Die **Themen** der unterschiedlichen Prüfungsteile sollten Sie rechtzeitig mit Ihren Prüfern absprechen. Dabei sollten Sie auch fragen, welche Form der Klausur Sie erwartet: Ob Sie beispielsweise eine Quelle interpretieren oder eine oder mehrere Fragen zu Ihrem Thema beantworten müssen. Eventuell können Sie auch eine Literaturliste mit Ihrem Prüfer absprechen. Das Ergebnis der Besprechung sollten Sie schriftlich fixieren und die wesentlichen Aspekte beispielsweise über die abgesprochenen Themen und festgelegten Termine in Briefform Ihren Prüfern zuschicken: So vermeiden Sie, dass getroffene Absprachen in Vergessenheit geraten.

Bei den Klausurthemen ist es sinnvoll, solche auszuwählen, mit denen Sie durch Lehrveranstaltungen bereits vertraut sind: Sie kennen schon große Teile der Forschungsliteratur und haben unter Umständen bereits Lernmodule (→ Lernmodule) erarbeitet, die Sie nun wieder verwenden und fortführen können. Falls Sie Themen nehmen, in die Sie sich während des Studiums noch nicht eingearbeitet haben, empfiehlt es sich auf solche zurückzugreifen, zu denen es aktuelle Überblicksdarstellungen gibt, die Ihnen den Einstieg in das Thema erleichtern. Besonders sinnvoll sind zudem Sachgebiete, zu denen intensive Forschungsdiskussionen stattgefunden haben: Da Sie in den Abschlussprüfungen nachweisen sollen, dass Sie wissenschaftlich begründete Thesen aufstellen können, sind solche Themen attraktiv, die Ihnen eine Positionierung in einer wissenschaftlichen Debatte ermöglichen.

Um sich auf die **Prüfungssituation vorzubereiten**, gibt es mehrere Möglichkeiten. So haben mittlerweile viele Fachbereiche Prüfungskolloquien für die Examenskandidaten eingerichtet, in denen die Professoren Strategien zur Bearbeitung von Klausuraufgaben vorstellen. Gibt es ein solches Angebot, sollten Sie es auf jeden Fall nutzen. Des Weiteren können Sie sich mit Kommilitonen zu **Lerngruppen** zusammenschließen. Dies ist besonders sinnvoll, wenn sich die Teilnehmer für ähnliche oder gleiche Themen entschieden haben. Aber auch zur Simulation von Prüfungen kann man die Hilfe von Kommilitonen in Anspruch nehmen: So können Sie einschätzen, ob Sie in der Lage sind, auf Fragen strukturiert und verständlich zu antworten oder wo noch Wissenslücken klaffen, die Sie schließen sollten. Um sich auf die verschiedenen Prüfstile optimal vorzubereiten, können Sie außerdem bitten, zuvor einmal in einer mündlichen Abschlussprüfung zu hospitieren.

Da die Prüfungsordnungen meist vorsehen, dass Sie alle Ihre Prüfungen innerhalb eines gewissen Zeitrahmens ablegen, lohnt sich die Erstellung eines **Zeitplanes** (→ Gantt-Diagramm): Kalkulieren Sie ein, wie viele Wochen Vorbereitung Sie für jede Prüfung brauchen. Beachten Sie dabei, dass jene Themen, zu denen Sie noch keine Lehrveranstaltung besucht haben, mehr Zeit zum Lernen in Anspruch nehmen. Planen Sie, falls möglich, Erholungspausen ein, um Kraft für die nächsten Lernphasen zu sammeln (→ Lernstrategien). Und: Gönnen Sie sich nach der letzten Prüfung einen Urlaub – Sie haben es sich verdient!

Literatur

Archive. Archive im deutschsprachigen Raum, Berlin u.a.: de Gruyter [2]1974.

Barthold, Hans-Martin: Studieren in Europa und Übersee. USA, Australien, Asien, Frankfurt/M.: Societäts-Verlag 1998.

Biste, Bärbel / Hohls, Rüdiger (Hgg.): Fachinformation und EDV-Arbeitstechniken für Historiker. Einführung und Arbeitsbuch, Köln: Zentrum für historische Sozialforschung 2000.

Deutscher Akademischer Austauschdienst (Hg.): Studium, Forschung, Lehre im Ausland. Förderungsmöglichkeiten für Deutsche. Akademisches Jahr 2005/2006, Bonn 2004.

Eco, Umberto: Wie man eine wissenschaftliche Abschlussarbeit schreibt. Doktor-, Diplom- und Magisterarbeit in den Geistes- und Sozialwissenschaften, Heidelberg: Müller [10]2003.

Hakvoort, Renate (Hg.): Berufsbezogen studieren: mit Praktika sinnvoll das Studium ergänzen, für Geistes- und Sozialwissenschaftler, mit großem Serviceteil, Marburg: Schüren 1997.

Jenks, Stuart: Internet für Historiker, 2., überarb., und erw. Aufl., Darmstadt: Wissenschaftliche Buchgesellschaft 2000.

Jenks, Stuart / Marra, Stephanie: Internet-Handbuch Geschichte, Köln: Böhlau 2001.

Jüde, Peter: Berufsplanung für Geistes- und Sozialwissenschaftler oder die Kunst eine Karriere zu planen, Köln: Staufenbiel 1999.

Keseling, Gisbert: Schreibblockaden überwinden, in: Franck, Norbert / Stary, Joachim (Hgg.): Die Technik wissenschaftlichen Arbeitens. Eine praktische Anleitung, 11., völlig überarb. Aufl., Paderborn u.a.: Schöningh 2003, S. 197-222.

Rost, Friedrich: Lern- und Arbeitstechniken für das Studium, 3., aktual. und erw. Aufl., Opladen: Leske + Budrich 2003, S. 275-308.

6 Der Start ins Berufsleben

Wie verheißungsvoll oder trübe der Arbeitsmarkt für Geisteswissenschaftler am Ende Ihres Studiums auch aussehen sollte – mit Geschichte haben Sie ein Fach gewählt, mit dem Sie sehr vielseitig einsetzbar sind. Im Unterschied zu Studienrichtungen wie Medizin, Architektur oder Jura bilden die geisteswissenschaftlichen Fächer nicht primär für ein klar definiertes Berufsbild aus. Neben den traditionellen Einsatzbereichen wie Universität, Archiv, Museum oder Schule gibt es eine Vielzahl weiterer Berufszweige, für die Sie als Historikerin aufgrund Ihrer Ausbildung besonders prädestiniert sind. Geschichte zählt deshalb zu jenen Fächern, denen im Vergleich zu anderen Geisteswissenschaften auch in fachfremden Arbeitsmärkten die höchste Akzeptanz entgegengebracht wird. Die Arbeitslosenquote von Akademikern in den Geisteswissenschaften liegt nur gering über der anderer Akademiker und deutlich unter der von Nichtakademikern.

6.1 Orientierung und Selbsteinschätzung

Bevor Sie mit der Arbeitssuche und der eigentlichen Bewerbungsphase beginnen, sollten Sie eine Orientierungsphase einlegen. Klar definierte Berufsziele und eine realistische Einschätzung der eigenen Fähigkeiten sind zentral für einen erfolgreichen Berufseinstieg. Im besten Fall haben Sie schon während Ihres Studiums unterschiedliche **Einsatzbereiche** im Hinblick auf Ihre Eignung und Motivation ausgetestet (→ Praktika). Orientierungsveranstaltungen, die inzwischen fast alle Universitäten in unterschiedlicher Form anbieten, haben vielleicht Ihre beruflichen Vorstellungen präzisiert. Fragen Sie sich nun erneut: Wer bin ich (als Person)? Was kann ich (gut)? Welche Lebensbereiche besitzen für mich Priorität? Was will ich im Beruf (erreichen)? Was kann ich aufgrund meiner derzeitigen Fähigkeiten erreichen?

Unterscheiden Sie bei Ihrer Selbsteinschätzung zwischen **fachlichen Qualifikationen** (Hard Skills) und **Schlüsselqualifikationen** (Soft Skills) und halten Sie Ihre Qualifikationen am besten schriftlich fest. Damit erarbeiten Sie gleichzeitig eine gute Grundlage für spätere Vorstellungsgespräche. Die folgende fiktive Selbsteinschätzung stellt nur ein Beispiel dar, das Ihnen einen Eindruck darüber vermitteln will, auf welche Inhalte es ankommen könnte. Auch wenn Sie

‚weniger' oder andere Dinge vorzuweisen haben, sollten Sie sich ehrlich Rechenschaft darüber ablegen.

Selbsteinschätzung Hard Skills (Beispiel)

Hard Skills	Qualifikation	Umfang / Bewertung
Studium	Geschichte Politik Medienwissenschaft	1,0 1,7 2,0
Auslandsstudium	Columbia University, N.Y.	1 Jahr
Aufbaustudium	Nein	
Promotion	Geschichte	magna cum laude
Berufserfahrung	Haus der Geschichte ZDF Mainz IT international Fischer & Fleming	gut (2 Monate) sehr gut (6 Wochen) mäßig (2 Monate) gut (4 Wochen)
EDV-Kenntnisse	MS Office SPSS Html	sehr gut gut Grundkenntnisse
Sprachkenntnisse	Englisch Russisch Französisch	verhandlungssicher zweite Muttersprache Grundkenntnisse
Zusatzqualifikationen	Lehrerfahrung: Tutorium zur Vorlesung ... Tätigkeit als studentische Hilfskraft Studienförderung durch eine Stiftung	sehr gut (Evaluationsbögen) sehr gut (Arbeitszeugnis) 2002-2004
Sonstiges	Mitarbeit bei amnesty international um die Welt in 80 Tagen	

Bei Ihrem **Studium** kommt es auf die Fächerkombination und die Perspektiven an, die sich daraus ergeben. Auch das Thema Ihrer Abschlussarbeit lässt sich bei Bewerbungen Gewinn bringend ‚vermarkten'. Wichtiger sind jedoch die Noten: Sie stellen für die meisten Arbeitgeber mangels Alternativen immer noch ein zentrales Beurteilungskriterium dar. Da der Notendurchschnitt in den geisteswissenschaftlichen Fächern zumeist über dem anderer Studienrichtungen liegt, gelten hier andere Bewertungsmaßstäbe. Möchten Sie als Geisteswissenschaftlerin in qualifizierte Stellen in der freien Wirtschaft einsteigen, brauchen Sie in der Regel sehr gute Noten, zumindest bessere als jene Mitbewerber, deren Studium traditionell als Ausbildungsweg für die angestrebte Tätigkeit gilt wie etwa Juristen oder Betriebswirte.

Für manche Berufsfelder sind je nach Studienschwerpunkten **Aufbaustudiengänge** oder die **Promotion** (→ Promotion) erforderlich oder sie erhöhen zumindest die Chancen auf eine Einstellung sowie das Einstiegsgehalt. Je nach Branche kann Ihnen das mit dem Doktortitel verbundene Sozialprestige nicht nur den Einstieg, sondern auch das zukünftige Arbeitsleben erleichtern. Dies gilt beispielsweise in bestimmten Positionen des Öffentlichen Dienstes, der Industrie oder bei Beratungsgesellschaften. Aber: Bevor Sie sich für eine Promotion entscheiden, sollten Sie in jedem Fall den zeitlichen und finanziellen Aufwand dem potenziellen Nutzen gegenüberstellen. Sich für ein Berufsfeld zu qualifizieren, kann bedeuten, für andere überqualifiziert zu sein. So sind im Mediensektor Doktortitel eher hinderlich.

Ihre **Berufserfahrung** beschränkt sich zumeist auf die während des Studiums absolvierten Praktika. Für diese sind Arbeitgeber und Arbeitszeugnis wichtige Beurteilungskriterien. Praktika, bei denen Sie kein gutes Arbeitszeugnis (→ Arbeitszeugnis) erhalten haben, bringen Ihnen bei einer Bewerbung nichts. Meist empfiehlt es sich deshalb, diese gar nicht erst anzugeben und nicht im Lebenslauf aufzuführen. Bei unserem Beispiel wäre dies bei dem Praktikum bei IT International angebracht, zumal ohnehin drei gute bis sehr gute Arbeitszeugnisse vorliegen. Überlegen Sie, wen Sie auf Nachfrage als Referenzpersonen für Ihre Arbeitsleistung angeben können und klären Sie ab, ob diese Mitarbeiter noch im Unternehmen tätig und dazu bereit wären, eine (positive) Stellungnahme abzugeben.

EDV- und Fremdsprachenkenntnisse werden immer wichtiger als Einstellungskriterien. Es kommt aber darauf an, wie gut Sie – im Zweifelsfall nachweisbar – eine Software oder eine Fremdsprache wirklich beherrschen. Denn es könnte passieren, dass Ihr Interviewer während des Vorstellungsgespräches plötzlich die Sprache wechselt; Ihre dann gezeigte Leistung sollte dem Niveau entsprechen, das Sie in der Bewerbung angegeben haben. Möglicherweise müssen Sie bei einem Einstellungstest innerhalb kurzer Zeit eine Powerpoint-

Präsentation erarbeiten. Schätzen Sie sich deshalb realistisch ein und verwenden Sie gängige und aussagekräftige Formulierungen bei der Bewertung Ihrer eigenen Fähigkeiten. Bloße Grund- oder Schulkenntnisse stellen normalerweise keine Qualifikation dar, die Sie zu Ihren Gunsten verwerten können. Erfahrungen in der Projektarbeit und andere **Zusatzqualifikationen** wie zum Beispiel die Mitarbeit in der universitären Selbstverwaltung oder politisches Engagement können bei einer Bewerbung zu Ihren Gunsten sprechen.

Überlegen Sie sich anschließend, welche **Soft Skills** Sie in welchem Ausmaß besitzen. Berücksichtigen Sie vor allem das Feedback, das Ihnen Ihre Kommilitonen, Arbeitgeber oder das Lehrpersonal im Alltag und in Prüfungssituationen geben. Soft Skills müssen nachweisbar sein – überlegen Sie deshalb, in welchen Situationen Sie diese Qualitäten mit welchem Erfolg tatsächlich gezeigt haben. Wenn Sie keine schlaflosen Nächte mehr vor einem Referatstermin verbringen, haben Sie offenbar an Selbstvertrauen und Routine gewonnen und gute Erfahrungen mit Ihren Präsentationen im Studium gemacht. Wenn Sie auf Kritik zu Ihren Referaten sachlich reagieren und Ihr Adrenalinspiegel nur unwesentlich ansteigt, sind Sie offenbar kritikfähig. Wenn es Ihnen leicht fiel, ein Thema für die Examensarbeit zu finden und eine sinnvolle Gliederung zu erstellen, verfügen Sie über konzeptionelle Fähigkeiten. Wenn Sie in Lehrveranstaltungen selbst Themen, Methoden oder Lehrformen wie Gruppenarbeit vorgeschlagen haben, haben Sie Eigeninitiative gezeigt.

Frageschema Soft Skills (Auswahl)

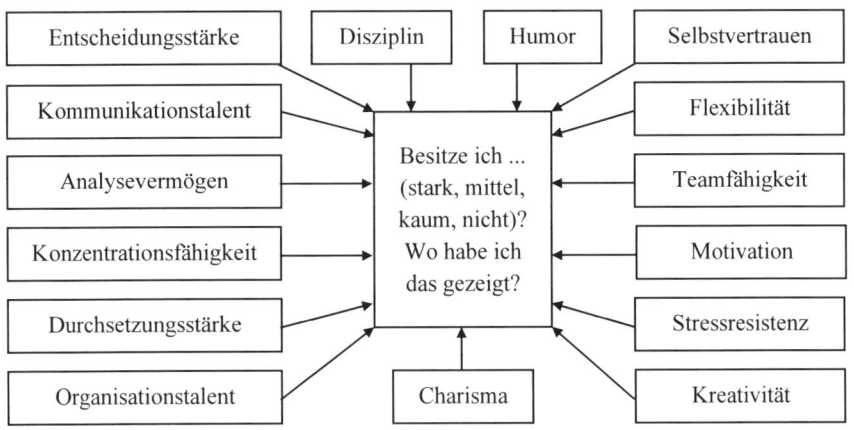

Denken Sie schließlich darüber nach, welche Aufgabenfelder Sie besonders reizen würden und welche Rahmenbedingungen Sie für Ihren Beruf anstreben. Dazu zählen Gehaltsvorstellungen, Unternehmensgröße, -struktur und -lage, das Ausmaß an Verantwortung, das Sie tragen wollen oder das Entwicklungspotenzial der Arbeitsstelle, die Sie anstreben. Versuchen Sie Prioritäten zu setzen, denn meist sind nicht alle Vorstellungen beim Berufseinstieg umsetzbar. Wenn Sie wissen, was Ihnen in Ihrer Lebensplanung wichtig ist, haben Sie eine gute Entscheidungsgrundlage.

6.2 Arbeitsmarkt für Historiker

6.2.1 Berufsfelder außerhalb der Wissenschaft

Historiker eignen sich prinzipiell für all jene Tätigkeitsfelder, in denen fachtypische Schlüsselqualifikationen (→ Evaluation des ersten Studienabschnittes) von zentraler Bedeutung sind. An dieser Stelle können nur ausgewählte Berufsfelder mit ihren spezifischen Zugangsvoraussetzungen vorgestellt werden. Anhand dieser können Sie sich analog eine Vielzahl weiterer Einsatzbereiche erschließen.

Tätigkeitsfelder im nichtwissenschaftlichen Bereich (Auswahl)

Einsatzbereich	▪ Tätigkeitsfelder / Einsatzorte
Bildung	▪ Schule ▪ Erwachsenenbildung ▪ Bildungsmanagement
Medien	▪ Verlagswesen ▪ Hörfunk, Fernsehen, Presse ▪ Multimedia
Politik	▪ Kommunal-, Landes-, Bundespolitik ▪ Auswärtiger Dienst ▪ Internationale Organisationen
Industrie	▪ Personalwesen ▪ Kommunikationsmanagement ▪ Public Relations ▪ Marketing ▪ Management

Dienstleistungen	<ul><li>Banken und Versicherungen</li><li>Stiftungen</li><li>Wissenschaftsmanagement</li><li>Nichtregierungsorganisationen</li><li>Beratung</li><li>Werbung</li><li>Marktforschung</li><li>Tourismus</li><li>E-Business</li></ul>

Der **Schuldienst** – das klassische Einsatzfeld für Historiker – unterliegt regional und zeitlich großen Schwankungen. Lehrerschwemme und Lehrermangel wechseln sich regelmäßig ab. Wenn Sie diese Tätigkeit anstreben, bedenken Sie, dass Sie als Lehrerin für Geschichte zuerst Pädagogin und erst danach Historikerin sind. Sie sollten Freude an der Vermittlung von Wissen und am Umgang mit Kindern und Jugendlichen haben. Dass ein guter Fachmann noch lange kein guter Lehrer ist, haben Sie sicher selbst in Ihrer Ausbildung erfahren. Die Bedeutung der Fachausbildung für den Schulalltag hat in den letzten Jahren abgenommen, da Lehrer immer stärker erzieherisch tätig werden müssen. Dies gilt besonders für Haupt- und Realschulen, aber auch für Gymnasien. Die pädagogische Berufspraxis verlangt ein hohes Maß an Flexibilität, Stressresistenz, didaktischen Fähigkeiten und vor allem sozialer Kompetenz. Während des Schulpraktikums hatten Sie Gelegenheit, Ihre didaktischen Fähigkeiten und Neigungen zu testen. Außerdem können Sie sich im Internet über die Anforderungen und die besonderen Charakteristika des Lehrerberufs informieren (http://www.referendar.de) oder Lehrerinnen aus Ihrem Umfeld fragen.

Der Schuldienst setzt das Staatsexamen und ein zweijähriges Referendariat voraus. Oft können Sie sich Ihren späteren Einsatzort nicht aussuchen. Die Erfolgschancen einer Bewerbung hängen stark von der gewählten Fächerkombination ab. Sie sollten mindestens ein Fach studiert haben, das in der Schule als Hauptfach unterrichtet wird wie etwa Deutsch, Mathematik, Englisch oder Französisch. Die häufige Kombination Geschichte / Politik wirkt sich ungünstig für die Einstellungschancen aus, da beide Fächer als Nebenfächer unterrichtet werden und Politik dazu nur ab der Mittelstufe. Hinzu kommt, dass in manchen Bundesländern niemand zum Referendariat zugelassen wird, der nicht für ein Hauptfach wenigstens eine Erweiterungsprüfung gemacht hat. Allerdings ist bei sehr häufigen Kombinationen wie etwa Geschichte / Germanistik die Konkurrenz sehr groß. Die Aufstiegsperspektiven als Lehrer sind begrenzt, dafür bietet der Lehrerberuf aufgrund der noch weitgehend üblichen Verbeamtung ein hohes Maß an sozialer Sicherheit und die Möglichkeit, sich in vielen gesellschaftlichen

Bereichen zu engagieren und die eigene Tätigkeit abwechslungsreich zu gestalten.

Der große Bereich der **Erwachsenen- oder Weiterbildung** wird von unterschiedlichen Trägern abgedeckt: Staatliche Anbieter konkurrieren mit privaten, außerbetriebliche existieren neben unternehmenseigenen. So verfügt fast jedes Großunternehmen über Formen der innerbetrieblichen Weiterbildung, die von angestellten Trainerinnen betreut werden. Staatliche Träger der Weiterbildung sind vor allem die Volkshochschulen, Arbeitsämter sowie Berufs- oder Studienakademien. Allerdings expandieren vor allem die privatwirtschaftlich organisierten Anbieter. Professionelle Weiterbildung umfasst sowohl fachliche Qualifikationen (zum Beispiel Sprachausbildung, EDV-Kenntnisse, Einführung in die Benutzung neuer Arbeitsmittel) als auch Schlüsselqualifikationen (zum Beispiel Konfliktmanagement, Rhetorik, Präsentation, Mitarbeiterführung). Die Kompetenzen, die Sie vermitteln wollen, müssen Sie selbst besitzen. Dazu benötigen Sie organisatorische und didaktische Fähigkeiten sowie das Interesse an der Vermittlung von Wissen. Bei einer Bewerbung in der Erwachsenen- oder Weiterbildung sind nachweisbare Lehrerfahrungen von Vorteil.

Im **Bildungsmanagement** gibt es ebenfalls eine Vielzahl von Tätigkeiten für Geisteswissenschaftler, etwa in Schulämtern, in der Hochschulverwaltung oder in Bildungsministerien. Neben reinen Verwaltungstätigkeiten geht es hier um konzeptionelle Fragen wie beispielsweise die Entwicklung und den Test von neuen Studiengängen oder um die inhaltliche Neuausrichtung von Fachausbildungen. Von Vorteil oder gar Voraussetzung sind juristische Kenntnisse sowie erste Arbeitserfahrungen in jenem Bereich, der verwaltet werden soll. Im höheren Bildungsmanagement wird in der Regel ein Doktortitel vorausgesetzt oder er verbessert zumindest die Chancen einer Einstellung.

Die traditionellen Berufsbilder im **Medienbereich** wie **Lektor** in einem Verlag oder **Redakteur** oder **Online-Redakteur** bei einer Zeitschrift werden von Studierenden immer noch sehr häufig als Berufsziel angegeben. Gerade im Verlagswesen ist aber in den letzten Jahrzehnten eine Vielzahl von Stellen abgebaut worden und die Tätigkeiten selbst haben sich stark gewandelt. Ein klassisches Lektorat existiert in vielen Verlagen nur noch in rudimentärer Form; die Gestaltungsspielräume von Lektoren wurden nicht selten erheblich eingeschränkt.

Journalistik zählt ebenfalls zu den häufiger von Studierenden angegebenen Berufswünschen. In diesem Bereich ist im Zuge der zunehmenden Konzentration des Mediensektors die Zahl der festen Stellen und der freien Mitarbeiter aber deutlich zurückgegangen. Ohne praktische Arbeitserfahrungen ist es sehr schwierig, den Einstieg zu schaffen, da bei der Bewerbung Textproben verlangt werden. Für Journalistik gibt es eigene Schulen sowie eigene Studien- oder Auf-

baustudiengänge, die oft mit dem im Medienbereich üblichen Volontariat ver-
knüpft sind. Allerdings ist ein solches Studium oder Aufbaustudium keine Be-
dingung für diesen Beruf. Weiterführende Informationen dazu finden Sie auf der
Homepage des Deutschen Journalistenverbandes (http://www.djv.de/) oder der
Westdeutschen Allgemeinen Zeitung (http://www.waz.de/waz/waz_media/waz_
Ausbildung.pdf).

Bei **Hör- und Fernsehfunk** stellen erfolgreich absolvierte Praktika ebenfalls eine zentrale Voraussetzung für eine Einstellung dar. In diesen Bereichen
arbeiten erfahrungsgemäß viele Historiker. Einsatzmöglichkeiten finden sich
unter anderem in der Sendungsredaktion als **Redakteur, Redaktionsassistent**
oder **Researcher** sowie in der Produktion als **Producer, Sprecher, Studiomeis-**
ter oder als **Dokumentator**. Die Vielfalt der möglichen Tätigkeiten können Sie
den Stellenmärkten auf den Homepages der Sender entnehmen; aussagekräftige
Informationen zu den Berufsbildern in Rundfunk und Fernsehen finden sich
beispielsweise auf der Homepage der ARD (http://www.ard.de/intern/).

Im Rahmen von **Multimedia**anwendungen entstanden zudem neue Einsatzbereiche für Geisteswissenschaftler: Design und Programmierung von Datenbanken, Erstellung von Dokumentationsmedien wie CD-ROMs, Videos oder
Internetauftritten. Geht es um die Präsentation von historischem Wissen wie
etwa bei historisch ausgerichteten CD-Rom-Produktionen oder Computerspielen,
können Sie sogar mit Ihren Fachkenntnissen punkten. Dies ist allerdings eher
selten der Fall. Diese Tätigkeiten setzen – je nach Arbeitgeber – spezifische
EDV-Kenntnisse und Interesse an der Umsetzung von Inhalten mithilfe von
Datenverarbeitung voraus. Dafür bietet sich eine Fächerkombination mit Medienwissenschaften, linguistischer Datenverarbeitung oder Informatik an. Mitunter können Sie im Geschichtsstudium bereits **Projekterfahrung** im Multimedia-
bereich sammeln, indem Sie zum Beispiel gemeinsam mit einer Arbeitsgruppe
eine Internetpräsentation zu einer Lehrveranstaltung entwerfen. So können Sie
testen, wie weit Sie über die notwendigen fachlichen, konzeptionellen, didaktischen und gestalterischen Fähigkeiten für diese Arbeitsbereiche verfügen. Informationen finden Sie auf der Homepage des Bundesinstitutes für Berufsbildung
(http://www.bibb.de/de/2495.htm).

Im Bereich der **Politik** können Sie selbst politisch aktiv in der **Lokal-,**
Landes- oder Bundespolitik arbeiten. Zwar gibt es auch Möglichkeiten für
Quereinsteiger, die Mehrzahl der Politiker hat sich aber durch ihr Engagement in
Ortsvereinen und Jugendorganisationen ‚hochgearbeitet'. Etwas besser sieht es
für Frauen aus, da die Zahl der politisch aktiven Frauen von Beginn an geringer
ist und durch die Familienbelastung später zusätzlich viele ausscheiden. In den
seltensten Fällen werden Sie jedoch schon nach dem Studium ein Amt gewinnen,
von dem Sie leben können. Darüber hinaus gibt es die Möglichkeit, als Referen-

tin, Redenschreiber, Beraterin für einzelne Politiker, Institutionen (zum Beispiel im Wissenschaftlichen Dienst des Bundestages) oder Organisationen tätig zu sein. Bei diesen Berufsfeldern ist die Parteizugehörigkeit nicht unbedingt Bedingung, je nach Arbeitgeber aber von Vor- oder Nachteil.

Der **Auswärtige Dienst** setzt eine Zusatzausbildung voraus. Um zu dieser Ausbildung zugelassen zu werden, müssen Sie einen sehr guten Notendurchschnitt sowie sehr gute Fremdsprachenkenntnisse vorweisen und einen umfangreichen Eignungstest bestehen (http://www.auswaertiges-amt.de). International können Sie aber auch bei den zahlreichen Institutionen der EU arbeiten (Europäische Kommission, Europäisches Parlament, etc.) oder der UNO, etwa als Referentin oder Projektmanagerin. Auch hier erleichtern erfolgreich absolvierte Praktika den Einstieg wesentlich. Informationen und Stellenanzeigen finden Sie auf der Webpage des Europäischen Informationsdienstes (http://www.europakontakt.de) sowie auf der Webpage des Regionalen Informationsbüros der Vereinten Nationen (http://www.runiceurope.org). Die Konkurrenz im Bereich Politik ist generell sehr hoch, unter anderem deshalb, weil Sie gegen die Vielzahl der Bewerber antreten, die Politikwissenschaften studiert haben.

In der **Industrie** gibt es besonders bei Großunternehmen eine Reihe von Einsatzfeldern für Geisteswissenschaftler. Um Zugang zu den traditionell nicht durch Geisteswissenschaftler besetzten Tätigkeitsbereichen wie Personalmanagement, Projektmanagement, Logistik oder dem wachsenden Bereich der Unternehmenskommunikation zu erhalten, sind zum einen sinnvolle Fächerkombinationen mit BWL, Soziologie oder Medienwissenschaften wichtig, zum anderen eine früh-zeitige Kontaktaufnahme im Rahmen von Praktika. Wichtig für eine Karriere in der Wirtschaft ist, dass Sie sich nicht nur für ökonomische Fragen interessieren, sondern sich auch mit der spezifischen Arbeitskultur in Unternehmen identifizieren können. Wenn Sie in der Vergangenheit den Wirtschaftsteil bei der Zeitungslektüre regelmäßig ungelesen ,entsorgt' oder während Ihres Wirtschaftspraktikums Arbeitsweise und Interessen Ihrer Kolleginnen mit Befremden zur Kenntnis genommen haben, spricht das dagegen. Wenn Sie kein branchentypisches Fach studiert haben, sollten Sie Ihr ökonomisches Interesse durch den Besuch ausgewählter Lehrveranstaltungen oder Ihre Themenwahl belegen können, etwa durch eine Examensarbeit aus dem Bereich der Unternehmensgeschichte oder über die wirtschaftliche Entwicklung einer Region. Manche Universitäten bieten betriebswirtschaftliche Zusatzqualifikationsmöglichkeiten für Geisteswissenschaftler an wie etwa die Universität Bamberg mit ihrem studienbegleitenden „Praxisprogramm Wirtschaft (IHK)", das auch ein mehrmonatiges Praktikum umfasst. Sie können Zusatzqualifikationen darüber hinaus im Rahmen von Studiengängen oder Kompaktkursen etwa an der Fernuniversität Hagen erwerben. Der Einstieg in die Industrie verläuft in der Regel über **Trai-**

nee-Programme oder **Training-on-the-Job**. Bei ausgewählten Unternehmen gibt es besondere Einstiegsprogramme für Geisteswissenschaftler. Dies gilt auch für Teile des **Dienstleistungssektors** wie etwa Banken und Versicherungen aber auch Wohlfahrts- und Interessenverbände, in denen Geisteswissenschaftler vor allem in der Öffentlichkeitsarbeit, im Projektmanagement oder als Sachbearbeiter tätig werden. Traditionelle Einsatzbereiche von Geisteswissenschaftlern verkörpern Stiftungen, andere gemeinnützige Organisationen oder Institutionen der Forschungsförderung wie etwa die DFG. Projektarbeit, Stipendiatenauswahl und -betreuung, Fundraising, Öffentlichkeitsarbeit oder strategische Ausrichtung gehören hier zu den möglichen Tätigkeitsfeldern. In diesem Bereich ist ein Doktortitel häufig von Vorteil. Beratungsgesellschaften haben zwar in der Vergangenheit eine Vorreiterrolle bei der Einstellung von Geisteswissenschaftlern in der Wirtschaft übernommen, stellen jedoch vor allem junge, flexible Bewerber mit sehr guten Abschlüssen und Zusatzqualifikationen ein. Allerdings stehen Ihnen zumeist nach zwei bis drei Jahren in einer renommierten Beratungsgesellschaft auch in anderen Wirtschaftsbereichen viele Türen offen. Bei großen Firmen gibt es oft speziell für Geisteswissenschaftler gedachte Einstiegsprogramme, in denen Ihnen grundlegende kaufmännische Kenntnisse vermittelt werden. Interessieren Sie sich für diesen Bereich, sollten Sie eine oder mehrere Recruitmentveranstaltungen besuchen, auf denen Sie sich über das Unternehmen informieren und gleichzeitig Ihren ‚Marktwert' testen können. Eventmanagement, Werbung, Tourismus und Marktforschung sind weitere Optionen im Dienstleistungsbereich, wenngleich Sie in diesem Feld mit niedrigen Einstiegsgehältern bei eher mäßiger Gehaltsentwicklung rechnen müssen.

Inzwischen gehört es zwar zum guten Ton, den hohen Wert von Geisteswissenschaftlern in der Wirtschaft herauszustellen, dennoch müssen Sie vor allem bei Arbeitgebern aus den Bereichen Industrie und Finanzen – wenn auch in unterschiedlichem Ausmaß – mit negativen Vorurteilen gegenüber Geisteswissenschaftlern rechnen, wenn nicht in der Bewerbungsphase, dann sicher im Job selbst. Ihre Arbeitsleistung wird möglicherweise stärker hinterfragt als die Ihrer Kolleginnen mit branchentypischem Ausbildungsweg. Fragen Sie sich deshalb vorher, wie weit folgende Charakteristika auf Sie zutreffen, legen Sie sich Ihre Argumente zurecht und zeigen Sie im Vorstellungsgespräch und erst recht beim Antritt Ihrer Stelle, wie wenig diese auf Sie zutreffen.

Negative Vorurteile gegenüber Geisteswissenschaftlern

▪ lange Studiendauer	▪ fehlender Anwendungsbezug
▪ mangelnde Flexibilität	▪ kein ökonomischer Sachverstand
▪ geringe Überzeugungskraft	▪ psychische Instabilität
▪ Detailfixiertheit	▪ Weltfremdheit
▪ mangelnde Effizienz	▪ fehlende Hierarchieakzeptanz

Auf der anderen Seite gibt es auch positive Eigenschaften, die Geisteswissenschaftlern von Absolventen anderer Ausbildungen zugeschrieben werden.

Positive Vorurteile gegenüber Geisteswissenschaftlern

▪ soziale Kompetenz	▪ Interdependenzwahrnehmung
▪ Begeisterungsfähigkeit	▪ interkulturelle Kompetenz
▪ kommunikative Fähigkeiten	▪ Allgemeinbildung
▪ Beherrschung von Komplexität	▪ Fähigkeit zu strukturiertem Denken

Gerade im Studium der Geschichtswissenschaft wird inzwischen großer Wert auf übergreifende historische Entwicklungsprozesse, den Einfluss von Strukturen auf individuelles Handeln, Überblickswissen und die Bedeutung der Interdependenz zwischen Ereignissen, Individuen und Prozessen gelegt. Die große Bedeutung von vergleichenden Methoden und die Ausweitung der Perspektive auf europäische oder globale Phänomene in der Geschichtswissenschaft können den Blick für kulturelle Spezifika und für die Chancen und Risiken des interkulturellen Austauschs schärfen. Dieses Wissen und die methodischen Kompetenzen, die gleichzeitig erworben werden, lassen sich auch in fachfremden Kontexten Gewinn bringend einsetzen, etwa bei der Durchführung internationaler Firmenfusionen oder bei der Erschließung neuer Märkte. Dies gilt besonders im Zeitalter der zunehmend internationalen Ausrichtung großer Teile der Wirtschaft.

Bei einer Vielzahl der beschriebenen Berufsfelder besteht die Möglichkeit der unternehmerischen **Selbstständigkeit**. So gab es gerade im letzten Jahrzehnt eine nicht geringe Zahl von Historikern, die sich im Anschluss an das Studium auf einem fachfremden Geschäftsfeld selbstständig gemacht haben. Zentrale Bereiche stellten das Internet und der Dienstleistungssektor (E-Business, Veranstaltungsmanagement, Recherchedienste, Weiterbildung) dar. Selbstständigkeit setzt jedoch nicht nur Startkapital, eine Unternehmerpersönlichkeit und eine gute Geschäftsidee voraus, deren Zugkraft Sie vor dem Start getestet haben sollten. Sie brauchen darüber hinaus grundlegende kaufmännische und juristische Kenntnisse oder Partner, die diese Kompetenzen mitbringen. Die notwendigen Kontakte dazu können Sie bereits im Studium knüpfen. Hier können Sie vergleichsweise risikolos testen, wer welche Fähigkeiten besitzt und mit wem Sie sich vorstellen können, ein gemeinsames Unternehmen zu gründen. Viele Universitäten sowie die Bundesagentur für Arbeit oder andere Träger bieten inzwischen Existenzgründerseminare an, in denen die Voraussetzungen der Selbstständigkeit diskutiert und Ihnen Fördermöglichkeiten und Beratungsinstitutionen vorgestellt werden.

6.2.2 Berufsfelder innerhalb der Wissenschaft

Wenn Sie sich für eine Karriere in der universitären oder außeruniversitären Wissenschaft entscheiden, erwartet Sie meist ein Berufsleben, in dem Sie den Vorteil eines weitgehend selbst bestimmten Arbeitens genießen können und das Ihnen die Möglichkeit bietet, sich Ihr Leben lang beruflich mit etwas zu beschäftigen, was Sie wirklich interessiert. Sie werden in einem Feld arbeiten, das Ihnen ständig neue Erkenntnisse und Einsichten anbietet und auch jenseits der Forschung sehr vielfältig ist – schließlich gehört zum Berufsbild des Historikers die universitäre Lehre ebenso wie das Forschungsmanagement, der Besuch von Konferenzen, der Kontakt mit Kollegen usw. Voraussetzung für diese Berufswahl ist ein großes Interesse am wissenschaftlichen Arbeiten, Kommunikationsfähigkeit und eine ausgeprägte Kapazität zum Selbstmanagement. Aber auch außerhalb der Universitäten und Forschungsinstitute gibt es Einrichtungen, in denen Sie Ihre geschichtswissenschaftlichen Fachkenntnisse einbringen und weiterentwickeln können.

Wissenschaftsspezifische Tätigkeitsfelder für Historiker

> - Lehre und Forschung an Universitäten
> - Forschung an außeruniversitären Einrichtungen
> - Archive
> - Museen

Die **universitäre Laufbahn** ist zurzeit im Umbruch. Das folgende Schema zeigt auf der linken Seite den traditionellen, auf der rechten den durch die aktuelle Hochschulreform neu eingeführten Karriereverlauf an der Universität vom Studienabschluss bis zur Professur.

Der erste Karriereschritt nach dem Studienabschluss ist die **Promotion**. Für diese müssen Sie zunächst für die **Dissertation** (Doktorarbeit) die notwendigen Forschungen anstellen, das Dissertationsmanuskript verfassen und eine Prüfung (Disputation oder Rigorosum) ablegen und außerdem das Manuskript als Buch veröffentlichen. Mit diesem Verfahren erwerben Sie den Doktortitel (Dr. phil.).

Eine Promotion sollte nicht länger als drei Jahre dauern. Diese Phase können Sie über ein Stipendium (→ Promotionsstipendien) oder über eine **wissenschaftliche Mitarbeiterstelle** an der Universität oder einer Forschungsinstitution finanzieren. Nach der Promotion sollten Sie nochmals überdenken, ob Sie wirklich weiterhin in der Wissenschaft bleiben wollen oder mit dem prestigereichen Doktortitel eine außeruniversitäre Karriere einschlagen wollen. Die Entscheidung für eine akademische Karriere sollten sich Historiker gut überlegen, da der wissenschaftliche Arbeitsmarkt zu Beginn des 21. Jahrhunderts durch viele Stellenstreichungen und eine intensive Konkurrenz charakterisiert ist. Entschließen Sie sich für diesen Karriereweg, erwartet Sie wahrscheinlich ein prekärer Arbeits-Lebenslauf auf zeitlich zumeist befristeten Stellen, der Zwang zur räumlichen Mobilität und eine vielfach der Arbeitsintensität nicht angemessene Bezahlung. Keinesfalls sollten Sie sich daher von Projekt zu Projekt, von Einjahresvertrag zu Einjahresvertrag ‚hangeln‘, weil Ihnen keine Alternative einfällt: Die Entscheidung für eine Wissenschaftskarriere sollte bewusst und zielgerichtet getroffen werden.

Karriereverläufe an der Universität: traditionell und reformiert

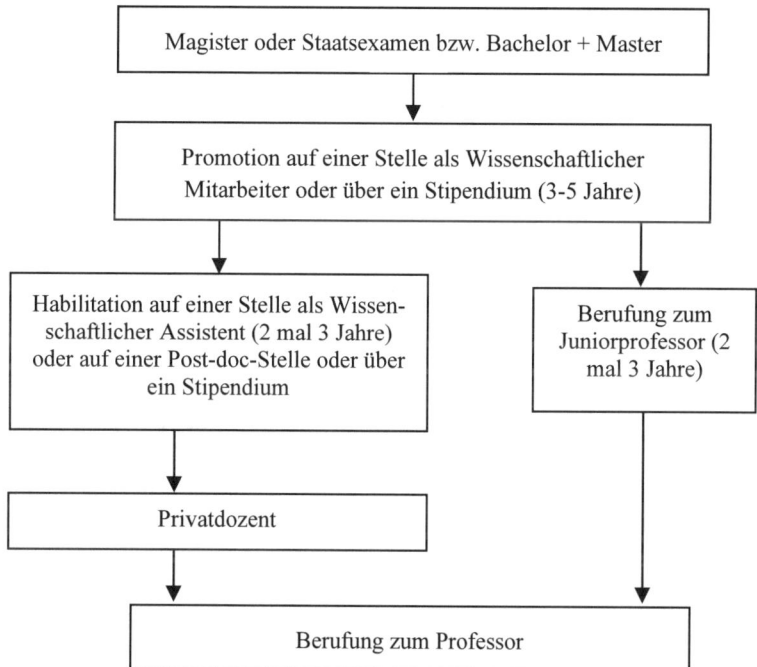

Sind Sie sich aber sicher, an der Universität arbeiten zu wollen, existiert die Möglichkeit, eine Professur anzustreben. Hier gibt es zum einen den traditionellen Weg, der über eine **Wissenschaftliche Assistentenstelle** führt. Dabei werden Sie für zwei mal drei Jahre an einem Lehrstuhl eines bestimmten Professors eingestellt. Sie halten Lehrveranstaltungen ab und bearbeiten zeitgleich Ihr neues Forschungsprojekt. Diese so genannte **Habilitation** ist mithin eine zweite große Arbeit nach der Dissertation und schließt eine abermalige Prüfung in Form von Probevorlesungen mit anschließender Diskussion ein. Das Verfahren endet mit der Vergabe der Lehrerlaubnis für die Universität (Venia legendi) und der Verleihung des Titels „**Privatdozent / Privatdozentin**" (PD). Des Weiteren bieten universitäre oder außeruniversitäre Forschungsprojekte sowie auf Habilitanden zugeschnittene Stipendienprogramme **Post-doc-Stellen** an, auf denen Sie ebenfalls die Möglichkeit haben, zu habilitieren.

Als habilitierter Wissenschaftler bewerben Sie sich auf von den Universitäten ausgeschriebene **Professuren**. Um Ihren Status als habilitierter Privatdozent nicht zu verlieren, müssen Sie Lehrveranstaltungen an der Universität anbieten, für die Sie meist kaum oder gar nicht bezahlt werden. Die Dauer und Erfolgsquote dieser Warte- und Bewerbungsphase differiert stark und ist abhängig von der Qualität der bislang von Ihnen geleisteten wissenschaftlichen Arbeit, der Zahl der freiwerdenden Professuren, der Zahl der Mitkonkurrenten, Ihren Netzwerken innerhalb des Faches und stark auch vom Zufall.

Zurzeit ist das Bundesministerium für Bildung und Forschung bestrebt, diesen traditionellen Karriereweg umzugestalten und zu verkürzen. Unter anderem soll die Habilitation abgeschafft werden. Stattdessen soll die **Juniorprofessur** als Qualifikationsweg für die Professur durchgesetzt werden. Juniorprofessoren sind nicht mehr von einem anderen Professor angestellt und gehören nicht mehr zur Hochschulgruppe des so genannten akademischen Mittelbaus, sondern werden der Professorenschaft zugeordnet. Das bedeutet, dass sie Vorlesungen halten und Doktorarbeiten betreuen dürfen. Im Gegenzug müssen sie sich nicht mehr habilitieren. Vielmehr sollen sie versuchen, sich innerhalb von sechs Jahren innerhalb des Faches wissenschaftlich zu etablieren, um im Anschluss einen Ruf auf eine Professur zu erhalten.

Neben den Universitäten bieten die **außeruniversitären Forschungsinstitutionen** Möglichkeiten, als Historiker auf befristeten oder unbefristeten Stellen zu arbeiten. Von besonderer Bedeutung sind die **Akademien**, in deren Aufgabenbereich es fällt, längerfristige Forschungsprojekte wie etwa im historischen Bereich die großen Quelleneditionen durchzuführen. Die folgende Liste führt einige der größeren deutschen Forschungsinstitutionen im In- und Ausland auf, die einen geschichtswissenschaftlichen Schwerpunkt haben und Historiker beschäftigen.

Außeruniversitäre Forschungsinstitutionen mit Beschäftigungsmöglichkeiten für Historiker (Auswahl)

Inland	▪ Akademie der Wissenschaften und der Literatur Mainz ▪ Akademie der Wissenschaften zu Göttingen ▪ Bayerische Akademie der Wissenschaften ▪ Berlin-Brandenburgische Akademie der Wissenschaften ▪ Heidelberger Akademie der Wissenschaften ▪ Sächsische Akademie der Wissenschaften Leipzig ▪ Max-Planck-Institut für Geschichte Göttingen ▪ Max-Planck-Institut für europäische Rechtsgeschichte Frankfurt/M. ▪ Max-Planck-Institut für Wissenschaftsgeschichte Berlin ▪ Geisteswissenschaftliches Zentrum Geschichte und Kultur Ostmitteleuropas (GWZO) Leipzig ▪ Hannah-Arendt Institut für Totalitarismusforschung e.V. an der TU Dresden ▪ Institut für Europäische Geschichte Mainz ▪ Institut für Zeitgeschichte (IfZ) München / Berlin ▪ Kommission für Geschichte des Parlamentarismus und der politischen Parteien Bonn ▪ Militärgeschichtliches Forschungsamt (MGFA) Potsdam ▪ Wissenschaftszentrum Berlin für Sozialforschung ▪ Zentrum für Zeithistorische Forschung e.V. Potsdam
Ausland	Deutsche Historische Institute: London, Moskau, Paris, Rom, Warschau, Washington

Diese Forschungsinstitutionen bieten Stellen sowohl für promovierte als auch für nicht promovierte Historiker an.

Stipendien sind neben einer Stelle die zweite Möglichkeit, die eigene Forschungsarbeit – insbesondere die Dissertation – zu finanzieren. Es gibt eine ganze Reihe staatlicher Institutionen oder privater Stiftungen, die solche Gelder vergeben.

Falls Ihre Universität ein Nachwuchsförderungsreferat hat, sollten Sie sich dort über Förderungsmöglichkeiten beraten lassen. Im Folgenden sollen nur die wichtigsten Institutionen angesprochen werden, bei denen Sie sich um ein **Promotionsstipendium** bewerben können.

Staatliche oder private Stipendienvergabe für Promovenden (Auswahl)

> * Landesgraduiertenförderung
> * Graduiertenkollegs der Deutschen
>   Forschungsgemeinschaft
> * Deutscher Akademischer Austauschdienst
> * Deutsche Historische Institute
> * Institut für Europäische Geschichte Mainz
> * Stiftungen

Zu den staatlichen Promotionsförderungen gehören die landeseigenen Stipendienprogramme, zum Beispiel die Berliner Graduiertenförderung für Studierende der Berliner Universitäten oder die **Landesgraduiertenförderung** des Landes Rheinland-Pfalz. Sie finanzieren in der Regel bis zu zwei Jahre lang ein Grundstipendium und gegebenenfalls zusätzlich Sach- und Reisekosten.

Die Deutsche Forschungsgemeinschaft (DFG) fördert Doktoranden vor allem durch die **Graduiertenkollegs**, über die Sie sich unter http://www.dfg.de/ informieren können. Graduiertenkollegs sind Gruppen von Nachwuchswissenschaftlern, die unter der Anleitung mehrerer Hochschulprofessoren eigene Forschungsarbeiten schreiben und dafür von der DFG ein Stipendium erhalten. Sie werden zu bestimmten Themen eingerichtet, so gibt es etwa Graduiertenkollegs zu „Sklaverei – Knechtschaft und Frondienst – Zwangsarbeit. Unfreie Arbeits- und Lebensformen von der Antike bis zum 20. Jahrhundert" (Trier) oder zu „Wissensfelder der Neuzeit. Entstehung und Aufbau der europäischen Informationskultur" (Augsburg). Eine Bewerbung bei einem solchen Kolleg setzt voraus, dass Ihr eigenes Forschungsprojekt einen Bezug zum Generalthema hat. Falls Sie eine Promotion mit einem ausländischen Schwerpunkt planen bzw. Archivreisen im Ausland unternehmen wollen, dann können Sie beim **Deutschen Akademischen Austauschdienst** (DAAD) einen Antrag auf Förderung stellen: Der DAAD vergibt an Doktoranden sowohl Jahresstipendien für Forschungsaufenthalte an ausländischen Hochschulen als auch Stipendien für kürzere Reisen (bis zu sechs Monaten) ins Ausland. Auf der Webpage des DAAD (http://www. daad.de/) finden Sie eine Stipendiendatenbank, die Sie über zusätzliche ausländische Stipendien für deutsche Promovenden informiert, unter anderem über die Förderprogramme der EU.

Außerdem unterstützen einzelne Institute den historischen Nachwuchs so etwa die aufgelisteten **Deutschen Historischen Institute** im Ausland in Form von Reisestipendien oder das **Institut für Europäische Geschichte** in Mainz mit Stipendien von bis zu zwölf Monaten.

Neben den staatlich finanzierten Einrichtungen fördern des Weiteren zahlreiche **private Stiftungen** Promotionen. Dazu gehören die Begabtenförderungswerke (→ Stipendien) ebenso wie etwa die auf geschichtswissenschaftliche Themen spezialisierte Gerda Henkel Stiftung oder die FAZIT-Stiftung. Welche der zahlreichen Stiftungen für eine Förderung Ihres Projektes in Frage kommen könnte, können Sie im Deutschen Stiftungsindex erfahren (http://www.stiftungsindex.de/recherche/) oder auf der Homepage des Stifterverbandes für die Deutsche Wissenschaft (http://www.stifterverband.org) recherchieren.

Als Alternative zur wissenschaftlichen Karriere stehen Historikern weitere Tätigkeitsfelder offen, bei denen die Beschäftigung mit der Geschichte das zentrale Element ist. Eine solche stellt etwa eine Anstellung im Archiv dar. Als **Archivar** im höheren Dienst akquirieren Sie unter anderem unterschiedliche Materialien aus dem öffentlichen und privaten Bereich als Quellen für Historiker, wählen das zu bewahrende Material aus, erschließen und sichern es und stellen es für die Nutzung bereit. Des Weiteren beraten Sie die Nutzer Ihres Archivs. Eventuell präsentieren Sie Archivalien in Form von wissenschaftlichen Veröffentlichungen und Ausstellungen. Der höhere Dienst ist mit der Verbeamtung verbunden und umfasst in großem Umfang Führungsaufgaben und konzeptionelle Tätigkeiten. Daher setzen viele Bundesländer die Promotion für den höheren Archivdienst voraus, einige auch einen Studienschwerpunkt in Rechtsgeschichte oder den Historischen Hilfswissenschaften. Ein Archivpraktikum (→ Praktika) kann Ihnen bereits im Verlauf Ihres Studiums einen Einblick in dieses Berufsfeld vermitteln und die Chancen einer positiven Einschätzung Ihrer späteren Bewerbung erhöhen.

Die Ausbildung beinhaltet insgesamt zwei bis zweieinhalb Jahre Referendariat, wobei ein Teil praxisbezogen in meist staatlichen Archiven stattfindet. Ein weiterer Teil schließt eine theoretische Erarbeitung der Fachkenntnisse ein, das heißt Sie werden in Archivwissenschaft, Verwaltungswissenschaft und Hilfswissenschaften ausgebildet. Hierzu besuchen Sie zwölf Monate die Archivschule in Marburg (in Bayern 20 Monate die Bayerische Archivschule). Das Referendariat schließt mit einer Prüfung für das archivarische Staatsexamen ab. Die Bewerbung für das Referendariat erfolgt in den meisten Fällen über die Staatsarchive der einzelnen Bundesländer bzw. über das Bundesarchiv oder das Geheime Staatsarchiv Preußischer Kulturbesitz. Die Bewerbungsmodalitäten regeln die Prüfungsordnungen des Bundes bzw. der Länder, die Sie ebenso wie die Adressen der Archive und den Ausbildungsplan auf der Homepage der Archivschule in Marburg abfragen können (http://www.uni-marburg.de/archivschule). Informationen zur Archivausbildung liefert außerdem der Verband deutscher Archivarinnen und Archivare (http://www.vda.archiv.net/).

Analog zum Archivwesen bieten öffentliche Bibliotheken für Hochschulabsolventen ebenfalls die Möglichkeit, über ein Referendariat in den höheren
Dienst einzusteigen. Als **Bibliothekar** erwartet Sie ein vielfältiges Tätigkeitsfeld: Sie sammeln, erschließen und bewahren Bücher, Zeitschriften und andere
Medien und stellen sie der Öffentlichkeit zur Verfügung. Im höheren Dienst
gehört darüber hinaus Haushalts- und Personalplanung, Öffentlichkeitsarbeit sowie konzeptionelle Tätigkeit zu Ihrem Aufgabenfeld. Für den höheren Bibliotheksdienst wird das abgeschlossene Hochschulstudium vorausgesetzt, Promovierte haben in vielen Bundesländern bessere Chancen in das Referendariat aufgenommen zu werden, in einigen Bundesländern ist der Doktortitel sogar die
Bedingung, um eine der raren Stellen zu bekommen. Die Bewerbung erfolgt in
der Regel über eine der Ausbildungsbibliotheken (meist die Universitäts- und die
Landesbibliotheken), diese leitet die Bewerbungsunterlagen mit einer Stellungnahme an das zuständige Ministerium weiter, das die Stellen vergibt. Die Ausbildung für den höheren Bibliotheksdienst gliedert sich in den meisten Bundesländern in eine einjährige praktische Ausbildung an einer Bibliothek sowie eine
ebenfalls einjährige theoretische Ausbildung an der Bibliotheksschule in München oder beim Institut für Bibliothekswissenschaft der Humboldt-Universität in
Berlin. Aktuelle Informationen finden Sie auf der Webpage des Vereins Deutscher Bibliothekare (http://www.vdb-online.org/).

In Deutschland gibt es zudem eine große Bandbreite von **Museen und Gedenkstätten**, die als Arbeitsstätten für ausgebildete Historiker interessant sein
könnten. Allein bei den über 5.000 deutschen Museen gibt es neben den Historischen Museen solche, die sich auf Naturwissenschaft und/oder Technik spezialisiert haben, Kunstsammlungen, volkskundliche Sammlungen oder Heimatmuse-
en. Museumsmitarbeiter sammeln, katalogisieren und bewahren die Bestände
und präsentieren sie der Öffentlichkeit. Das Management von und das Marketing
für Museen gehört gleichfalls in den Tätigkeitsbereich Museumsarbeit. In den
vielen Gedenkstätten, in denen beispielsweise an die Opfer des Nationalsozialismus erinnert wird, arbeiten Historiker nicht nur für die dort stattfindenden
Ausstellungen, sondern sind oft in umfangreiche Rechercheaufgaben eingebun-
den. Nach Bundesländern sortierte Listen mit Museen und Gedenkstätten finden
Sie auf der Homepage des Deutschen Museumsbundes (http://www.museums
bund.de).

Für die Arbeit in den Bereichen Museum und Denkmalpflege entstehen zurzeit die ersten Master-Studiengänge für Museumswissenschaft, die aber kein
Monopol auf die Ausbildung für diese Tätigkeitsfelder in Anspruch nehmen
können. Für Historiker mit Magister, Staatsexamen oder M.A. in Geschichte gibt
es im Unterschied zur Arbeit im Archiv keine spezielle, geregelte Fortbildung,
die für eine Anstellung in einem Museum oder einer Gedenkstätte qualifiziert.

Deshalb sind Praktika (→ Praktika) für diesen Berufszweig von besonders großer Bedeutung, sie steigern die Chancen einer späteren Einstellung erheblich.

Wer nach dem Studium als wissenschaftlicher Mitarbeiter (Kurator genannt) im Museum arbeiten will, wird je nach Ausrichtung und Größe der Institution mit sehr unterschiedlichen Anforderungen konfrontiert sein, der Beruf verlangt also einige Flexibilität. Der Königsweg für eine Fortbildung für die Museumsarbeit ist das Volontariat, das normalerweise zwei Jahre dauert – allerdings wird angesichts der knappen Kassen das Angebot an Volontariatsstellen immer kleiner. Andere Möglichkeiten, in der Museumswelt Fuß zu fassen, sind projektgebundene Werkverträge, zum Beispiel für die Konzeption einer Ausstellung oder von Katalogtexten. Allerdings ist diese Form von Beschäftigung am Museum sehr prekär und abhängig von der jeweiligen Haushaltslage der Institution.

6.3 Arbeitgebersuche

Wesentliche Informationsquellen und Strategien für die Arbeitsplatzsuche wurden Ihnen bereits im Zusammenhang mit dem Praktikum vorgestellt (→ Praktika). Beachten Sie auch die Internetadressen, die oben im Zusammenhang mit den Tätigkeitsfeldern für Historiker angegeben worden sind. Darüber hinaus gibt es im Internet eine Vielzahl von übergreifenden und branchenspezifischen **Jobbörsen**, in denen Sie recherchieren können und die oft Tipps zur Bewerbung geben. Bevor Sie hier tätig werden, prüfen Sie immer erst Professionalität, Größe und Aktualität des Angebots. Bereits die Angaben auf der Homepage und einige Testrecherchen geben zumeist Hinweise darauf, wie Erfolg versprechend eine derartige Webseite ist.

Als Berufsanfänger kommt für Sie auch die Möglichkeit einer **Blind- oder Initiativbewerbung** bei Unternehmen und Institutionen oder bei Personaldienstleistern in Frage. Sie sind also nicht auf Stellenangebote angewiesen. Allerdings ist es in den meisten Fällen sinnvoll, zuvor telefonisch Kontakt aufzunehmen, um sich über freie Stellen und die unternehmensspezifische Einstellungspolitik zu informieren. Erster Ansprechpartner ist in der Regel die Personalabteilung, es kann aber auch sinnvoll sein, den Leiter eines angestrebten Unternehmensbereichs oder einen Mitarbeiter der PR-Abteilung anzusprechen. Unproblematisch ist der Kontakt auf **Jobmessen**, über deren Termine Sie sich rechtzeitig informieren sollten (→ Praktika).

Jobbörsen im Internet (Auswahl)

allgemeine	http://www.job.de http://www.arbeitsagentur.de http://www.jobware.de/ http://www.jobs.de/ http://www.careernet.de/home_fs.cfm http://www.berufsstart.de/ http://www.sueddeutsche.de/app/jobkarriere http://zeit.stellenanzeigen.de http://www.jobpilot.de/ http://karriere.unicum.de/karriere/start/home.php http://europa.eu.int/eures/index.jsp (Europa)
branchen- spezifische	http://www.crosswater-systems.com (Linksammlung) http://www.medienhandbuch.de/ (Medien) http://www.dasauge.de/ (Medien) http://www.bildungsserver.de (Bildung) http://www.historicum.net/aktuell/chancen.html (Geschichte) http://www.hsozkult.de (Geschichte) http://www.bankjob.de/ (Banken) http://www.uni-marburg.de/archivschule/fv25.html (Archiv) http://www.zlb.de/aktivitaeten/bd_neu (Bibliotheken)

Für alle mündlichen Kontaktversuche vor der eigentlichen Bewerbung gilt: Überlegen Sie sich genau, welche Informationen Sie bekommen wollen und welche Sie über sich selbst preisgeben wollen. Notieren Sie sich zuvor die Fragen, die Sie stellen wollen und gehen Sie den möglichen Gesprächsablauf vorher durch. Sonst besteht die Gefahr, dass Sie entscheidende Informationen nicht erhalten oder aber Ihre Gesprächspartner durch unstrukturiertes und unpräzises Fragen verärgern. Ein telefonischer Kontakt ist außerdem bei einer Bewerbung auf eine Stellenanzeige sinnvoll. In diesem Fall können Sie die knappen oder zu wenig aussagekräftigen Passagen der Anzeige hinterfragen oder in Erfahrung bringen, ob überhaupt Bewerbungen von Geisteswissenschaftlerinnen akzeptiert werden. Die erhaltenen Informationen können Sie bei einer späteren Bewerbung Gewinn bringend einsetzen.

6.4 Bewerbung

Die Bewerbung stellt Ihre Eintrittskarte in das Berufsleben dar. Da es hier branchenspezifische Unterschiede gibt, können in diesem Rahmen nur einige allgemeine Hinweise gegeben werden. Form und Inhalt und das gewählte Bewerbungsverfahren sollten Sie in jedem Fall gut durchdenken und den branchenüblichen Gepflogenheiten sowie der jeweiligen Unternehmenskultur Ihres Adressaten anpassen. Zumeist gibt der Webauftritt des Unternehmens schon wichtige Hinweise dazu. Vermeiden Sie unbedingt Serienbewerbungen, denn der Misserfolg ist vorprogrammiert. Vergleichen Sie vor jeder Bewerbung das **Anforderungsprofil** der Stelle mit Ihrem eigenen **Leistungsprofil** (→ Selbsteinschätzung) und seien Sie ehrlich gegenüber sich selbst. Stellenanforderungsprofile bestehen meist aus Muss- und Kann-Bestimmungen: Alle Inhalte, die in einer Stellenanzeige oder im Gespräch als „Voraussetzung" bezeichnet werden, sind bindend; erfüllen Sie diese nicht, ist eine Bewerbung fast immer aussichtslos. Wird beispielsweise ein Abschluss in BWL für die Einstellung vorausgesetzt, sollten Sie sich die Erfahrung einer Ablehnung von vornherein ersparen. Formulierungen wie „wünschenswert" oder „idealerweise" verweisen dagegen auf Anforderungen, die Sie nicht unbedingt zu erfüllen brauchen. Sie erhöhen zwar die Chance auf eine Einstellung, können aber möglicherweise durch andere Qualifikationen ersetzt werden.

Generell gilt für die Bewerbungsunterlagen: Stellen Sie sich so gut wie möglich dar, aber nicht wesentlich besser als Sie tatsächlich sind. Dies bedeutet, dass alle Inhalte Ihrer Darstellung korrekt sein müssen und sich nicht gegenseitig widersprechen dürfen. Beschränken Sie sich bei der Gestaltung der Bewerbungsunterlagen grundsätzlich auf stellenrelevante Inhalte. Nicht die Menge des Materials entscheidet, sondern die Qualität. Da gerade bei Bewerbungen von Geisteswissenschaftlern nicht selten eine mangelhafte Professionalität zu verzeichnen ist, sollten Sie Ihre Bewerbungsunterlagen geeigneten Personen zur kritischen Durchsicht geben. Fragen Sie zum Beispiel jene Kommilitoninnen, bei denen die Bewerbung in derselben Branche erfolgreich verlief, und lassen Sie sich die Unterlagen zeigen. Verschiedene Träger bieten **Bewerbungstrainings** an. Da deren Qualität erfahrungsgemäß sehr unterschiedlich ausfällt, sollten Sie sich bei anderen Teilnehmern über den potenziellen Nutzeffekt kundig machen, ehe Sie selbst Zeit und Geld in diese Veranstaltungen investieren. Darüber hinaus gibt es jede Menge **Ratgeberliteratur**, der Kauf ist allerdings oft wenig

empfehlenswert, zumal inzwischen eine Vielzahl von Informationen zur Bewerbung im Internet greifbar ist (→ Jobbörsen).

Zwar können Sie sich bereits während des Hauptstudiums bewerben, sinnvoller ist jedoch der **Zeitraum** der Examensphase. Von Vorteil ist es, wenn Sie
bereits erste Prüfungsergebnisse vorweisen und ein konkretes Datum für den
Abschluss nennen können. Dann haben Sie bereits einen ersten Ausweis Ihrer
fachlichen Qualifikation und ein potenzielles Einstellungsdatum in der Hand, an
denen sich der Arbeitgeber orientieren kann. Auf keinen Fall sollten Sie erst
nach dem Abschluss mit der Bewerbungsphase beginnen, denn Sie müssen vom
Zeitpunkt der Bewerbung bis zur Einstellung mit einem halben Jahr und mehr
rechnen. Bei großen Unternehmen und mehrstufigen Bewerbungsverfahren dauert diese Phase mitunter sogar noch länger. Dass Sie gewissermaßen vom Fleck
weg engagiert werden, kommt nur sehr selten vor. Bei Trainee-Programmen und
berufsqualifizierenden Zusatzausbildungen müssen Sie außerdem die Bewerbungstermine beachten, denn diese beginnen meist nur ein- oder zweimal pro
Jahr.

Allerdings gibt es hier Unterschiede, je nachdem wie wichtig die im Studium erworbene Qualifikation für die Tätigkeit tatsächlich ist und welche Karrie-
remuster branchenüblich sind. In den Neuen Medien oder in der Werbung ist
zum Beispiel oft ein Einstieg ohne Abschluss möglich. Dann besteht allerdings
die Gefahr, dass Sie aufgrund der beruflichen Belastungen am Ende auf das
Examen verzichten. Abgebrochene Studiengänge wirken sich in den meisten
Branchen negativ auf die Karriere aus – nicht nur, weil Sie Ihr Fachwissen nicht
durch eine Abschlussprüfung nachgewiesen haben, sondern auch deshalb, weil
Ihnen möglicherweise mangelnde Ergebnisorientierung und Belastbarkeit unter-
stellt werden. Im Öffentlichen Dienst (Universitäten, Bibliotheken, Archive,
Schulen oder Museen) ist das abgeschlossene Studium aber auf jeden Fall ein
Muss.

Es gibt unterschiedliche **Formen der Bewerbung**. Bewerbungen per **E-
Mail** oder **Online** akzeptieren vor allem jene Unternehmen, bei denen das Internet zum eigenen Geschäftsfeld gehört. Bei einer Bewerbung über E-Mail sollten
Sie sich eine seriös klingende E-Mail-Adresse zulegen und nicht etwa diejenige
verwenden, mit der Sie in Ihrer Freizeit im Chatroom auftreten. Testen Sie vorher, wie Text und eventuell angehängte Dateien bei unterschiedlichen Empfän-
gern ankommen. Haben Sie unlesbare Textformate gewählt oder erscheint der
Text ohne Zeilenumbrüche, wird der Empfänger höchst wahrscheinlich entnervt
die Delete-Taste drücken. Mit entsprechenden EDV-Kenntnissen oder fremder
Unterstützung können Sie sich auch eine **Bewerber-Homepage** erstellen. Prüfen
Sie vor dem Einsatz, wie die Webpage von unterschiedlichen Browsern ange-

zeigt wird und welche Qualität der Teil- oder Komplettausdruck Ihrer Unterlagen aufweist.

In der überwiegenden Mehrzahl der Fälle müssen Sie auf dem Postweg eine **Bewerbungsmappe** einreichen. Auch wenn dies nicht explizit gefordert wird, ist es ratsam. Bei der Gestaltung einer Bewerbungsmappe sollten Sie bestimmte **inhaltliche und formale Vorgaben** berücksichtigen.

Zentral ist das **Anschreiben**, in dem Sie auf einer Seite Ihre stellenrelevanten Qualifikationen herausstellen und den Vorteil konkretisieren sollten, den das Unternehmen oder die Institution erwarten kann, wenn es gerade Sie einstellt. Falsche Bescheidenheit ist hier nicht angesagt – das Schreiben sollte auf Sie als Person neugierig machen. Verlassen Sie sich nicht darauf, dass wichtige Informationen ja an anderer Stelle der Bewerbungsmappe noch kommen. Sprechen Sie den Empfänger der Bewerbung möglichst persönlich an (nicht: „Sehr geehrte Damen ...", hiermit bewerbe ich mich ...", sondern: „Sehr geehrte Frau Dr. Müller, nachdem ich bereits erfolgreich ein Projekt ...). Achten Sie auf die korrekte Schreibweise von Namen und Titeln. Übernehmen Sie nicht wortwörtlich das in der Stellenanzeige angegebene Anforderungsprofil, sondern füllen Sie es inhaltlich, indem Sie Ihre Fähigkeiten nicht nur nennen, sondern begründen (nicht: „Ich bin teamfähig", sondern: „Während der ergebnisorientierten Zusammenarbeit innerhalb der Projektgruppe ..."). Sprechen Sie offensichtliche Defizite in positiver Form an („Da ich mich während meiner Tätigkeit bei ... sehr schnell in kaufmännische Abläufe einarbeiten konnte, werde ich ...").

Gestaltung der Bewerbungsmappe

Bestandteile	<ul><li>Anschreiben</li><li>tabellarischer Lebenslauf mit Bild</li><li>Arbeitszeugnisse</li><li>Examenszeugnis</li><li>gegebenenfalls Gutachten der Betreuer</li><li>Zeugnisse für Zusatzqualifikationen</li><li>Abiturzeugnis</li></ul>
formale Vorgaben	<ul><li>Korrektheit</li><li>Sauberkeit</li><li>Übersichtlichkeit</li><li>Geschlossenheit</li><li>Vollständigkeit</li><li>Qualität</li></ul>

Unmittelbar auf das Anschreiben folgt der **Lebenslauf**, der systematisch nach Schwerpunkten (persönliche Angaben, Berufserfahrung, Schul- und Berufsbildung, Sprachkenntnisse, technische Kompetenzen, soziale Kompetenzen) und innerhalb dieser chronologisch rückwärts geordnet werden sollte. Zeitliche Lücken sollten Sie vermeiden. Reichen Sie handgeschriebene Lebensläufe nur dort ein, wo es explizit gefordert ist, und sparen Sie nicht beim Foto: Automaten-, Urlaubsfotos oder Ganzkörperabbildungen sind unüblich. Das Foto sollte außerdem mit der Unternehmenskultur harmonieren: Bei einer Bank ist ein anderer Stil gefragt als bei einem Unternehmen der IT-Branche.

Je nachdem, wie viele **Arbeitszeugnisse** Sie vorlegen können, sollten Sie eine Auswahl treffen. Ob und welche Arbeitszeugnisse Sie vorlegen, hängt von dem potenziellen Arbeitergeber ab: So sind Arbeitszeugnisse, die Sie beispielsweise für ein kaufmännisches Praktikum erhalten haben, für ein Wirtschaftsunternehmen interessant, für eine Professorin, bei der Sie sich um eine Wissenschaftliche Mitarbeiterstelle bewerben, womöglich weniger. Zudem sollten Sie beachten, dass viele wenig aussagekräftige Arbeitszeugnisse auch wenig bringen. Ordnen Sie deshalb entweder die besten drei bis vier Zeugnisse, die stellenrelevant sind, chronologisch rückwärts oder legen Sie das Vorteilhafteste oben auf. Denn der erste Eindruck von Ihrer Arbeitsleistung setzt sich oft am stärksten fest.

Ihre Studienleistung wird ausschließlich durch das **Examenszeugnis** belegt: Verzichten Sie deshalb darauf, Zwischenzeugnisse oder Einzelbelege für Veranstaltungen beizulegen. Bei den Zusatzqualifikationen sollten Sie ebenfalls die stellenrelevanten auswählen und nicht etwa alles einheften, was Sie im Laufe Ihres Studiums angehäuft haben. Streben Sie eine akademische Karriere an, müssen Sie der Bewerbung zudem ein **Gutachten** von einem Hochschuldozenten, in der Regel des Betreuers Ihrer Abschlussarbeit oder Ihrer Promotion, sowie eine Liste der eigenen Veröffentlichungen beilegen.

Auch über die Einhaltung der **formalen Vorgaben** demonstrieren Sie Ihre Eignung für die angestrebte Position. Dies bedeutet für die Bewerbungsunterlagen: keine Flecke, Eselsohren, keine Rechtschreibe- und Grammatikfehler, keine Korrekturen, kein formales Durcheinander, keine Einlegefolien, keine bereits benutzten Hefter, keine Zigaretten während der Erstellung der Unterlagen. Da Sie Ihre Bewerbungsunterlagen nicht in jedem Fall zurückerhalten, senden Sie keine Originaldokumente, sondern immer nur Kopien.

Ein Spezifikum der wissenschaftlichen Laufbahn ist die **Bewerbung um Stipendien**. Bewerben Sie sich um Promotionsförderung bei privaten Stiftungen oder bei einem der geschichtswissenschaftlichen Graduiertenkollegs (→ Graduiertenkolleg), müssen Sie einen **Förder- oder Projektantrag** einreichen. Neben dem bei Projektanträgen eher knapp ausfallenden Anschreiben, dem Lebenslauf und den Kopien Ihrer Zeugnisse müssen Sie auf wenigen Seiten Ihr **For-**

schungsdesign darlegen. Ähnlich wie in der Einleitung einer Abschlussarbeit sollten Sie kurz und präzise Thema, Fragestellung, Methode und Relevanz der von Ihnen angestrebten Dissertation beschreiben und die Originalität Ihres Ansatzes herausstellen, indem Sie ihn mit der aktuellen Forschungslage kontrastieren. Darüber hinaus sollten Sie die Relevanz Ihrer Arbeit für die Förderziele des von Ihnen angesprochenen Geldgebers verdeutlichen. Sehen Sie sich also genau die Internetauftritte von Graduiertenkollegs, Forschergruppen oder Forschungs-förderungsinstitutionen an, berücksichtigen Sie die eventuell geforderten formalen Vorgaben und spitzen Sie Ihr Projekt auf die angegebenen Fragestellungen zu. Ihr Projekt und Ihre Persönlichkeit sollten zu dem Profil der Forschungsein-richtung passen. Wenn das der Fall ist, sollten Sie die Übereinstimmungen zwischen den Förderrichtlinien der Stiftung und Ihrer Arbeit in Ihrem Antrag herausstreichen. Bevor Sie Ihren Antrag einreichen, ist es sinnvoll, ihn mit Ihrem Betreuer und mit Kollegen, die bereits erfolgreich solche Anträge eingereicht haben, durchzusprechen. Fragen Sie Ihre erfolgreichen Kolleginnen zudem, ob Sie deren Anträge einsehen dürfen.

Zu einer Bewerbung um ein Stipendium gehört zumeist ein **Zeitplan** (→ Zeitplan) der Auskunft darüber gibt, wann Sie welchen Arbeitsschritt bis zur Einreichung der Dissertation ausführen wollen. Beachten Sie, dass Ihr Zeitplan auf die Förderungshöchstdauer des Stipendiengebers ausgerichtet sein muss: Wenn etwa eine Stiftung Doktoranden generell höchstens zweieinhalb Jahre fördert, dann sollten Sie die Einreichung Ihrer Arbeit im Zeitplan innerhalb dieser Dauer vorsehen und plausibel machen. Die meisten Stipendiengeber verlangen außerdem ein Gutachten Ihrer Betreuerin, das über Ihren wissenschaftlichen Werdegang Auskunft gibt, Ihr Projekt beurteilt und eine Einschätzung abgibt, inwieweit Sie in der Lage sind, dieses Vorhaben durchzuführen. Deshalb ist die **Wahl einer Doktormutter** eine folgenreiche Entscheidung, bei der gegenseitige Sympathie, ähnliche thematische und methodische Vorlieben sowie geschichts-theoretische Überzeugungen eine Rolle spielen sollten. Bedenken Sie auch, dass sich das Renommee und die Netzwerke ihres Doktorvaters innerhalb des Faches positiv auf Ihre Förderungschancen auswirken können.

Hat Ihre schriftliche Bewerbung um einen Arbeitsplatz überzeugt, folgen nun die nächsten Etappen der **Bewerberauswahl.** Je nach Arbeitgeber werden ein oder mehrere Vorstellungsgespräche, Einstellungstests oder auch Assessment-Center durchgeführt, in denen zumeist über mehrere Tage hinweg und unter Beobachtung Präsentationsübungen und schriftliche Leistungs-, Intelligenz- und Persönlichkeitstests absolviert werden. Auf alle diese Formen sollten Sie sich gezielt vorbereiten, indem Sie für sich Ihre Qualifikationen argumentativ auf ihre Relevanz für die angestrebte Tätigkeit durchgehen und sich über den potenziellen Arbeitgeber in den Medien umfassend informieren. Sie sollten einen

Überblick über die Geschäftsbereiche, die Entwicklung in den letzten Dekade, die strategische Ausrichtung und die Marktposition des angestrebten Arbeitgebers haben. Dies gilt auch für die Bewerbung bei Institutionen und Organisationen. Bei wissenschaftlichen Stellen ist es ratsam, die Forschungsschwerpunkte der beteiligten Professoren oder der außeruniversitären Institution genauer zu studieren.

Bei der Einstellung von Geisteswissenschaftlern überwiegt das **Vorstellungsgespräch** als Auswahlverfahren. Während der Arbeitgeber Sie auf eine Einstellung hin testen will, ist es Ihre Aufgabe herauszufinden, ob er überhaupt für Sie in Frage kommt. Überlegen Sie deshalb vorher die Fragen, die Sie im Verlauf des Gespräches beantwortet haben wollen. Ein Vorstellungsgespräch setzt sich aus mehreren Phasen zusammen: Dazu zählen der erste äußerliche Eindruck, die Begrüßung und die Gesprächseröffnung, die Ihnen das Ankommen erleichtern und Sie auf das Gespräch einstimmen soll. Sie wird oft durch Floskeln bestimmt; mehr wird an dieser Stelle von Ihnen auch nicht erwartet.

Erst dann folgt die eigentliche Interviewphase, die Sie wie bei der mündlichen Prüfung teilweise durch Ihre Fragen und Antworten steuern können. Haben Sie selbst genügend Fragen vorbereitet, können Sie peinliche Schweigephasen vermeiden. Die meisten Fragen von Seiten des Arbeitgebers sind vorhersehbar. Formulieren Sie am besten kurze und präzise Antworten vor, die Sie im Gespräch als gerade erst entwickelte Gedanken präsentieren können. Dies gilt besonders für die Aufforderung „Stellen Sie sich vor / Erzählen Sie mal etwas über sich". Sie gibt Ihnen die Chance, noch einmal Ihre wesentlichen Pluspunkte zusammenzufassen, nicht aber über Ihre Erlebnisse im Ferienlager zu berichten. Keinesfalls dürfen Sie auf eine Frage antworten: „Aber das steht doch in den Unterlagen." Mütter sollten ein klares Konzept vorweisen können, wie sie die Kinderbetreuung regeln wollen, wer im Krankheitsfall oder bei Überstunden sowie Dienstreisen einspringt.

Dennoch sind Bewerbungsgespräche nur begrenzt planbar; machen Sie sich deshalb darauf gefasst, dass Ihre Gesprächspartnerin vom erwarteten Muster abweicht. Wenn Sie sehr aufgeregt sind, denken Sie daran, dass schon die Einladung ein positives Signal darstellt: Sie deutet darauf hin, dass Sie wichtige formale und inhaltliche Kriterien für die Stelle erfüllen. Im Vorstellungsgespräch werden deshalb vor allem jene Faktoren geprüft, die sich nicht oder nur schwer aus der Bewerbungsmappe entnehmen lassen: Auftreten, Redegewandtheit, Auffassungsgabe, Belastbarkeit, Problemlösungsfähigkeit, soziale Kompetenz oder persönlicher Stil. Denn Sie müssen nicht nur fachlich, sondern auch persönlich zur Unternehmens- oder Institutionskultur passen. Bauen Sie während des Gesprächs eine persönliche Beziehung zu Ihrem Gesprächspartner auf: durch Blickkontakt, Betonung von Gemeinsamkeiten, offene Körperhaltung. Treten Sie also ruhig, sachlich und freundlich auf, seien Sie authentisch und lassen Sie sich auf keinen Fall provozieren.

Fragen im Vorstellungsgespräch (Auswahl)

allgemeine	▪ Warum wollen Sie gerade bei uns einsteigen? ▪ Stellen Sie sich vor. ▪ Wieso sind gerade Sie besonders geeignet für diesen Job? ▪ Was wollen Sie bei uns in den nächsten Jahren erreichen? ▪ Was waren Ihre größten Erfolge / Misserfolge?
bewerber-spezifische	▪ Warum haben Sie so lange studiert? ▪ Wie erklären Sie sich Ihr mäßiges Abschneiden in Ihrem zweiten Nebenfach? ▪ Was wollten Sie mit derart vielen unterschiedlichen Praktika erreichen? ▪ Was bringt Ihnen ein Studium der Geschichte in der Industrie? ▪ Wie wollen Sie denn Mutterschaft und Karriere vereinbaren?

Dies gilt besonders dann, wenn Ihnen unzulässige Fragen gestellt werden. Während bei erlaubten Fragen Falschaussagen zur Auflösung des Arbeitsvertrages führen können, dürfen Sie bei unerlaubten Fragen die Unwahrheit oder ein wohl tönendes Nichts von sich geben. Weisen Sie Ihren Gesprächspartner auf sein Fehlverhalten hin, mögen Sie zwar im Recht sein, Ihre Bewerbung wird jedoch kaum erfolgreich sein. Gerade Fragen nach Ihrem außeruniversitären Engagement oder Ihren Vorlieben in der Freizeit spielen nicht selten eine wichtige Rolle bei der Entscheidungsfindung, da sie Sympathie oder Antipathie erwecken. Nicht nur in diesem Zusammenhang ist die Fähigkeit zur Empathie wichtig: Wenn Sie etwa den Eindruck haben, Ihr Gegenüber sei unsportlich, sollten Sie Ihre Teilnahme am letzten New-York-Marathon für sich behalten. Steht auf dem Pult Ihres Interviewers ein voller Aschenbecher, können Sie wahrscheinlich nicht damit punkten, dass Sie sich gerade mit eiserner Disziplin das Rauchen abgewöhnt haben.

Unerlaubte Themen im Vorstellungsgespräch

- Religionszugehörigkeit (außer konfessionelle Arbeitgeber)
- Parteizugehörigkeit (außer parteipolitisch abhängige Arbeitgeber)
- Vorstrafen (außer arbeitsplatzrelevante Delikte)
- Mitgliedschaft in Vereinen, Verbänden, Gewerkschaften
- öffentliche Ämter / Ehrenämter
- Schwangerschaft, Kinderwunsch oder Heirat
- Vermögensverhältnisse
- Freizeitgestaltung

Wie auch immer Sie nach dem Gespräch gestimmt sein mögen, Sie sollten am Ende ein positives Fazit ziehen und Ihr Interesse an der Stelle bestärken. Erscheinen Sie aber nicht zu begierig, denn das wirkt sich negativ auf die **Gehaltsfrage** aus. Wird diese angesprochen, ist das Gespräch offenbar positiv verlaufen und Sie sollten präzise Vorstellungen nennen, die sich an den branchenüblichen Einstiegsgehältern orientieren. Diese können Sie zum Beispiel aus dem HIS-Report (http://www.bmbf.de/pub/his_projektbericht_12_03.pdf) erfahren. Überlegen Sie sich vorher, wie viel Verhandlungsspielraum Sie haben und welchen möglicherweise der Arbeitgeber haben könnte. Bei Großunternehmen, im Öffentlichen Dienst und somit in der Wissenschaft und zum Teil auch bei anderen Arbeitgebern gibt es oft fest definierte Einstiegsgehälter, so dass Verhandeln nichts bringt.

Das Vorstellungsgespräch schließt mit der Verabschiedung, aus der Sie mitunter bereits Hinweise auf den Erfolg des Gesprächs entnehmen können. Werden Sie etwa noch im Unternehmen herumgeführt und zukünftigen Kolleginnen vorgestellt, spricht das für eine positive Entscheidung. Wird Ihnen anschließend ein **Arbeitsvertrag** zugesandt, dann sollten Sie sich ausreichend Zeit nehmen, diesen zu prüfen und mit den in der Ausschreibung übermittelten und im Vorstellungsgespräch behandelten Inhalten zu vergleichen. Schauen Sie sich darüber hinaus Musterarbeitsverträge an, die im Internet auf den Homepages großer Berufsverbände wie etwa dem Arbeitnehmerverband zu finden sind. Scheuen Sie sich nicht, offene Fragen oder problematische Passagen im Vertrag bei Ihrem zukünftigen Arbeitgeber nachzufragen, bevor Sie unterschreiben.

Sollten Sie nach dem Vorstellungsgespräch kein Stellenangebot bekommen, ist es sinnvoll, telefonisch nachzufragen, welche Gründe dafür entscheidend waren. Vielleicht können Sie diese Hinweise bei der nächsten Bewerbung berücksichtigen. Ob eine Bewerbung erfolgreich ist, hängt von vielen Faktoren ab, Ihr persönliches Auftreten ist zwar wichtig, aber nicht allein entscheidend. Deshalb sollten Sie sich durch Absagen nicht entmutigen lassen. Nur wenigen Absolventen gelingt ein nahtloser Übergang vom Studium in den Beruf, oft vergeht ein halbes oder sogar ein ganzes Jahr bis zur Einstellung. Versuchen Sie diese Zeit zu nutzen, indem Sie noch einige Zusatzqualifikationen erwerben oder bereits vorhandene Kenntnisse, etwa in Fremdsprachen, vertiefen. Dabei ist es völlig legitim, sich im Anschluss an das Examen erst einmal einen mehrwöchigen Urlaub zu gönnen. Nach dem erfolgreichen Abschluss Ihres Studiums haben Sie sich eine Erholungsphase verdient.

Literatur

Hesse, Jürgen / Schrader, Hans Christian: Die perfekte Bewerbung, CD-Rom, Frankfurt/M.: Eichborn 2004 (auch in Buchform erhältlich).

Hucht, Margarete / Kunkel, Andreas: Studienführer Lehramt, Königswinter: Heel Verlag 2004.

Jüde, Peter: Berufsplanung für Geistes- und Sozialwissenschaftler oder die Kunst eine Karriere zu planen, Köln: Staufenbiel 1999.

Knebel, Heinz / Westermann, Fritz: Das Vorstellungsgespräch: die beliebteste Art, Mitarbeiter auszuwählen, 17., vollst. überarb. Aufl., Heidelberg: Sauer 2004.

Neuhaus, Dirk: Das Bewerbungshandbuch für Europa: Redewendungen für schriftliche Bewerbungen und Vorstellungsgespräche in fünf Sprachen, Musterbriefe/-Lebensläufe, länderspezifische Tipps für die Arbeitssuche in Europa, nützliche Kontaktadressen, Bochum: ILT Europa-Verlag 2004.

Pocklington, Jackie u.a.: Bewerben auf Englisch: Tipps, Vorlagen & Übungen, Berlin: Cornelsen 2004.

Püttjer, Christian / Schnierda, Uwe: Die Bewerbungsmappe mit Profil für Hochschulabsolventen, Frankfurt/M.: Campus 2004.

Verse-Herrmann, Angela: Karrierestart Young Professionals: das Elite-Hochschulabsolventen-Magazin; mit zahlreichen Stellenangeboten und Trainee-Programmen; das Handbuch für den erfolgreichen Berufseinstieg, Lampertheim: ALPHA Informationsgesellschaft mbH 2002.

Weber, Ulrich: Arbeitsverträge: Vertragsmuster zusätzlich auf Diskette, 2., neu bearb. Aufl., Köln: RWS-Verlag 2003.

Ziehm, Claudia: Selbstständig arbeiten als Geistes- und Sozialwissenschaftler: Geschäftsideen, Markt und Kunden, Businessplan, Existenzgründung, Finanzen und Recht, Gütersloh: Bertelsmann 2003.

Anhang

Fächer mit über die Grundausstattung hinausgehenden Professuren (Stand 2004)

Universitäten	Professuren
Rheinisch-Westfälische TH Aachen	Medizingeschichte, TechG, WiG, SozG
Universität Augsburg	LG, DidG
Otto-Friedrich-Universität Bamberg	HiHilf, WiG, SozG, DidG,
Universität Bayreuth	LG, WiG, SozG, Afrikanische Geschichte, DidG, WissG
FU Berlin	WestEG, OstEG, Geschlechtergeschichte, DidG
Humboldt-Universität Berlin	OstEG, LG, WestEG, DidG, WissG, SozG, Preuß. Gesch., Mitteleuropäische Geschichte, Historische Informatik
TU Berlin	LG
Universität Bielefeld	SozG, WiG, Iberische Geschichte, Lateinamerikanische Geschichte, Geschlechtergeschichte, WissG, TechG, OstEG, TheorG, DidG
Ruhr-Universität Bochum	HiHilf, TheorG, Geschlechtergeschichte, Nordamerikanische Geschichte, OstEG, SüdOstEG, WiG, TechG, SozG, DidG
Rheinische Friedrich-Wilhelms-Universität Bonn	LG, HiHilf, WiG, SozG
TU Braunschweig	DidG
Universität Bremen	DidG, KultG
TU Chemnitz	WiG, SozG, WissG, TechG, Bildungsgeschichte, LG
TU Darmstadt	TechG

Universitäten	Professuren
Universität Dortmund	LG, DidG
TU Dresden	TechG, LG, WiG, SozG, DidG, Totalitarismusforschung
Gerhard-Mercator-Universität Duisburg	OstEG, LG
Heinrich-Heine Universität Düsseldorf	WiG, OstEG, DidG, KultG
Katholische Universität Eichstätt	TheorG, DidG, LG, Lateinamerikanische Geschichte, WiG, SozG, Mitteleuropäische Geschichte, OstEG
Friedrich-Alexander-Universität Erlangen-Nürnberg	Medizingeschichte, OstEG, LG, Buchwissenschaft
Universität Erfurt	Nordamerikanische Geschichte, Ostasiengeschichte, Westasiengeschichte, Historische Anthropologie
Universität Essen	Außereuropäische Geschichte, WiG, SozG, Rechtsgesch.
Johann-Wolfgang-Goethe-Universität Frankfurt/M.	DidG, Historische Ethnologie, WissG, Methode der Geschichtswissenschaft, Geschichte der Geschichtsschreibung, WiG, SozG
Europa-Universität Viadrina Frankfurt a.d.O.	EG, KultG, OstEG, WiG, SozG
Universität Freiburg	OstEG, WiG, SozG, WestEG
Justus-Liebig-Universität Giessen	LG, OstEG
Georg-August-Universität Göttingen	LG, WissG
Ernst-Moritz-Arndt-Universität Greifswald	LG, Nordische Geschichte, OstEG
Fern-Universität Hagen	Außereuropäische Geschichte
Martin-Luther-Universität Halle-Wittenberg	DidG, LG, OstEG, WiG, SozG, HiHilf, TechG, WissG
Universität Hamburg	EG, Außereuropäische Geschichte
Universität Hannover	Afrikanische Geschichte, OstEG, LG

Universitäten	Professuren
Ruprecht-Karls-Universität Heidelberg	Nordamerikanische Geschichte, OstEG, Asiatische Geschichte, Jüdische Geschichte, HiHilf, SozG, WiG, LG
Friedrich-Schiller-Universität Jena	LG, Nordamerikanische Geschichte, OstEG, DidG
TH Karlsruhe	TechG
Universität Gesamthochschule Kassel	Nordamerikanische Geschichte, Britische Geschichte, EG
Christian-Albrechts-Universität Kiel	LG, DidG, WiG, SozG, Nordische Geschichte, Asiatische Geschichte
Universität zu Köln	Angloamerikanische Geschichte, Iberische Geschichte, Lateinamerikanische Geschichte, OstEG, Mediengeschichte, HiHilf, WiG, SozG, LG
Universität Konstanz	OstEG, WiG, SozG
Universität Leipzig	LG, WiG, SozG, Archivgeschichte, HiHilf, OstEG, DidG, Byzantinische Geschichte, Iberische Geschichte, Lateinamerikanische Geschichte
Otto-von-Guericke-Universität Magdeburg	DidG
Johannes-Gutenberg-Universität Mainz	Kirchengeschichte, LG, Byzantinische Geschichte, OstEG
Universität Mannheim	WiG/SozG
Philipps-Universität Marburg	OstEG, WiG, SozG
Ludwig-Maximilians-Universität München	Bildungsgeschichte, Jüdische Geschichte, LG, DidG, HiHilf, OstEG, WiG, SozG, Medizingeschichte, Kirchengeschichte

Universitäten	Professuren
Westfälische Wilhelms-Universität Münster	LG, OstEG, DidG, WiG, SozG, Militärgeschichte, Außereuropäische Geschichte, Stadtgeschichte
Carl-von Ossietzky-Universität Oldenburg	OstEG, DidG
Universität Osnabrück	WiG, SozG, DidG
Universität Passau	LG, HiHilf, DidG
Universität Potsdam	LG, DidG, Militärgeschichte
Universität Regensburg	LG, HiHilf, OstEG, DidG
Universität Rostock	EG, Geistesgeschichte, LG, Agrargeschichte, OstEG, DidG, Historische Methodologie, Historische Kartographie
Universität des Saarlandes	WiG, SozG, KultG, Mediengeschichte
Universität Gesamthochschule Siegen	DidG, EG, WiG, SozG
Universität Stuttgart	LG, HiHilf, TechG, WissG
Universität Trier	LG, HiHilf
Eberhard-Karls-Universität Tübingen	OstEG, Nordamerikanische Geschichte, LG/HiHilf, WiG/SozG
Bayerische Julius-Maximilians-Universität Würzburg	LG, DidG, Medizingeschichte, Kirchengeschichte

DidG = Didaktik der Geschichte, EG = Europäische Geschichte, HiHilf = Historische Hilfswissenschaften, KultG = Kulturgeschichte, LG = Landesgeschichte, OstEG = Osteuropäische Geschichte, SozG = Sozialgeschichte, TechG = Technikgeschichte, TheorG = Theorie der Geschichtswissenschaft, WestEG = Westeuropäische Geschichte, WiG = Wirtschaftsgeschichte, WissG = Wissenschaftsgeschichte.

Register

Neu im Programm
Politikwissenschaft

Jürgen W. Falter / Harald Schoen (Hrsg.)
Handbuch Wahlforschung
2005. XXVI, 826 S. Geb. EUR 49,90
ISBN 3-531-13220-2

Die Bedeutung von Wahlen in einer
Demokratie liegt auf der Hand. Deshalb
ist die Wahlforschung einer der wichtigsten Forschungszweige in der Politikwissenschaft. In diesem Handbuch wird eine
umfassende Darstellung der Wahlforschung, ihrer Grundlagen, Methoden, Fragestellungen und Gegenstände geboten.

Peter Becker / Olaf Leiße
Die Zukunft Europas
Der Konvent zur Zukunft der
Europäischen Union
2005. 301 S. Br. EUR 26,90
ISBN 3-531-14100-7

Dieses Buch gibt auf knappem Raum
einen Überblick zur Arbeit des „Konvents
zur Zukunft der Europäischen Union", zu
Anlass und Organisation des Konvents,
zu seinen wichtigsten Themen und
Ergebnissen. Ebenso werden die wichtigen Konferenzen und Entscheidungen
nach Abschluss des Konvents in die Darstellung einbezogen.

Bernhard Schreyer /
Manfred Schwarzmeier
Grundkurs Politikwissenschaft:
Studium der Politischen Systeme
Eine studienorientierte Einführung
2. Aufl. 2005. 243 S. Br. EUR 17,90
ISBN 3-531-33481-6

Konzipiert als studienorientierte Einführung, richtet sich der „Grundkurs Politikwissenschaft: Studium der politischen
Systeme" in erster Linie an die Zielgrup-
pe der Studienanfänger. Auf der Grundlage eines politikwissenschaftlichen Sys-
temmodells werden alle wichtigen Bereiche eines politischen Systems dargestellt.

Dabei orientiert sich die Gliederung der
einzelnen Punkte an folgenden didak-
tisch aufbereiteten Kriterien: Definition
der zentralen Begriffe, Funktionen der
Strukturprinzipien und der Akteure, Varia-
blen zu deren Typologisierung, Ausgewählte Problemfelder, Entwicklungsten-
denzen, Stellung im politischen System,
Kontrollfragen, Informationshinweise zur
Einführung (kurz kommentierte Ein-
führungsliteratur, Fachzeitschriften, Inter-
net-Adressen).

Im Anhang werden die wichtigsten
Begriffe in einem Glossar zusammengestellt. Ein Sach- und Personenregister
sowie ein ausführliches allgemeines Literaturverzeichnis runden das Werk ab.

Erhältlich im Buchhandel oder beim Verlag.
Änderungen vorbehalten. Stand: Juli 2005.

www.vs-verlag.de

VS VERLAG FÜR SOZIALWISSENSCHAFTEN

Abraham-Lincoln-Straße 46
65189 Wiesbaden
Tel. 0611.7878-722
Fax 0611.7878-400

Neu im Programm Politikwissenschaft